이 책은 전도에 관한 수많은 책들과 결이 다른 탁월함이 있다. 일생을 전도에 헌신해 온 피펏답게 이 책은 온통 이야기로 가득하다. 남의 일기를 엿보듯 흥미롭고 막힘없이 술술 읽힌다. 그럼에도 신학적으로 다루어야 하는 창조, 죄, 십자가, 부활, 재림, 성경의 정경성 같은 주제의 핵심을 드러내고, 이것이 바로 사람들이 던지는 질문들의 해답임을 보여 준다. 그녀가 제시하는 전도는 기도요, 일상이며, 사랑이다. 이 책은 전도라는 사랑의 여정에 우리를 초대한다. 나는 진심으로 당신이 이 초대에 응하기를, 그래서 전도의 기쁨을 누리기를 소망한다.

구병옥 개신대학원대학교 전도학 교수

이 책은 그리스도인들이 전도를 부담스러워하거나 꺼리는 이유를 짚어 내고, 그 이면에 있는 두려움과 오해를 하나하나 풀어 줄 뿐 아니라, 전도의 내용과 방법까지 자세히 일러 준다. 또한 예수님이 보여 주신 상대방 중심적이고 인격적인 전도자의 모습에 주목한다. 저자가 복음을 나눈 이야기를 읽다 보면, 어느새 복음에 대한 확신과 열정이 일어나는 경험을 할 것이고, 이어 책을 덮고 나면 주위에 믿지 않는 친구나 이웃을 떠올리게 될 것이다.

이찬수 분당우리교회 담임목사

레베카 피펏은 탁월한 복음 전도자다. 그가 많은 사람에게 복음을 전했기 때문만은 아니다. 효율적인 복음 전도 방법론을 계발해서도 아니다. 피펏이 탁월한 전도자로 불리는 까닭은 "복음을 부끄러워하지 아니"하고, 오늘도 복음을 전하고 있기 때문이다. 그런 측면에서 이 책은 오늘 우리에게 정말 부끄러운 것이 무엇인지 되묻는다. '복음'이 부끄러운 것인가, 아니면 복음 전하기를 부끄러워하는 '우리'가 부끄러운 것인가? 이 책을 통해 한국 교회에 복음의 확신과 생명의 바람이 다시 불어오기를 간절히 소망한다.

정재식 한국기독학생회(IVF) 대표간사

베키와 그녀의 남편, 딕은 전 세계에서 가장 세속적인 지역으로 알려진 유럽에서 생활한 7년을 포함하여, 여섯 개 대륙에서 수십 년간 전도를 실천하고 가르쳤다. 그 모든 경험과 성경적 통찰이 이 책에 농축되었다. 『좋아서 하는 전도』는 21세기에 성실한 전도를 독려하는 최고의 책 중 하나다. 상자째 사서, 가능한 한 널리 퍼뜨려라.

D. A. 카슨 트리니티 신학교 신약학 명예교수, TGC(복음연합) 설립자

레베카 피펏의 저작인 『빛으로 소금으로』가 지난 세대에 쓰인 전도에 관한 가장 중요한 서적 중 하나였다면, 이 책은 다음 세대의 복음 증거에 관한 최고의 책이라고 하겠다. 내가 알기로, 전도와 관련해서 그리스도인의 손에 쥐어 줄 만한 책들 중 이보다 더 명료하거나 날카로운 책은 없다.

팀 켈러 리디머 장로교회 명예 설립 목사, 『팀 켈러의 탈기독교시대 전도』 저자

신선하고 자연스럽고 솔직하다. 베키 피펏은 오늘날 가장 재능 있고 효과적인 커뮤니케이터 중 한 명일 것이다. 그녀는 복음을 전해야 한다고 생각하는 모든 사람을 위해, 전도의 본모습을 되찾아 준다. 그것은 곧, 여태까지 들어 본 최고의 소식을 전하는 것이다.

오스 기니스 기독교 변증가, 작가, 『소명』 저자

『좋아서 하는 전도』는 큰 전율을 주는 책이다. 이 책은 교회를 전도로 무장할 때 하나님에 관한 위대한 진리가 어떻게 사용될 수 있는지 반복해서 보여 준다. 이제부터 교회에서 훈련을 할 때, 나는 베키의 도움을 받을 것이다.

리코 타이스 기독교탐사 설립자, 『기독교 탐사 핸드북』 저자

피펏은 우리가 어떻게 복음을 더 자주 전할 수 있을지 궁금해할 때 우리의 손을 잡고 우리를 인도해 준다. 이 책은 복음의 긴급성으로 당신을 숨 막히게 하고 당신을 흔들어 놓을 것이다. 하지만 당신을 무너뜨리지 않을 것이다. 피펏은 두려움과 실패의 이야기만이 아니라 즐거운 결실의 이야기로, 대학 강사든 미용사든, 친구와 낯선 이들에게 사랑으로 진리를 말하도록 북돋운다.
레베카 맥클러플린 보커블 커뮤니케이션스 공동 설립자, 『기독교가 직면한 12가지 질문』 저자

이 책을 읽는 동안 당신의 생각과 마음은 복음의 아름다움과 명확성, 능력에 붙잡힐 것이다. 이 복음을 이웃으로부터 시작하여 세상에 전하겠다는 놀라운 확신을 경험하게 되더라도 놀라지 말라.
크로포드 로리츠 목사, 라디오 진행자, 작가, 『그분의 사역』(공저) 저자

'복음을 살아낸' 이의 리얼리즘과 신선함, 실제적인 지혜와 전략을 혼합한 책이 여기 있다. 이 책은 오롯이 굳건한 성경적 복음의 기초에 뿌리내리고 있다. 모든 기독교 서점 매장의 권장도서가 되어야 한다. 물론 이 책은 곧장 독자들 손에 들려 그곳에 오래 머물지 못할 테지만 말이다!
휴 파머 올 소울즈 랭엄 플레이스 교회 사제

이 책은 감동적이고 마음을 따뜻하게 할 뿐만 아니라 복음의 경이로움에 사로잡히게 한다. 더불어 복음을 전하는 특권에 대한 인식을 새롭게 해 줄 것이다.
린지 브라운 로잔 운동 국제 총무, 『역사를 바꾼 복음주의 학생운동 이야기』 저자

이 세대에 레베카 피펏보다 전도의 능력에 대해 더 확실하게 파악한 작가나 교사, 학자, 설교자는 없다. 또한 제자 삼기의 기쁨과 도전을 전하는 임무를 피펏보다 더 효과적으로 수행하는 사람은 없다. 그녀의 이야기와 사례는 강한 흡입력과 설득력이 있다.

리즈 커티스 힉스 『성경 속의 악녀들』과 『내 마음속 가시』 저자

베키가 수천 명의 IVF 학생과 간사를 대상으로 한 훈련은, 영국 대학교에서 이제까지 경험하지 못한 풍성한 개인 전도와 소그룹 전도를 촉발하는 계기가 되었다. 그녀의 천재성은 다양한 영역에서 동시에 탁월성을 발휘하는 능력에 있는 것 같다. 이 책은 신학적 엄밀성에 유머와 솔직함을 곁들이고, 전도의 긴급성과 우선순위에 전인격에 대한 하나님의 관심을 결합한다. 단언컨대, 온 교회가 반드시 읽어야 할 필독서다.

리처드 커닝엄 영국 IVF 책임자

베키만큼 오랜 세월에 걸쳐 복음의 짠맛을 이해하고 맛보도록 도움을 준 사람은 없었다. 이 책은 바로 우리가 얼마나 힘차고 긴급하게 이 복음을 살아내고 전해야 하는지를 강조한다.

마크 래버튼 풀러 신학교 총장, 『제일 소명』 저자

첫 장부터 나는 이 책이 읽을 가치가 있는 책이 될 줄 알았다. 그것은 이 주제가 너무 중요하기 때문만이 아니라, 저자의 서술 방식이 무척 매력적이기 때문이다. 실제적이고, 마음을 사로잡고, 우아하다.

글렌 데이비스 호주 남십자교구 주교

참신하게 성경적이고 유쾌하게 감동적이며 아주 실제적인 방법으로 복음을 제시하는 전도에 관한 책을 읽는 것은 더없이 신선한 경험이다.
아지스 페르난도 스리랑카 십대 선교회 교육 책임자, 『진정한 종』 저자

실제적인 조언과 통찰로 무장한 이 책은, 새로울 뿐만 아니라 가끔 버겁기도 한 탈기독교 세계의 풍경 속으로 우리를 즐겁게 소환한다.
티모시 테넌트 애즈베리 신학교 총장, 『선교신학의 도전』(공저) 저자

오늘을 사는 우리를 위해 쓰인 이 책은, 오늘의 상황과 만연한 세속주의를 정직하게 직면한다. 베키의 열정, 긍정적인 태도, 절망하지 않겠다는 의지에는 전염성이 있다. 모든 사람을 위한 필독서다!
벤자민 콰시 나이지리아 조스 대주교

이 책은 눈부시다. 저자는 복음을 받아들이지 않을 것처럼 보이는 문화에서 우리가 어떻게 예수님에 관해 사람들에게 말할 수 있는지 안내한다. 전염성 강한 복음의 열정, 우리가 사는 세계에 대한 통찰력 있는 지혜, 하나님에 관한 심원한 이해, 생생한 현실성까지 모두 담고 있는 이 책을 적극 추천한다.
J. 존 전도자, 작가

좋아서 하는 전도

IVP(InterVarsity Press)는
캠퍼스와 세상 속의 하나님 나라 운동을 지향하는
IVF(InterVarsity Christian Fellowship)의 출판부로
생각하는 그리스도인을 위한 문서 운동을 실천합니다.

Stay Salt
Copyright © 2020 Rebecca Manley Pippert
Published by The Good Book Company Ltd
Blenheim House, 1 Blenheim Road, Epsom, Surrey, KT19 9AP, UK.
www.thegoodbook.co.uk
All rights reserved.

This Korean Edition © 2022 by Korea InterVarsity Press
156-10 Donggyo-ro, Mapo-gu, Seoul 04031, Republic of Korea.

좋아서 하는 전도

STAY SALT

탈기독교 시대,
그리스도인의 전도법

레베카 피펏

Ivp

∗

고마운 기억을 담아 이 책을
사랑하는 어머니, 수 맨리에게 헌정합니다.
(1930년 2월 21일 – 2019년 8월 28일)

나의 동역자이자 나의 보호자, 나의 기쁨인
남편 딕에게 헌정합니다.
공간이나 시간이 없는 곳에서 당신을 사랑해요.

∗

차례

	서론		12

1부 자원

	1장	캠퍼스 안의 봉쇄	22
	2장	우리의 작음을 기뻐하기	41
	3장	약함 속의 영광	59
	4장	성령과 동행하기	75

2부 메시지

	5장	우리에게는 더 좋은 이야기가 있다	92
	6장	창조: 인생의 본래 의미	101
	7장	타락: 세상은 무엇이 잘못되었나	119
	8장	십자가: 하나님의 치료책	141
	9장	부활: 모든 것이 변했다	161
	10장	재림: 올 것이 더 있다	181

3부 방법

	11장	왜, 무엇을, 누가	204
	12장	그리스도의 사랑을 보여 주기	216
	13장	하나님의 진리를 선포하기	237
	14장	성령의 능력에 의지하기	260

결론: 결정적인 순간	280
맺음말: 리더에게 주는 조언	292
주	301
참고 도서	306
감사의 말	309

서론

현재는 물론이고 역사를 통틀어 모든 그리스도인을 이어 주는 한 가지 사실은, 그동안 우리 행성에서 일어난 가장 위대한 사건이 예수 그리스도의 탄생, 죽음, 부활, 승천이라는 즐거운 확신이다. 복음의 메시지는 한마디로 단연 최고의 소식이다!

그래서 나는 다음 의문들을 떨치지 못하고 있다. 이것이 사실이라면, 왜 그렇게 많은 그리스도인들이 복음의 영광스러운 소식을 전하면서 힘들어할까? 세상에서 이보다 위대한 소식은 없다고 믿으면서 왜 우리는 여전히 다른 사람에게 복음을 전할 수 없다고 느끼거나 마지못해 전할까?

남편 딕과 나는 미국을 비롯한 세계 전역에서 오랫동안 전도 사역에 참여해 왔다. 우리는 모든 대륙에서 사역했고, 최근에는 그 일부가 지상에서 가장 세속적인 도시로 불리는 유럽에서 7년을 살았다.

2년 전, 우리는 거주지를 다시 미국으로 옮겼다. 미국으로 돌아온 지 얼마 안 되어서 나는 전국으로 방송되는 라디오 프로그램에 출연해 인터뷰를 한 뒤 전화 질의응답 시간을 가졌다. 제작자는 인터뷰 전에 이렇게 말했다. "베키, 당신과 당신 남편은 전 세계 곳곳에서 전도 사역을 펼쳤고, 최근에는 유럽에 살면서 사역했다고 들었어요.

당신도 미국의 상황이 변했다는 걸 알아야 해요. 사실 미국의 그리스도인들은 믿음을 어떻게든 말로 표현하기보다 자기가 사는 도시의 가난한 이들을 섬기고 보살핌으로써 복음을 실천하고 자신의 증언을 입증하는 데 훨씬 더 많은 관심을 갖고 있어요. 아주 솔직히 말해서, 나는 그런 형태의 전도가 각광을 받고 있다고 생각해요. 그러니 전화를 걸어 오는 사람이 아무도 없더라도 마음 쓰지 마세요."

인터뷰 뒤에 무슨 일이 일어났을까? 사람들이 전국에서 걸어 온 전화 때문에 모든 수화기에 불이 났다!

전화 참여자들의 설명은 아주 흥미로운 사실을 드러내 주었다. 그들은 하나같이 그리스도인이 아닌 어떤 사람에게 깊은 관심을 갖고 있지만, 그와 영적인 대화를 나누는 일에 두려움을 느낀다고 말했다. 그들은 자기 친구가 그리스도께 나아오기를 열망하지만 자신이 믿음에 관한 대화를 이끌기에 역부족이라고 느꼈기 때문에, 다른 그리스도인이 대신 그 일을 해 주기를 기도하고 있었다. 그들의 두려움은 전부 비슷했다. '믿음이란 주제를 어떻게 자연스럽게 꺼낼 수 있을까? 그들이 기분 나빠하거나 나를 거절하면 어떡하지? 내가 대답할 수 없는 질문을 던지면 어떡하지?' 그들은 거의 예외 없이 교회가 자신들의 전도 훈련을 도와주면 좋겠다고 말했다. 판에 박힌 암기식의 획일적 방법이 아니라, 내가 인터뷰에서 설명해 준 방식으로 말이다.

한 가지 사실이 명확해졌다. 우리 이웃부터 시작하여 세상에 그리스도를 전하는 일이 이보다 더 긴급한 필요인 적은 없었다. 또 신자들의 준비가 이보다 더 열악하다고 느낀 적도 없었다.

그리스도인들, 특히 서구의 그리스도인들은 왜 믿음을 전하면서 힘겨워할까? 세계 대부분의 지역에서 기독교는 극적으로 성장하고 있지만, 서구의 상황은 그렇지 못하다. 유럽과 캐나다는 세속적·탈기독교적post-Christian이다. 통계에 의하면, 미국도 명백히 같은 방향으로 움직이고 있다. 영향력 있는 목소리들은 참된 기독교 신앙에 점점 더 등을 돌리고 반목한다. 우리 문화를 형성하는 주요한 흐름은 복음에 실제적인 도전을 제기한다. 절대적 진리의 붕괴, 객관적 권위로부터 개인적 기호로의 이행, 믿는 바를 골라 선택하는 카페테리아 방식의 '디자이너 종교', 성 혁명 등 목록은 계속된다.

일부 그리스도인들은 이런 현실에 분개한다.

다른 그리스도인들은 이런 현실에 겁을 먹는다.

또 다른 그리스도인들은 이런 현실에 무력감을 느낀다.

그럼에도 나는 희망을 품는다.

내가 희망을 품는 데는 이유가 있다. 우리는 복음을 거슬러 도전하는 시대를 살고 있지만, 동시에 복음에 유리한 기회로 가득한 놀라운 시대를 살고 있기 때문이다. 사회 비평가이자 작가인 내 친구 오스 기니스Os Guinness가 다음과 같이 적었다.

우리 시대는 한마디로 예수님과 사도들의 시대 이후 기독교 증언에 적절한 가장 훌륭한 기회를 제공한다. 또한 우리의 대응은 대담하고 창의적인 기획으로 이 기회를 붙잡는 것이어야 한다. 사도 바울이 기록했던 '광대하고 유효한 문'이 복음을 위해 다시 열린 적이 있다면, 바로 지금이다.[1]

잿더미 땅에 맺힌 열매

1979년 전도에 관한 나의 첫 번째 책, 『빛으로 소금으로』Out of the Saltshaker, IVP를 저술한 이후 서구의 풍경이 상당히 많이 변했다는 데는 의문의 여지가 없다. 그때로 돌아가 보면, 그리스도인들에게 요청한 성육신적 복음 증거 방법, 소금통에서 나와 세상 속으로 들어가라는 도전은 상당히 급진적인 생각이었다. 다시 말해, 기독교 거품 속에서 살지 말고 비그리스도인들의 진실한 친구가 되라고, 치고 빠지기hit-and-run 전략을 사용하기보다 관계의 일부로 복음을 전하라고 격려했다.

그로부터 40년이 지난 뒤, 나는 전도에 관한 두 번째 책을 저술하고 있다. 이 새로운 탈기독교적 세상에서 확신, 동정심, 설득력을 갖고 믿음을 전하는 법을 다시 배워야 할 필요성 때문이다. 우리가 유럽으로 이사할 계획을 세우고 있었을 때, 인정 많은 몇몇 친구들이 그 계획에 반대하며 이런 조언을 해 주었다.

"그곳은 복음의 잿더미만 남은 땅이에요, 베키."

그러나 아니었다. 세속화된 유럽의 토양은 복음을 전하기에 아주 비옥한 땅임이 입증되었다. 우리는 엄청난 열매를 맺었다. 이 책은 사실 우리가 배운 교훈의 결실이다.

우리가 사역을 통해 깨달은 바는, 우리의 문화적 풍경이 점차 세속적으로 변하고 있지만 세속주의는 의미와 가치를 향한 인간의 갈

서론

망을 제거할 힘을 갖고 있지 않다는 것이다. 오히려 세속주의는 인간의 갈망을 강화한다. 하나님은 모든 인간의 마음속에 정체성, 의미, 목적을 향한 갈망을 두셨다. 그래서 사람들이 무엇을 잃어버렸다고 느끼는지 정확히 집어내지 못하더라도, 갈망과 아쉬움은 늘 마음속에 존재한다. 하지만 하나님이 그리스도 안에서 모든 사람을 위해 행하신 일에 관한 복음을 그리스도인이 삶으로 실천하면서 동시에 전하지 않는다면, 그들은 어디를 봐야 할지 알지 못할 것이다.

안으로 손 내밀기

우리 부부가 미국으로 돌아왔을 때, 나는 영국 신학자이자 선교사인 레슬리 뉴비긴Lesslie Newbigin에게 점점 더 깊이 공감하고 있음을 깨달았다. 인도에서 수년간 외국 생활을 한 뒤 잉글랜드에 있는 고향으로 돌아온 뉴비긴은 두 가지 사실에 충격을 받았다. 잉글랜드는 놀랄 만큼 세속화되었고 그리스도인들은 이 세속 사회의 문화에 지대한 영향을 받고 있었다.

그는 복음을 들고 비그리스도인에게 어떻게 다가갈 것인가만이 아니라 그리스도인에게 어떻게 다가갈 것인가도 큰 도전임을 깨달았다! 나는 이것이 모든 곳에 사는 모든 그리스도인에게도 큰 도전이라고 믿는다. 서구에서 이 도전은 우리가 탈근대성post-modernity의 왜곡이 반영된 탈진리post-truth, 탈기독교 문화에서 사는 데서 기인한다.[2] 이 말은, 우리가 예수님을 더 깊이 사랑하고 신선한 시각으로 그분을 발견해야 한다는 의미다. 즉 우리는 복음의 진리가 우리 안에서 충분한 영향력을 발휘하게 하고, 시대에 맞게 복음을 전달하는 효과적인 방법을 찾아내야 한다.

그런데 문제는, 우리가 인식하는 것보다 세속 문화의 영향을 훨씬 더 깊이 받았다는 점이다. 우리는 머리로 복음을 믿으면서 동시에 회의론자처럼 행동하는 심각한 위험에 처해 있다. 인식하지 못하는 사이 우리가 훨씬 세속적인 실재관을 받아들였기 때문이다. 우리는 복음이 오늘날 세속적 사람들에게 적실성을 가진다는 확신을 회복해야 한다. 즉 하나님과 그분의 복음은 여전히 삶을 변화시키는 힘이 있다. 우리는 전도에 재능이 없다고 느끼더라도 전도에 참여해야 하는 이유가 무엇인지 깨달아야 한다. 거절당할 수도 있는 상황에 자신을 두는 것이 왜 가치 있는 일인지 기억해야 한다.

우리가 복음을 가지고 밖으로 손을 내밀고자 한다면, 복음을 가지고 **안으로**, 우리의 마음과 생각 속으로 손을 내밀어야 한다. 이것이 우리의 이중적 과제다. 믿기 힘든 복음 메시지를 전하는 믿음직한 메신저가 되기 위해 우리 자신이 복음을 이해하고 확실히 믿어야 한다! 강조점을 숫자, 기법, 공식, 요령이 아니라 진정성, 신뢰성, 영적 능력에 놓아야 한다. 그래서 이 책의 목적은, 복음을 전하기 위해 자신을 무장할 때조차 복음의 깊이와 아름다움으로 인해 가슴이 설레게 되는 것이다.

세계 곳곳의 수많은 그리스도인들에게 강의하고 그들의 말을 경청하면서 그들이 복음을 이해하는 동시에 매력적으로 전하도록 도울 때, 우리는 종종 그리스도인들이 왜 힘들어하는지 혹은 왜 침묵을 선택하는지에 대해 세 가지 진솔한 이유를 들었다. 이 세 이유가 이 책의 구조를 이룬다.

우리는 부족하다고 느낀다

우리는 그리스도인들이 믿음을 전할 때 부족함을 많이 느낀다는 말을 끊임없이 듣는다. 그들은 하나님이 이런 시대에 자신을 어떻게 사용하실지 의구심을 갖는다. 이것은 하나님이 약속을 지키시지 않을까 봐 두렵다고 말하는 또 다른 표현이다. 다시 말해, 그들은 불신에 빠져 있다. 전도가 특별한 부르심이지 자기와 같은 사람을 위한 것이 아니라고 의심한다. 의식하지 못하는 사이 그들은 사실 전도가 전적으로 자기 자신에게 달려 있다고 말하는 것이다. 그러면서 겁을 잔뜩 먹는 것이다.

그래서 우리는 복음 증거의 자원Means에 주목하면서 이 책을 시작할 것이다. 우리는 하나님이 우리의 삶과 복음 증거에 필요한 모든 신적 자원을 주셨음을 깨달을 것이다. 즉 열쇠는 우리가 탁월한 전도자인지 여부가 아니라, 하나님이 성령을 통해 증인이 되도록 우리 모두에게 능력을 부여하셨음을 깨닫는 것이다. 우리의 한계를 받아들이고 무한한 하나님을 즐거워하는 것이 그리스도와 함께 걷는 길에서만이 아니라 우리의 증언에서도 결정적인 요소다.

우리는 충분히 알지 못한다고 생각한다

그리스도인들이 불안을 느끼는 또 다른 영역은 지식이 부족하다는 느낌이다. 그들은 복음을 설명하거나 옹호하기에 충분할 만큼 복음을 이해하지 못하고 있다고 두려워한다. 그리스도인들은 회의론자들이 제기하는 질문에 어떻게 대답할지 알지 못한다. 또 그들은 비그리스도인들이 자신들의 삶에서 복음의 아름다움과 적실성relevance을 보도록 어떻게 도울지 알지 못한다.

그런 이유로 2부는 메시지Message에 관한 내용이다. 우리는 창조, 타락, 십자가, 부활, 그리스도의 재림 등 복음의 각 측면을 면밀하게 살펴볼 것이다. 또한 복음의 각 측면이 갖는 의미와 그것이 놀라운 이유를 상기시킬 것이다. 그 다음, 회의론자들로부터 받을 반발과 그들의 질문에 대답할 수 있는 몇 가지 방법을 살펴볼 것이다. 결정적으로, 우리는 복음 메시지의 각 부분을 활용하여 관심자들seekers과 회의론자들이 모두 갖고 있는 관심사 및 우선순위와 어떻게 연결시킬 수 있는지, 복음의 아름다움과 적실성을 어떻게 보여 줄 수 있는지 살펴볼 것이다.

우리는 확신이 부족하다

우리가 귀가 따갑도록 듣는 말은 이것이다. "나는 이 일을 어떻게 해야 하는지 도저히 확신이 안 서요. 나는 정말 믿음을 전하고 싶은데 어디서 시작해야 할지 모르겠어요." 그래서 마지막 3부는 **방법**Method, 즉 복음 증거 방법에 대해 예수님과 초기 교회로부터 배울 수 있는 점에 초점을 맞춘다. 우리는 영적으로 열려 있는 사람과 닫혀 있는 사람 모두에게 효과적으로 복음을 전할 수 있는 방법을 검토할 것이다.

이 책의 목적은 우리가 이 시대의 도전에 대처하도록 돕는 것이다. 즉 하나님 자신의 경이로움을 보여 주는 방식으로 주님에 대해 말하는 것, 그분이 우리에게 위탁하신 복음의 아름다움과 깊이, 적실성을 전달하는 것, 성령을 의지함으로써 아직 믿지 않는 지성과 마음의 저항과 아집을 성령을 통해 깨뜨릴 수 있게 되는 것이다. 요컨대, 오늘의 세계가 내놓는 모든 도전에 굴하지 않고—실은 그런 도전 때문에—우리의 믿음을 전하는 효과적인 방법을 찾도록 돕는 것이다.

그리스도인들은 이 새로운 시대를 위해 준비되어 있을까? 우리는 정말 복음을 효과적으로 전달할 수 있을까? "그렇다!" 내가 이렇게 힘 주어 말할 수 있는 이유는, 우리의 상황과 문화는 변했지만 복음의 능력은 변하지 않았기 때문이다. 하나님이 모든 그리스도인에게 주신 부요함과 자원은 지금도 동일하다. 우리가 할 일은 하나님에게서 받은 모든 것을 적용하여 효과적으로, 오늘의 사람들과 잘 연결될 수 있도록 그분에 관한 진리를 증거하는 법을 배우는 것이다. 우리는 우리 문화를 향해 개탄할 필요도, 패배감에 사로잡혀 침묵을 지킬 필요도 없다. 온 세상이 꼭 들어야 하는 메시지를 전하면서 희망을 품을 수 있다. 다시 말해, 지금도 제자 삼는 일꾼이 될 수 있다. 우리는 짠맛을 잃지 않을 수 있고, 잃지 않아야 한다!

1부

자원

1장

캠퍼스 안의 봉쇄

나는 이른바 "모태 신앙"이 아니다. 사실 나는 오랫동안 그리스도인이 전혀 아니었다.

수년간 나는 나 자신을 떨떠름한 불가지론자라고 설명하곤 했다. 나는 늘 무언가를 잃어버렸다고 느꼈다. 이름 붙일 수 없는 갈망, 채울 수 없는 갈증, 정확히 진단해 낼 수 없는 무언가를 향한 아픔이 내게 있었다.

최근에 나는 내가 고등학교 마지막 학년 영어 수업 시간에 쓴 글 뭉치를 발견했다. 나는 이 글들이 삶의 의미를 찾으려는 나의 노력을 얼마나 선명하게 보여 주는지 깨닫고서 깜짝 놀랐다. 한 글에 이렇게 적혀 있었다. "나 역시 이 소설에서 저자가 다루는 내용에 공감한다. 이런 향수, 우리가 무언가 더 중요한 것을 위해 창조되었고 더 중요한 것이 우리에게 약속된 것 같다는 이런 느낌은, 객관적 실재 속에서 어떤 대답을 찾을 수 있을까? 저자가 다룬 이 '해소할 수 없는 갈증'에 대한 답이 존재할까?"

내가 다닌 고등학교는 기독교 학교가 아닌 공립 학교였다. 그런데도 담당 선생님은 여백에 이렇게 적으셨다. "베키, 너는 사람이라면 누구나 걸을 수 있는 가장 중요한 여행을 하고 있구나. 네가 의식하지 못해도 너는 하나님을 찾고 있다. 값싼 대체물에 안주하지 마라. 모든 문을 두드려 보고, 답을 찾을 때까지 계속 두드려 봐. 무슨 일을 하든, 포기하지 마라!"

나는 의미를 찾아 탐색할 때, 다른 종교와 다른 철학을 조사했다. 내가 읽은 모든 것은 나를 만족시키지 못했다. 하지만 나는 한 번도 기독교를 조사하지 않았고, 성경은 한 장도 읽지 않았다. 그것은 내가 북미에서 성장한 까닭에 이미 성경을 이해하고 있다고 생각했기 때문이다.

그 뒤에 읽은 책 두 권이 나의 삶을 변화시켰다. 한 권은 프랑스인 무신론 실존주의자 알베르 카뮈Albert Camus의 소설 『전락』The Fall이었다. 카뮈는 내가 죄인이라는 확신을 심어 주었다. 무신론자의 책을 읽고 이끌어 내기에는 이상한 결론처럼 들리겠지만, 인간의 마음에 관한 그의 집요한 분석은 굉장히 충격적이어서 인간 본성의 밝은 면만 보는 낙관적 휴머니스트가 되겠다는 나의 희망을 송두리째 앗아 갔다. 나는 카뮈에게 의구심을 가졌다. 그는 인간 본성의 어두운 면에 대해 대단히 실제적이었지만, 우리가 경험하는 선善에 대해서는 만족스러운 대답을 주지 못했다.

그 뒤에 나는 C. S. 루이스Lewis의 책, 『순전한 기독교』Mere Christianity, 홍성사를 접했다. 루이스는 기독교의 전경全景을 소개해 주었다. 주요 종교들 사이에 피상적 유사성이 존재하지만, 기독교 신앙이 그동안 내가 읽었던 모든 것과 얼마나 다른지 상당히 인상적이었다. 루이스는 또 성경에 대한 관심의 불을 댕겼다. 나는 복음서를 읽기 시작했고, 예수님께 마음을 빼앗겼다. 결국 나는 항복하고 예수 그리스도께 내 삶을 드렸다. 바로 다음 장에서 이와 관련된 이야기를 더 많이 다룰 것이다.

배고픔 발견하기

그리스도인이 되고 난 직후, 나는 대학교에 진학했다. 성경 지식이 거의 없는 어린 그리스도인이었지만, 그리스도인이라면 다른 사람에게 예수님에 대해 말해야 한다는 것을 알았다. 용기가 없는 게 문제였다. 오늘날 내가 만나는 많은 그리스도인들처럼, 나는 전도가 만나는 모든 사람에게 숨 돌릴 틈 주지 않고 복음의 메시지를 전하는 것이라고 짐작했다. 믿음에 관한 주제를 자연스럽게 꺼내는 방법을 전혀 몰랐다. 나는 사람들의 기분을 상하게 하지 않을까, 혹은 그들의 질문에 대답하지 못할까 염려했다. 그래서 사람들이 나의 삶을 보고 어느 정도 감을 잡기를 바라면서 침묵을 지켰다.

대학 생활 첫해에 나는 꽤 의미심장한 두 가지 경험을 했다. 먼저, 첫 학기에 기독교 수련회에 참석했다. 수련회의 주제가 전도였기 때문에, 이 수련회가 전도에 대한 두려움을 누그러뜨려 주고 나에게 몹시 부족한 용기를 줄 것이라고 기대했다.

첫 강의는 성경의 전도 명령에 관한 것이었다. 강의를 들으며 나는 감동과 확신을 얻었다. 물론 두 번째 강의부터는 힘들어지기 시작했다. 주제는 "증인이 되는 법"이었고, 강사는 다음 세 가지 내용을 제시했다.

* 하루 동안 가능한 한 많은 사람에게 복음을 전하라. (그는 이 주제를 소개하는 여러 진부한 구절을 제시했다.)
* 항상 그리스도께 헌신하라고 사람들을 압박하라. 그들이 관심을 보이지 않거든, 다른 사람에게로 이동하라.
* 사람들의 질문을 연막으로 간주하라. 즉 질문은 사람들이 믿음에 대해 깊이 생각하지 않기 위해 사용하는 것이다. 가능하다면 그들의 질문에 대답하라. 하지만 그들의 질문은 아마도 영적 개방성의 부족을 암시한다는 점을 기억하라.

우리는 가능한 한 많은 사람에게 예수님에 대해 이야기하라는 지시와 함께 지역 쇼핑센터로 보내졌다. 우리는 대화에 시간을 허비하지 않고 사람들을 그리스도께 인도하기 위해 노력했다.

하지만 나는 나의 직관을 따르기로 결심했고, 한 사람과만 흥미진진한 영적 대화를 나누면서 오후 시간을 다 보냈다. 절대 그에게 그리스도께 헌신하라고 압박하지 않았다. 시기상조 같았기 때문이다. 대화 막바지에 우리는 영적인 대화를 이어 가기 위해 주소를 주고받았다.

수련회장으로 돌아온 우리는 오후를 어떻게 보냈는지에 대해 대그룹 "나눔의 시간"을 가졌다. 내가 보기에 '성공'은 얼마나 많은 사람들이 믿음을 고백했는지에 의해 결정되고 있었고, 그 기준에서 볼 때 나는 실패했다. 하지만 나는 여전히 그날 오후에 나눈 영적 대화에 대해 상당히 긍정적인 느낌을 가졌다.

수련회 강사들은 주님을 사랑하는 신실하고 진지한 신자들이었다. 하지만 나는 수련회장을 떠나면서 혼란스러웠을 뿐만 아니라 수련회장에 도착했을 때보다 훨씬 더 많은 의문을 품었다. 예수님의 증인이 된다는 것은 어떤 의미인가? 예수님은 사람들에게 믿음에 대해 어떻게 이야기하셨는가? 회심만이 '성공'한 전도의 유일한 기준인가? '결과'란 어쨌든 우리가 일어나게 만들 수 있는 어떤 일인가?

나는 두 가지 확신을 갖고 그 수련회장을 나왔다. 그렇다. 하나님은 증인이 되라고 우리를 부르신다. 그뿐 아니라 이제 나는 예수님이 다른 사람들에게 믿음에 대해 어떻게 이야기하셨는지 조사해야 한다.

그래서 나는 복음서를 탐독하기 시작했다. 나는 예수님이 사람들을 향해 품으신 어마어마한 긍휼에 깊은 감명을 받았다. 그분은 정중한 태도를 보이시며 다른 사람의 말을 세심하게 경청하셨다. 때로 예수님은 도발적인 질문도 던지셨는데, 그분의 말씀에는 야무진 설득력이 있어서 사람들이 더 듣고 싶어 하도록 호기심을 자극하는 것 같았다.

예수님의 삶에서 아무리 급박한 요구가 있더라도, 그분은 결코 황급하게 다음 사람에게로 이동하지 않으셨다. 결코 사람들을 전도 '프로젝트'의 대상으로 대하지 않으셨다. 또 모든 사람에게 정확히 똑같은 방식으로 복음을 전하지 않으셨다. 더 나아가 예수님이 믿음에 대해 말씀하신 방식, 곧 그분이 사용하신 은유와 예화는 이야기를 나누는 사람에 의해 좌우되었다. 심지어 예수님은 만나는 모든 사람에게 '복음을 제시하지' 않으셨다.

나는 예수님에게서 어떤 공식도 발견하지 못했다. 예수님이 항상 모든 사람에게 사용하신 판에 박힌 세 가지 질문 따위는 없었다. 나는 예수님이 믿음에 대해 이야기하신 방식에 주목함으로써 엄청난 통찰을 얻었지만, 그분이 각각의 상황에 맞추어 증거하셨다는 점도 분명히 깨달았다.

나는 예수님과 같은 방식으로 믿음을 나누는 방법을 배우고 싶었다. 그래서 나의 삶이 자연스럽게 사람들과 엇갈리는 기숙사에서, 수업 시간에 하나님이 찾고 계신 사람에게 나를 인도해 주시도록 간구했다. 나는 항상 기숙사 방문을 열어 두었다. 나는 온갖 유형의 사람들, 곧 하나님 나라에서 멀리 동떨어져 있는 것 같은 사람이나 나와 아주 다른 사람에게 다가갔다.

날마다 나는 다른 사람을 향한 하나님의 사랑과 긍휼로 새롭게 채워 주시도록 간구했다. 나는 비그리스도인을 초대하여 그와 사귈 수 있는 일을 함께했다. 그가 누구이고 믿음을 가로막는 방해물이 무엇인지 더 잘 이해할 수 있는 질문을 던졌다. 그에게서 믿음에 관한 호기심을 불러일으킬 수 있는지 알아보기 위해 일상적 대화에서 하나님을 간간이 언급하기 시작했다. 바로 예수님에게서 발견한 방법이었다. 나는 하나님이 나를 사용해 주시도록 기도했다. 무엇보다 먼저, 나는 그의 눈을 뜨게 해 달라고 기도했고, 복음의 아름다움과 경이로움으로 그를 이끌어 주시도록 하나님께 간구했다.

얼마 지나지 않아 나는 회의론자들과 진실한 우정을 쌓을 수 있었다. 그들은 나와 자신들의 삶을 나누었고, 나는 그들과 나의 삶을 나누었다. 서로 대화를 나누면서 다양한 이슈에 대한 그들의 견해를 배웠고, 이로써 나는 그들의 근원적인 신념을 더 깊이 이해할 수 있었다. 마침내 그들은 내가 무엇을 믿느냐고 묻기 시작했다. 나는 예수님이 왜 거부할 수 없을 만큼 매력적이신지, 내가 어떻게 기독교가 진리임을 믿게 되었는지 그들에게 설명해 주었다.

성탄절을 보내기 위해 집에 가려고 준비하는 동안 기숙사 같은 층에 살던 세 친구들이 다가와 말했다. "베키, 우리는 네가 믿음에 대해 이야기했던 방식에 아주 흥미를 갖고 있어. 우리 중에는 성경을 읽어 본 사람이 아무도 없어. 우리와 함께 성경 공부를 해 줄 수 있을까? 무엇이 네 삶을 그렇게 많이 바꾸어 놓았는지 알고 싶거든."

나는 딱 잘라 거절했다.

지금 돌아보면 부끄러운 말이지만, 나는 믿음의 왕초보자이고 성경 공부를 인도할 능력이 전혀 없다고 말했다. "나는 성경에 대해 아는 게 거의 없어!" 내가 말했다. 이 말에 그들은 대답했다. "그럼, 우리 함께 성경을 공부해 보자!" 그들은 결국 내가 마지못해 동의할 때까지 세 번이나 간청했다.

성탄절 내내 나는 걱정했고, 허둥댔고, 기도했다. 내가 내릴 수 있는 유일한 결론은 하나님이 이 일을 부추기셨다는 것이었다. 학교로 돌아온 첫 주에, 우리 네 사람은 예수님에 관한 성경 이야기를 읽기 위해 만났다.

내가 서투른 성경 공부 인도자였다는 말도 엄청난 과장이었을 것이다. 나는 성경 공부 인도는 고사하고, 성경을 공부해 본 적조차 없었다! 단지 본문을 정하는 것만도 나에게는 힘겨운 도전이었다. 놀랍게도, 다른 친구들은 즐거워했다. 나도 마찬가지였다. 둘째 주에는 우리 모임에 학생이 한 명 더 참여했고, 셋째 주에는 여섯 명이 모였다.

그때 당신이 전도에 대한 나의 견해가 무엇이냐고 물었다면, 이렇게 말했을 것이다. "이런 말을 하게 될 줄은 나도 몰랐지만, 전도는 그리 어려운 게 아닙니다! 당신이 기도한다면, 진정성 있게 사람들을 대하고 그들에게 진심으로 관심을 갖는다면, 또 사람들의 말을 공손하게 경청하고 믿음에 관한 그들의 의문과 어려움을 이해하려고 노력하면서 기꺼이 믿음을 나눈다면, 영적 대화를 나누는 것이 두 사람 모두에게 즐거운 일임을 깨달을 겁니다! 정말이지, 전도는 내가 생각했던 것보다 훨씬 쉬워요!"

나는 지금도 그렇게 믿는다. 우리 문화가 점차 믿음에 대해 적대적이고 전도에서 중대한 도전에 직면한 오늘날에도, 믿음을 나누는 것이 우리가 짐작하는 것보다 훨씬 쉽다고 생각한다. 회의론자들은 종종 진실한 사랑에 응답하고 공손한 대화를 바라는 우리의 열망에 고마움을 느낀다. 사실 사람들은 정확히 표현해 낼 수 없지만 실제로 존재하는 어떤 것에 대한 배고픔을 갖고 있다.

그때 나는 두 번째 경험을 했다. 상황은 더 힘들어질 참이었다.

적대감 경험하기

세 번째 성경 공부가 있던 날 저녁, 기숙사 방으로 돌아온 나는 실내 방송을 통해 알리는 공지 사항을 모든 사람들과 함께 들었다. 나에게 당장 기숙사 사감실로 오라는 요청이었다. 기숙사 사감은 1층 방에 사는 중년 여성이었다. 방에 들어가 그녀의 얼굴을 보았을 때, 나는 무엇인지 몰라도 심각한 상황임을 직감했다.

"베키, 기숙사에서 성경 공부를 인도하고 있다는 말이 사실인가요?" 사감이 물었다.

"네, 맞아요."

"맙소사, 이런 일은 우리 기숙사 방침에 어긋나는 일이에요. 벌써 한 학생이 불만을 접수했어요." 그녀가 말했다.

나는 어리둥절했다. "하지만 저는 사람들에게 오라고 강요하지 않았어요. 실은 친구들이 성경 공부를 인도해 달라고 부탁했거든요!"

"베키, 이 문제를 두고 이미 기숙사의 내 동료들과 미팅을 가졌어요. 부탁이니, 당장 모임을 중단하세요!"

"왜 그래야 하죠? 학생들이 스스로 부탁한 성경 공부를 인도하는 것도 기숙사 방침에 어긋나는 건가요?" 나는 불손하지 않았다. 겁이 났지만, 정말 의아했다.

"잘 들어요, 베키." 사감이 말했다. "당신은 어려요. 어쩌다 이런 종교 나부랭이에 얽혔는지 모르겠군요. 나는 정말 당신을 좋아하지만, 당신은 심각한 어려움에 처할 수 있어요. 사실, 만약 성경 공부를 계속 고집한다면, 이 대학을 떠나라고 할 수도 있어요. 그러니 자신을 위해서 당장 그만두세요!"

"내가 대학에서 퇴학당할 수도 있다고요?" 나는 반신반의하며 물었다.

"그게 바로 내가 하려던 말이에요." 사감이 대답했다.

두 가지 생각이 머릿속을 스쳐갔다. 먼저, 우리 아빠는 그리스도인이 아니었다. 사실 그 당시 동생을 제외하고, 우리 가족 중에 내가 유일하게 헌신된 그리스도인이었다. 이런 식으로 대학교에서 집으로 보내진다면, 감당하기 힘든 수치심을 느낄 것이었다.

둘째, 나는 기도하지 않았음을 깨달았다. 그래서 주님께 도와달라고 조용히 외쳤다. 그 즉시 내게 밀려온 평안을 결코 잊지 못할 것이다. 그때 사감에게 한 말은 내 생각에 하나님이 주신 말이었다.

"나는 우리 대학을 존중하고 대학 규정을 준수하고 싶어요. 진심으로 학칙을 따르고 싶어요. 하지만 이 성경 공부를 중단할 수는 없어요. 하나님이 인도하신 일을 하지 않을 수 없어요. 진리라고 생각하는 것을 어떻게 말하지 않을 수 있겠어요?"

"이런 말을 듣게 되다니 무척 유감이네요, 베키." 기숙사 사감이 대답했다. "나는 이제 이 일을 윗선에 보고해야 해요. 우리는 곧 다시 만날 거예요. 그런데 당신은 아주 어리석군요. 우리가 다음번 만날 때까지 누구라도 더 많은 학생을 성경 공부에 초대하지 않겠다고 동의해 줄래요?"

"잊지 마세요. 애초에 나는 아무도 초대하지 않았어요. 그렇지만 동의할게요." 내가 말했다.

기숙사 방으로 돌아온 나는 침대에 누워 울기 시작했다. 내 기억에 주님께 이렇게 말씀드렸다. "주님, 주님은 보이지 않습니다! 사람들은 주님을 볼 수 없지만, 그들은 나를 볼 수 있습니다. 내가 만약 대학에서 퇴학당한다면, 주님이 아빠에게 이 일을 설명해 주셔야 해요!"

학교 친구 파울라가 왜 기숙사 사감에게 소환되었는지 알고 싶어 내 방으로 왔다. 나는 파울라에게 자초지종을 이야기했고, 내 곤경을 이해한 파울라는 이렇게 말했다. "베키, 우리 아빠는 교회 장로님이야. 이번 주말에 나랑 우리 집에 가서, 아빠와 함께 이 일을 상의해 보자."

그 주말에 깊은 동정심을 갖고 내 이야기를 경청하신 파울라의 아버지가 말씀하셨다. "베키, 그 사람들이 너를 퇴학시킬 수 있다고 믿지 않는다. 하지만 상심이 퍽 크겠구나. 무척 두려운 경험이었겠다. 오늘 오후에 사도행전을 처음부터 끝까지 죽 읽어 보렴. 도움이 될 거야. 그런 다음 우리 함께 얘기해 보자."

나는 슬픔을 억누르며 책 제목을 한 자 한 자 받아 적었고, 그 책을 어디서 살 수 있는지 여쭈었다.

"음, 베키. 사도행전은 성경 복음서 바로 뒤에 있단다." 파울라의 아버지가 말했다. 그런 다음 쓴웃음을 지으며 덧붙였다. "이번에야말로 정말 네가 인도하는 성경 공부가 되겠구나."

그날 오후, 나는 난생처음 사도행전을 읽었다. 그때 읽은 사도행전 4:18-21을 결코 잊지 못할 것이다. 복음을 전한다는 이유로 베드로와 요한이 유대인 관료들 앞으로 끌려 나와 협박을 당하는 사건이었다.

그들을 불러 경고하여 도무지 예수의 이름으로 말하지도 말고 가르치지도 말라 하니 베드로와 요한이 대답하여 이르되 하나님 앞에서 너희의 말을 듣는 것이 하나님의 말씀을 듣는 것보다 옳은가 판단하

라. 우리는 보고 들은 것을 말하지 아니할 수 없다 하니 관리들이…
다시 위협하여 놓아 주었으니….

베드로와 요한의 대답을 읽는 동안 내 눈은 깜짝 놀라 접시만 해졌
다. 나는 의자에서 벌떡 일어나 주님께 외쳤다. "주님. 제가 기숙사
사감에게 했던 말과 거의 똑같네요!"

사도행전을 읽은 나의 첫 반응은, 나의 경험이 새로운 것이 아님
을 깨달을 때 오는 충격이었다. 그리스도인은 항상 박해를 받아 왔
다. 나의 두 번째 반응은 낯 뜨거운 부끄러움이었다. 사도들은 복음
을 전한다는 이유로 괴롭힘을 받았을 뿐만 아니라, 한 사람만 제외
하고 전부 다 같은 이유로 순교자로 죽을 것이다. 그들은 내가 한 번
도 경험하지 못했고, 경험할 가능성도 거의 없는 박해를 경험했다.
나는 하나님께 두려움을 털어놓았고, 결과가 어떻든 상관없이 신실
하게 순종할 수 있는 힘을 주시도록 간구했다.

나는 기력을 회복했다고 느끼면서 캠퍼스로 돌아왔다. 화요일 저
녁, 성경 공부를 하기 위해 만났던 학생 휴게실로 걸어가면서 학생
들이 홀에 가득한 것을 보고 깜짝 놀랐다.

"실례해요, 이 방을 통과해야 해요. 모임이 있거든요." 내가 말했다.

"우리도 그곳으로 가고 있어요." 그들이 말했다. "다만, 방이 별로
크지 않아서 우리가 전부 들어갈 순 없겠어요!"

그들은 모두 우리 성경 공부 모임에 가려던 참이었다!

소름이 돋았다. 파울라 아빠의 격려가 있었지만, 퇴학당하지 않을
것이라고는 확신하지 못했다. 나는 순종하겠다고 결심했지만, 여전

히 성경 공부 모임이 작기 때문에 더 이상 어려움을 겪지 않기를 바라고 있었다. 그런데 홀에만 열 명이 넘는 여학생들이 있었다!

대체 무슨 일이 일어난 걸까? 자, 당시는 미국에서 젊은이들 사이에 '혁명적 저항'이 최고조에 달한 1960년대 말이었다. "서른 살이 넘은 사람은 누구도 신뢰하지 말라"는 것이 통속적 주문呪文이었다. 그래서 내 이야기는 들불처럼 번졌다. 행정 당국이 무언가를, 심지어 성경 공부 모임이라도 봉쇄하려 든다는 뉴스는 그 시대의 혁명 정신에 기름을 부었다. 다음 주에는 훨씬 더 많은 여학생들이 왔다! 우리는 결국 기숙사 라운지에서 만나야 했는데, 우리를 전부 수용할 만큼 큰 공간은 그곳이 유일했다. 모임에 참석하려는 사람들의 관심은 아마 기독교의 주장과 씨름해 보려는 것이라기보다는 대학 당국에 문제를 제기하려는 욕구가 더 큰 동기가 되었을 것이다. 그렇더라도 학생들은 모임에 왔고 예수님에 대해 들었다.

물론 나는 분노한 기숙사 사감의 소환을 받았다.

"베키, 다음번에 만날 때까지 아무도 초대하지 말라고 내가 분명히 말했을 텐데요!"

"하지만 나는 아무도 초대하지 않았어요! 학생들이 다른 학생들을 초대하기 시작했어요!"

사감은 자신감을 잃은 듯 보였지만, 더 많은 위협을 가하면서 내가 대학교에서 퇴학당하는 것은 이제 거의 기정사실이라고 말했다.

재미있는 역설은, 나는 성경 공부 모임을 소규모로 유지함으로써 상황을 은폐하기를 바라고 있었다는 점이다. 하지만 사감이 위협할수록 학생들의 저항의 불길은 더 거세게 타올랐다. '바이블 벨트'Bible Belt 안에서 벌어진 이 성경 공부 모임은 결국 대항 문화적이고 혁명적인 것으로 비쳐지기에 이르렀다! 그런데 진정한 의미에서 이것이야말로 모든 장소와 모든 시대에 이루어지는 모든 성경 공부의 본질이다.

며칠 후, 학생 회관 커피숍을 지나가는데 성경 공부 모임의 한 학생이 나를 부르더니 테이블에 앉아 있는 한 나이 든 남성을 소개해 주었다. 그 남성은 방금 전 성경 공부 모임의 상황에 대해 들었다고 말하면서, 어떤 일이 있었는지 설명해 달라고 요청했다. 그는 내 이야기를 귀 기울여 들은 뒤 이렇게 말했다. "베키, 나는 여기 시내에 있는 유니테리언Unitarian 교회 목사입니다. 이번 주일에 와서 내 설교 대신 당신의 이야기를 들려줄 수 있을까요?"

재차 사양했지만 목사님은 끈질겼다. 결국 나는 받아들이기로 마음먹었다. 하지만 걱정이 앞섰다. 유니테리언 교회는 참된 기독교 신앙의 핵심 진리 가운데 하나인 삼위일체를 부정한다. 나는 성숙한 그리스도인 학생 친구 리디아에게 가서 그 요청을 받아들인 게 실수는 아닌지 물었다.

리디아가 말했다. "베키, 나는 주님이 복음을 전할 수 있는 진짜 기회를 주셨다고 믿어. 그러니 일어난 일만 전하지는 마. 반드시 너의 간증도 전해 줘."

"그럴게." 내가 대답했다. "그런데 음, 간증이 뭐야?"

"간증이란 네가 어떻게 주님께 나아갔는지 이야기하는 거야. 불가지론자였던 너의 이야기와 네게 있던 숱한 지적인 질문들에 대해 말해 줘. 네가 기독교를 탐구하기 전에 다른 종교들을 어떻게 바라보았는지도. 결국 복음이 타당하다고 여기게 된 이유도 꼭 말하고."

주일 아침이 왔고, 나는 잔뜩 겁을 집어먹었다. 하지만 이야기를 시작하자, 기숙사 사감이 내게 맞섰을 때 경험했던 것과 똑같은 평안을 느꼈다. 예배를 마친 뒤, 나는 그 교회의 여러 구성원들이 대학 교수임을 알았다. 교수 네 명이 다가와 명함을 건네며 말했다. "할 수 있는 모든 방법을 동원해 당신을 도울게요. 어려운 일이 더 생기거든 우리에게 전화해요."

기숙사 사감과 나는 마지막으로 한 번 더 만났지만, 이번에는 그녀의 위협이 빈껍데기임을 알았다. 나는 무엇이 사감의 행동을 바꾸는 계기가 되었는지 결코 알지 못할 것이다.

훨씬 쉽고 훨씬 어려운

이미 오랜 세월이 지나 버린 대학 생활 첫해에 나는 무엇을 배웠을까? 먼저, 전도가 '예수님 방식'으로 이루어질 때, 내가 상상하던 것보다 훨씬 수월했다는 점이다. 가장 그럴 것 같지 않던 사람들 중 일부가 영적으로 가장 굶주린 사람들이었음이 확인되었다.

둘째, 복음을 전하는 것이 위험천만한 일임을 배웠다. 나는 회의론자의 기분을 상하게 하거나 반지성주의자라고 비난을 받지 않을까 염려했지만, 내가 기숙사 사감 앞으로 불려 가 누구라도 성경 공부 모임에 초대하지 못하도록 금지당하고, 대학에서 퇴학당하는 위협을 받으리라고는 상상도 하지 못했다.

1960년대 말 당시에 바이블 벨트 중심에서 실제로 어떤 일이 일어나고 있었을까? 나는 한 번도 들어 보지 못한 일을 경험하고 있었다. 바로 영적 전쟁이다. 내가 일으키지도 않은 전쟁의 십자 포화 속에 갇혀 있는 듯했다. 나도 성경에서 사탄에 대해 읽은 적이 있었다. 하지만 이제 그리스도를 전하지 못하도록 격렬하게 반대하고, 우리를 중단시키기 위해 위협하고 겁주고 괴롭히고 가능한 온갖 위협 전술을 구사하는 사악한 존재가 정말 존재한다는 사실을 체험을 통해 깨달았다. 나의 경우에 이 방법은 거의 통할 뻔했다.

나는 또 하나의 소중한 교훈을 배웠다. 하나님은 우리가 복음을 알릴 때 기뻐하실 뿐만 아니라 우리의 노력이 몇 배의 결실을 거두게 하실 것이다! 심지어 우리가 간절히 바라지 않을 때도 말이다. 퇴학 위협은 두려운 것이었다. 순종하기로 결심했을 때도 나는 여전히 성경 공부 모임을 작게 유지함으로써 위험을 관리할 수 있는 '요행'을 바라고 있었다. 대신에 하나님은 수문을 여셨다! 하나님은 복음을 억누르기 위해 사탄이 사용하는 모든 전술을 통해 복음을 훨씬 더 널리 알리셨다.

이 경험을 통해 배운 교훈들은 나의 전체 사역을 통틀어 나를 지탱해 주고 나를 형성해 주었다. 1960년대와 오늘 사이에 많은 것이 변했지만, 변하지 않는 한 가지는 이것이다.

전도는 여전히 우리가 생각하는 것보다 훨씬 쉽고, 우리가 상상하는 것보다 훨씬 어렵다. 전도는 흥미진진한 동시에 위험천만하다.

오늘의 문화 분위기에서 효과적인 증인이 되기 위해 용기, 인내, 실제적인 무장이 필요할 것이다. 하지만 확신과 기대감도 우리에게 필요하다. 영국의 전도자 리코 타이스Rico Tice의 표현대로 말이다.

[오늘날] 복음 메시지에 대한 적대감이 점점 커 가고 있다. 하지만 그와 다른 상황도 진행되고 있다. 굶주림 역시 커졌다. 진리 주장을 거부하고 절대적 도덕 기준을 불쾌하게 여기는 세속주의와 물질주의의 물결도 똑같이 거세지고 있지만, 이런 물결은 공허하고 텅 빈 생활 방식임이 입증되고 있다. 또한 이 말은, 흥미롭게도, 복음의 내용에 조용히 굶주려 있는 사람들을 찾을 가능성이 점점 높아지고 있다는 의미다.[1]

무엇보다 우리는 하나님으로부터 출발해야 한다. 우리가 부족하고 약하다는 깊은 인식, 두려움, 기도가 영적으로 빈약하다는 느낌, 과연 삶을 변화시키는 능력이 복음에 있는지에 대한 숨은 의심, 하나님이 정말 우리를 사용하실 수 있을지에 대한 반신반의, 위험을 감수하고 하나님이 사용하실 수 있는 상황에 우리를 두지 않으려는 근원적인 거리낌 등과 같이 우리가 전도에서 느끼는 모든 어려움은 먼저 하나님이 정말 어떤 분인지 이해할 때에만 극복될 수 있기 때문이다. 하나님이 우리와 함께 계시고, 그분이 우리보다 앞서 가시며 우리의 두려움과 가끔 무기력한 믿음에도 불구하고 그분이 우리를 사용하려고 하신다는 사실을 알 때, 모든 것이 달라진다. 19세기 설교자 찰스 스펄전Charles Spurgeon의 말처럼, "어린아이도 있고, 거인

도 있다. 하지만…작은 믿음이 복된 믿음이다. 전율하는 소망이 복된 소망이다."²

사실 우리에게 필요한 것은 자기 확신이 아니다. 우리에게 필요한 것은, 그 무엇보다 하나님 확신이다. 참되신 하나님을 확신할 때 우리는 우리의 약함이 살아 계신 능력의 하나님을 제한하지 않는다는 사실을 깨달을 수 있다. 작은 순종의 발걸음을 내디딜 때, 하나님은 우리를 사용하기를 기뻐하신다.

예수님은 우리에게 증인이 되라고 명령하신다. 이 일은 우리가 생각하는 것보다 훨씬 쉽고, 우리가 상상하는 것보다 훨씬 힘들 것이다. 하지만 예수님은 우리를 빈손으로 보내지 않으신다. 그분은 신적인 명령을 순종하는 데 필요한 신적인 자원들을 우리에게 주신다. 이 자원들이 이 책의 1부에서 다루는 주제다.

묵상과 나눔을 위한 질문

* 다른 사람에게 복음을 전하려고 했던 당신의 경험을 돌아보라. 그 경험은 전도에 관한 당신의 기대와 느낌을 어떻게 형성했는가?

* 예수님이 복음을 갖고 사람들에게 다가가신 방법에 대해 저자에게서 배운 바는 무엇인가? 예수님의 접근 방법을 당신 자신의 복음 증거에 어떻게 접목할 수 있겠는가?

* "우리에게 필요한 것은 자기 확신이 아니다. 우리에게 필요한 것은, 그 무엇보다 하나님 확신이다." 당신은 자기 자신을 의지하면서 앞으로 나가는 편인가? 아니면 자신을 의심하면서 멈칫거리는 편인가? 이런 성향은 믿음을 전하는 당신의 태도에 어떤 영향을 미치는가?

2장

우리의 작음을 기뻐하기

내가 불가지론자였을 때, 줄곧 씨름하던 한 가지 의문이 있었다. 유한하고 제한적인 인간이 어떻게 하나님을 안다고 주장할 수 있을까? 자신이 속고 있지 않다는 걸 어떻게 알 수 있을까?

어느 화창한 여름날, 나는 우리 집 뒷마당에 있는 잔디밭에 몸을 뻗고 누워 있다가 개미 몇 마리가 부지런히 흙더미를 쌓고 있는 장면을 눈여겨보았다. 나는 나뭇가지와 나뭇잎을 이용해 개미들이 움직이던 방향을 다른 데로 돌리기 시작했다. 하지만 개미들은 그대로 이탈하여 새로운 개미 흙더미를 쌓기 시작했다. 나는 생각했다. '이거 하나님이 되는 거하고 비슷하군! 나는 개미들이 움직이는 방향을 다른 데로 돌리고 있는데, 개미들은 깨닫지도 못하고 있잖아!'

어느 순간 개미 두 마리가 손 위로 기어올랐고, 나는 이런 생각을 했다. '한 개미가 다른 개미를 향해 이렇게 말한다면 재미있지 않을까? "너는 베키를 믿니? 정말 베키가 존재한다고 믿어?"'

나는 다른 개미의 대답을 상상했다. "말도 안 돼! 베키는 신화야. 꾸며낸 이야기라고!" '재밌군.' 나는 생각했다. 내가 존재하지 않는다고 선언한 그 개미의 오만이라니! 단숨에 손에서 떨어뜨릴 수도 있는데 말이다.

그런데 만약 다른 개미가 "아, 나는 베키가 존재한다고 믿어!" 하고 말한다면, 개미들은 이 문제를 어떻게 해결할까? '개미들은 내가 실재한다는 것을 어떻게 알 수 있을까?' 나는 생각했다. '내가 누구인지 보여 주기 위해 어떻게 해야 할까?'

나는 문득 깨달았다. 개미들이 이해할 수 있는 방법으로 내가 누구인지 보여 주는 유일한 길은 나 스스로 개미가 되는 것이다. 내가 그들의 실재 영역에 완전히 동화되어야 할 것이다.

나는 몸을 일으켜 세운 뒤 이런 생각을 했던 걸로 기억한다. '정말 그럴 듯한 생각이다! 내가 누구인지 개미의 모습으로 완벽하게 보여 주기 위해 내 크기를 축소하는 것 말이야! 하지만 개미들이 실은 개미의 모습을 한 나를 보고 있다는 걸 어떻게 알 수 있을까? 그렇지. 나는 묘기를 부려야 할 거야! 다른 개미가 절대 할 수 없는 일들 말이야!'

그때 이런 생각이 떠올랐다. 나는 방금 전 유한한 피조물이 어떻게 하나님을 발견할 수 있을까 하는 의문을 해결했다. 하나님이 외부에서 와서 자기가 누구인지 계시하셔야 할 것이다.

그 당시 나는 기독교를 자세히 살펴보지 않았다. 대신에 다른 세계 종교들을 살펴보았고, 내가 알기로 추종자들에게 이렇게 말하는 창시자나 예언자에 대해 읽어 본 적이 없었다. "아직도 모르겠느냐? 나를 볼 때 너는 하나님을 보고 있는 것이다. 내가 바로 하나님이기 때문이다!" 대신에 그들은 추종자들의 관심을 자기에게서 다른 데로 돌렸고, 혹시 하나님의 수용이나 구원을 얻기 원한다면 규범을 따르고 특정한 영적 수행에 참여하는 것이 중요하다고 말했다.

이제 나는 과연 성경에서 하나님이 사람의 모습으로 이 땅에 왔다고 주장하는지 알아내야 했다. 우리 집에서 성경을 찾을 수가 없었던 나는 무엇이든 제목에 "기독교"라는 단어가 들어 있는 책을 찾았고, 결국 그런 책 한 권을 발견했다! 바로 『순전한 기독교』라는 책이었다. 나는 앉아서 그 책을 처음 탐독하기 시작했다.

내가 무엇을 발견했을까? 기독교 신앙의 핵심 전제는 하나님이 지구 행성에 초자연적으로 개입하셨다는 것이다! 기독교는 계시 종교다. 하나님이 우리에게 오셨다! 내가 개미와 소통하기 위해 개미가 되지만 여전히 베키로 남아 있다고 상상했듯이, 그리스도가 우리와 소통하기 위해 인간의 본성을 취하지만 그분은 여전히 신적인 자기 자신으로 남아 계셨다!

나는 아직 기독교가 진리라고 확신하지 못했지만, 이 방법은 타당하다고 여겨졌다. 하나님이 존재하신다면, 분명 그분은 우리가 이해할 수 있는 방법으로 자기 자신을 계시하실 것이다.

또 C. S. 루이스는 성경을 읽고 싶은 호기심을 자극했다. 나는 복음서에서 시작했고, 맨 처음 읽었던 구절을 결코 잊지 못할 것이다.

말씀이 육신이 되어 우리 가운데 거하시매 우리가 그의 영광을 보니 아버지의 독생자의 영광이요 은혜와 진리가 충만하더라.…은혜와 진리는 예수 그리스도로 말미암아 온 것이라. 본래 하나님을 본 사람이 없으되 아버지 품속에 있는 독생하신 하나님이 나타내셨느니라.

(요 1:14, 17-18)

이것은 하나의 과정이었지만, 나는 결국 예수님께서 자신이 말씀하신 그분임을 믿게 되었다. 예수님은 우리가 절망적인 어려움 속에 있기 때문에 우리 행성으로 보내진 하나님의 아들이셨다. 예수님은 우리에게 와서 아버지를 계시하셨을 뿐만 아니라, 십자가 위에서 돌아가심으로써 우리의 죄를 담당하셨다. 어느 날 나는 예수 그리스도를 통해 하나님께 내 삶을 드렸다. 하나도 남김없이, 송두리째.

인간이 된다는 것

하나님을 아는 것이 나의 탐색의 한 부분이었다면, 우리가 누구이고 왜 여기 있는지를 발견하는 것은 다른 한 부분이었다. 나는 예수님이 하나님의 본성을 이해하는 창문이 되실 뿐 아니라, 참된 인간이 되는 것, 즉 하나님이 원래 의도하신 대로 인간이 되는 것이 어떤 의미인지 계시하신다는 사실을 깨닫고는 깜짝 놀랐다.

그동안 사역을 해 오면서, 나는 그리스도인들이 힘들게 믿음을 전하는 이유가 무엇인지 알려고 무진 애썼다. 그들에게 가장 뛰어난 최신 기술이 없거나 한방에 두루 통하는 새로운 공식이 없기 때문이 아님을 나는 항상 인식하고 있었다(그런 종류의 전도 '전략'을 제시하는 수많은 사람들이 주위에 있었고 지금도 있다). 시간이 지나면서 문제가 훨씬 깊은 곳에 있음을 깨닫기 시작했다.

남편 딕과 나는 전도 영역에서 그리스도인들을 무장하면서 세계를 여행했다. 그런데 우리가 그들로부터 한결같이 듣는 이야기가 무엇인지 아는가? 수련회 기간에 사람들은, 마치 가장 은밀한 비밀, 아무도 절대 발견하지 못하기를 바라는 무언가를 털어놓으려는 듯한 모습으로 우리에게 다가와서 이렇게 말했다. "나는 정말 믿음을 전하고 싶은데, 그럴 수가 없어요."

"왜 그럴까요?" 우리는 항상 묻는다.

"왜냐면 말이죠." 그들은 주위를 둘러보며, 아무도 듣는 사람이 없기를 바라며 이렇게 말한다. "그냥 충분히 알지 못하기 때문이죠. 나는 완벽한 그리스도인의 본보기가 아니에요. 내가 사람들의 기분을 상하게 하면 어떡하죠? 사람들의 질문에 대답하지 못하면 어떡하죠? 요점은, 그러니까…내가 너무 부족하기 때문에 믿음을 전할 수가 없어요!"

"맞아요, 당연히 당신은 부족해요!" 우리는 대답한다. "우리 모두 부족해요! 우리는 모두 하나님을 전적으로 의지하며 살지요! 그런데 이 사실을 알 때 자유롭지 않나요? 하나님을 의지하는 것은 전혀 부끄러운 일이 아니에요!"

사람들의 설명이 드러내는 사실이 있다. 바로 하나님이 우리를 어떻게 창조하셨는지 이해하지 못하고 있다는 것이다. 다시 말해, 우리는 인간이 되는 것이 어떤 의미인지 이해하지 못한다. 옛 어린이 찬송가 가사처럼, "우리들은 약하나 예수 권세 많도다"는 사실을 잊는다.

이것은 그야말로 단순한 개념이지만, 바로 우리가 발을 헛디디는

지점이기도 하다. 역사를 통틀어 사람들은 우리가 창조주가 아니라 피조물이라는 사실을 받아들이기 어려워했다. 우리들은 약하다. 맞다. 하지만 하나님은 강하시다. 그런데 이 차이를 이해할 때 우리의 생활 방식에 굉장한 차이가 생긴다. 이런 이해는 우리의 불안을 잠재우고, 우리에게 평안을 가져다주며, 우리가 그리스도를 증거할 때 엄청난 도움을 줄 것이다.

하나님이 원래 의도하신 대로 인간이 되는 것이 어떤 의미인지 발견하기 위해 어디로 가야 할까? 우리는 성경이 출발하는 곳, 즉 창조 이야기에서 출발해야 한다.

창세기 1장과 2장은 만물의 시작에 관한 경이로운 이야기를 전해 준다. 주권적인 하나님이 우주를 창조하셨다. "하나님이 이르시되 빛이 있으라 하시니 빛이 있었고…하나님이 보시기에 좋았더라"(창 1:3, 10). 하나님은 인간을 창조하실 때만 무엇을 어떻게 창조해야 할지 깊이 숙고하셨다. 이 이야기에서 처음으로 하나님은 청사진을 사용하신다. 그 청사진은 하나님 자신이다. "우리의 형상을 따라 우리의 모양대로 우리가 사람을 만들고"(창 1:26). 하나님은 우리가 하나님을 알고, 하나님을 섬기고, 하나님을 영화롭게 할 수 있도록 하나님의 본성을 반영하여 사람을 만드셨지만, 우리는 창조주가 아니라 피조물이다. 이 점에서 결정적인 차이가 있었다. 하나님이 우리를 창조하셨다는 사실은 인간 존재의 토대가 우리 자신 안에 있지 않다는 뜻이다. 우리 삶의 목적과 의미가 우리에 의해 결정되지 않고 하나님에 의해 주어진 것이기 때문이다. 하나님을 의지하도록 창조되고, 하나님으로부터 하나님과 더불어 우리의 의미를 발견하도

록 창조된 인간 피조물이 되는 것은 "참 좋다." 하나님이 그렇게 말씀하신다!(창 1:31)

그런데 이 진리는 사탄이 무너뜨리려고 애쓰는 첫 번째 사실 중 하나다.

우리가 인간임을 부정하기

창세기 3장에서 우리는 악이 이미 이 땅에 존재했음을 알게 된다. 성경은 이런 일이 어떻게 일어났는지 자세히 전해 주지 않지만, 성경 전체에서 악의 근원은 ('대적자'를 의미하는) 사탄으로 규정된다. 성경은 사탄을 피조된 영적 존재로 묘사한다. 사탄은 하늘에서 하나님을 거역했다가 쫓겨난 타락한 천사다. 그는 사악한 영적 존재, 거짓의 아비요 위장술의 달인이 되었고, 그의 열망은 하나님의 진리를 보지 못하도록 사람의 눈을 가리는 것이다(요 8:44; 고후 4:4).

사탄이 에덴동산에서 아담과 하와를 유혹하기 위해 다가왔을 때, 그의 존재는 뱀으로 위장되어 가려졌다. 뱀이 말했다. "하나님이 참으로 너희에게 동산 모든 나무의 열매를 먹지 말라 하시더냐"(창 3:1). 단순해 보이는 이 질문에는 사악한 계략이 숨어 있다. 16세기 종교개혁자 마르틴 루터Martin Luther에 따르면, 이 구절은 지독하리만큼 교묘해서 히브리어 원어에서 독일어로 번역하기가 거의 불가능했다고 한다.

마귀는 이렇듯 겉보기에 순진하게 시작함으로써, 하나님이 이렇게 말씀하셨을 리 없다는 암시를 심어 놓는다. '설마 하나님이 인간들을 사랑하지 않으실까?' 그런데 이 질문의 배후를 보면 함의가 숨어 있음을 알 수 있다. 하나님은 우리를 굶어 죽게 하려고 창조하셨다! 이 말은 하나님이 사디스트가 틀림없다는 의미일 수밖에 없다! 하지만 하나님은 결코 "동산 모든 나무의 열매를 먹지 말라"고 말씀하지 않으셨다. 하나님은 그들이 하나만 제외한 모든 나무의 열매를 마음껏 먹을 수 있다고 말씀하셨다(창 2:16-17). 이 사소한 의심을 통해 뱀은 하나님이 그들을 최대 관심사로 두지 않는다고 말하고 있다. 하나님은 사실 비밀을 숨기고 있다! 사탄은 그들이 하나님의 선하심과 사랑을 의심하고 하나님에 대한 믿음이 오염되기를 바란다.

하와는 뱀의 말을 바로잡으면서, 하나님은 한 나무의 열매만 먹지 말라고 금하셨다고 말한다. "동산 중앙에 있는 나무의 열매는 하나님의 말씀에 너희는 먹지도 말고 만지지도 말라. 너희가 죽을까 하노라 하셨느니라"(창 3:3). 이제 뱀은 자신의 전략이 먹히고 있음을 안다! 왜인가? 하나님은 결코 열매를 만지지 말라고 말씀하시지 않았기 때문이다. 하나님의 엄격함을 과장함으로써 하와는 하나님이 선하지 않고 사실은 그들의 권리를 박탈하고 있다는 거짓말에 빠져들고 있음을 드러낸다. 이로써 하와는 역사상 최초의 율법주의자가 된다.

이제 뱀은 노골적인 반박에 가담한다. "너희가 결코 죽지 아니하리라. 너희가 그것을 먹는 날에는 너희 눈이 밝아져 하나님과 같이 [될]…줄 하나님이 아심이니라"(창 3:4-5). "하와, 무슨 뜻인지 모르겠어?" 뱀은 이렇게 말하고 있다. "하나님은 시샘이 많고, 분명 어떤 경쟁자도 용인할 수 없어. 만약 너도 하나님이 된다면, 그분은 참지 못할 거야!"

모든 것이 거꾸로 뒤집힌다. 하나님의 사랑이 시샘으로, 하나님을 위한 섬김의 실천이 굴종으로 묘사된다. 사탄은 하나님이 결정권자이고 모든 권력을 소유하고 있다는 사실에 분개하기 때문에, 그가 하는 모든 말 배후에 놓여 있는 핵심 주장은 이것이다. 하나님이 되는 것이 전부다. 그것이 정말 중요한 전부다. 하나님을 의지하는 피조물이 되는 것은 피해야 하고, 맞서 싸워야 하며 기피해야 할 상태다. 그러므로 너의 인간됨을 거부하고 하나님이 되어라!

사탄은 한꺼번에 두 가지 일을 하고 있다. 그는 하나님의 성품을 공격한다. 또 하나님이 창조하신 우리의 존재, 곧 피조물의 선함을 부정한다. 이것은 창세기 1장과 2장에서 우리가 배운 모든 것과 정면으로 상충되는 끔찍하게 사악한 거짓말이다. 하나님은 선하고 신뢰할 만한 분이시고, 선한 사랑의 하나님을 의지하도록 창조된 인간이 되는 것 역시 소중하고 경이롭다는 진리 말이다!

사탄은 우리 인간이 하나님에 대한 의존을 기뻐하는 대신, 하나님은 하나님이고 우리는 그렇지 않다는 사실을 증오하기를 바란다. 사탄은 우리가 우리의 '작음'을 경멸하고 그것을 골칫거리로 여기기를 바란다. 하지만 우리의 부족함과 하나님에 대한 의존을 인정하는 것은 수치가 아니라 도리어 우리를 자유롭게 해 준다! 피조물이 되는 것은, 사탄이 우리에게 믿게 하려는 것처럼 '헛소리'가 아니다. 하나님을 사랑하고, 그분께 순종하며, 부끄러워하지 않고 그분을 의지하는 피조물이 되는 것은 영광스러운 일이다.

창세기 3장에서 인간 피조물이 참으로 자기 자신이 되지 않겠다고 거부할 때 악은 세력을 얻는다. 사람이란 하나님의 엄청난 사랑과 기쁨으로부터 창조된 존재요, 자비로운 사랑의 하나님을 의지할 때 성취와 자유를 발견하는데 말이다.

끈질긴 문제

창세기 3장에서 사람들이 처음 사탄의 거짓말을 믿은 후 그들 안에 자리잡은 깊은 불안을 긴 안목에서 바라보자. 그러면 당신은 이 거짓말이 깊이 뿌리내리고 있음을 깨달을 것이다. 우리는 부족하다는 느낌을 극복하기 위해 여러 치료법과 자구책을 사용한다. 정신과 의사 빌헬름 라이히Wilhelm Reich는 수십 년간 사람들의 심리를 치료한 후 이렇게 결론을 맺었다. "이 행성에서 인간 비극의 동력은 무엇인가? 모든 비극은 사람이 자기 자신이 아닌 다른 것이 되려고 애쓰는 데서 기인한다."[1]

이것은 죄가 자신을 어떻게 드러내는지 보여 주는 탁월한 세속적 설명이다! 하지만 라이히는 우리가 왜 자기 자신보다 훌륭해 보이려고 애쓰는지 대답하지 않는다. 그것은 창조주 하나님만 계시하실 수 있기 때문이다. 성경의 대답은 이렇다. 우리는 마음 깊은 곳에서 하나님이 아님을 알지만 하나님이 되기 원하는 반역자들이다! 그래서 우리는 자신의 부족함을 감춘 채 진짜 자기 자신보다 훌륭해 보이려고 애쓴다. 예언자 에스겔은 그 점을 가장 날카롭게 지적한다.

"네 마음이 하나님의 마음 같은 체할지라도 너는 사람이요 신이 아니거늘"(겔 28:2).

과거 역사와 현재 문화는 에스겔의 주장을 입증하는 사례들로 가득하다. 유발 하라리Yuval Noah Harari의 베스트셀러 『사피엔스』Sapiens, 김영사를 생각해 보자. 이 책에서 하라리는 인간이 유전 공학 덕분에 자연 선택을 극복하고 신이 되기 직전에 있다고 적는다. 그런데 그의 역설적인 설명에 의하면, 우리는 여전히 불행하고 여러 면에서 무엇을 원하는지 확신하지 못하는 것 같다. "자신이 무엇을 원하는지 알지 못하는 불만스럽고 무책임한 신들[우리]보다 더 위험한 것이 있을까?"[2]

우리는 그리스도인으로서 우리가 하나님이 아님을 안다. 하지만 하나님을 의지하는 사람이라는 사실에 당혹감을 느끼는 함정에 쉽게 빠진다. 우리는 우리의 약점이나 인간성의 한계가 드러나기를 바라지 않는다. 그래서 어리석어 보이지 않으려고 하고, 반지성적이거나 우리 문화에 뒤떨어진다고 여겨질 수 있는 말을 하지 않으려고 애쓴다. 우리는 하나님의 판단보다 사람의 판단을 더 두려워한다. 우리가 종종 믿음 나누기를 그렇게 꺼리는 이유가 이것 때문 아닐까? 우리의 약함이 드러나거나 어리석어 보일까 두려워하기 때문은 아닐까?

우리는 인간성의 한계를 받아들여야 한다. 이것은 예수님의 탄생을 살펴봄으로써 가능해진다.

약함 속의 능력

누가가 자신의 복음서에서 전하는 바에 의하면, 목자들이 밤중에 양 떼를 치고 있었을 때 이런 일이 일어났다.

> 주의 사자가 곁에 서고 주의 영광이 그들을 두루 비추매 크게 무서워하는지라. 천사가 이르되 무서워하지 말라. 보라, 내가 온 백성에게 미칠 큰 기쁨의 좋은 소식을 너희에게 전하노라. 오늘 다윗의 동네에 너희를 위하여 구주가 나셨으니 곧 그리스도 주시니라. 너희가 가서 강보에 싸여 구유에 뉘어 있는 아기를 보리니 이것이 너희에게 표적이니라 하더니
>
> 홀연히 수많은 천군이 그 천사들과 함께 하나님을 찬송하여 이르되
>
> 지극히 높은 곳에서는 하나님께 영광이요
> 땅에서는 하나님이 기뻐하신 사람들 중에 평화로다 하니라.
>
> (눅 2:9-14)

천사가 깜짝 놀라 무서워하는 목자들에게 그리스도의 탄생 소식을 전하자 왜 천군은 가눌 수 없는 기쁨으로 경배했을까? 그들은 하나님이 보내신 분의 정체를 알았기 때문이다! 바울의 설명대로, "아버지께서는 모든 충만으로 예수 안에 거하게 하시…기를 기뻐하심이라"(골 1:19-20).

천군은 하나님 아들의 오심이 전무후무한 사건이고 인류 역사의 전 과정을 영원히 바꿀 줄을 알았다! 더 나아가 그들은 성부 하나님이 이 땅에 성자가 등장하는 계획을 수백 년간 계시하셨음을 알았다. 이로써 우리는 분명한 질문을 던지게 된다. 왜 하나님은 하늘의 온갖 위엄에 적응해 있던 아들을 우리가 상상할 수 있는 가장 약하고 초라한 방법으로 세상에 보내셨을까? 그것도 가축의 구유에 뉘인 지극히 의존적이고 무력한 갓난아이로 말이다.

먼저, 하나님은 악마의 거짓말을 거꾸로 뒤집고 계시기 때문이다! 인간이 되는 것, 의존하는 존재가 되는 것은 하나님의 눈에 경이롭다! 그런 이유에서 우리는 우리의 작음을 절대 경멸하지 않아야 한다. 하나님의 아들이 인간이 되셨을 때 그분은 '작아지셨기' 때문이다. 그분의 탄생은 인간이 된다는 것이 더없이 좋은 일이라는 굉장한 승인이다. 시인 찰스 윌리엄스Charles Williams의 말처럼, 육체가 되신 그리스도는 "모든 육체를 신성하게 만드신다." 둘째, 그분이 탄생하신 초라한 환경은 예수님이 특권층과 권력층만 구원하기 위해 오시지 않았다는 표식이다. 그분은 모든 인류를 구원하기 위해 오셨다.

그리스도가 갓난아이의 철저한 약함과 유연함 속에서 오셨다는 사실은 전도와 관련하여 엄청난 중요성을 갖는다. 예수님의 탄생은 하나님이 인간의 약함 가운데 거하시면서 그것을 통해 자신의 영광을 드러내기를 기뻐하신다는 사실을 보여 준다. 이는 성경 전반에 걸친 주제다. 성경 도처에서 우리는 인간의 약함과 하나님의 능력 사이에 심원한 관계가 있음을 본다.

역사상 가장 탁월한 전도자였던 사도 바울을 생각해 보자. 바울이 중요한 도시 고린도, 고대 세계의 '죄악 도시'로 선교 여행에 올랐을 때 느낌이 어땠을까? 그는 자기 확신으로 충만했을까? 고린도 전서 2:3-5에 바울의 시각이 나타나 있다. 이 말씀은 우리에게 귀중한 통찰을 준다. 우리의 작음을 인식하는 것이 왜 실은 선물인지 깨닫게 해 준다.

> 내가 너희 가운데 거할 때에 약하고 두려워하고 심히 떨었노라. 내 말과 내 전도함이 설득력 있는 지혜의 말로 하지 아니하고 다만 성령의 나타나심과 능력으로 하여 너희 믿음이 사람의 지혜에 있지 아니하고 다만 하나님의 능력에 있게 하려 하였노라.

바울의 진술은 당혹스럽다. 그는 하나님의 능력이 드러날 수 있도록 자신의 약함과 부족함을 자랑한다. 이것이야말로 창세기 3장과 정반대다! 인간이 되는 것이 하나님을 의지한다는 뜻이기에, 사탄은 우리가 인간이 되는 것을 혐오하기를 바란다. 하지만 바울은 정반대라고 말한다! 그는 자신의 약함을 사랑하고 기뻐하는 법을 배웠다고 말한다. 자신의 부족함을 통해 하나님의 능력과 은혜가 드러나기 때문이다.

하지만 어떻게 우리는 이렇게 사는 법을 배울 수 있을까? 바울은 그 답이 먼저 우리의 작음을 받아들이는 데 있음을 보여 준다. 이것은 우리의 한계를 인정하는 것보다 훨씬 더 많은 의미를 담고 있다. 바로 우리 자신의 능력보다 훨씬 큰 능력을 경험하고 그것에 순복한다는 뜻이다. 이에 대해서는 나중에 다른 장에서 살펴볼 것이다. 우리의 인간됨을 받아들이는 법을 배울 때 우리는 하나님의 힘을 의지할 수 있다. 이로써 우리는 우리에게 필요했으나 갖고 있지 않은 모든 힘과 능력을 하나님이 갖고 계시고, 따라서 우리에게 그분의 도움이 필요할 것이라는 사실을 기쁨으로 받아들일 수 있게 된다.

나를 비롯해 수많은 사람들에게 하나님의 눈을 통해 인간의 약함을 보는 법을 가르쳐 준 사람은 저명한 작가이자 강사인 조니 에릭슨 타다Joni Eareckson Tada다. 조니는 십대 때 자동차 사고를 당했고, 그 사고로 사지마비 장애인이 되었다. 그 후 하나님은 전례 없는 방법으로 조니를 증인으로 사용하셨다. 나는 오랜 세월 조니를 알았다. 그래서 조니가 우리 교회에 와서 강의를 했을 때, 그녀에게 점심 식사를 함께하자고 말했다. 나는 조니를 위해 도시락을 준비했다.

한 방에 우리 둘만 앉아 있는데, 조니를 도와주어야 한다는 생각이 갑자기 떠올랐다. 그래서 나는 샌드위치를 들고 먹여 주기 시작했다. 조니가 마실 수 있도록 그녀의 입에 빨대를 넣었다. 냅킨으로 조니의 입을 닦아 주었다. 그날 점심 식사가 얼마나 친밀했는지 설명하기 힘들다. 내가 누군가에게 음식을 먹여 준 때는 우리 아이들이 갓난아이였을 때나 양로원에 계신 할머니를 방문했을 때뿐이었다. 다시 말해, 나는 인생의 양쪽 끝에 있는 이들을 위해서만 이런 일을 했다.

물론 이번에는 우리 아이들이나 할머니에게 음식을 먹여 주지 않았다. 나는 특별한 영웅 조니 타다에게 음식을 먹여 주고 있었다. 그녀에게 음식을 먹여 주는 행동은 신성하게 느껴지기까지 했다. 무슨 이유에서인지 조니의 신체적 약함은 나 자신의 인간적 약함을 편안히 대할 수 있게 해 주었다. 식사가 끝나고 나는 당시 내가 맞닥뜨린 도전과 주님의 응답을 기다리고 있는 문제에 대해 조니에게 이야기하기 시작했다. 그녀도 똑같이 해 주었다.

그 뒤에 나는 이 경험을 오랫동안 곱씹었다. 조니에게 점심 식사를 먹여 준 일이 내게 그토록 심오한 영향을 남긴 이유는 무엇일까? 마침내 나는 자신의 약함과 화해를 이룬 한 여성과 함께 있었기 때문이라는 결론에 이르렀다. 조니가 들려준 말에 의하면, 신체적 장애의 복은 우리가 하나님을 의지하는 사람이지 자기 충족적인 사람이 아니라는 사실을 끊임없이 인식할 수 있다는 것이다. 그날 조니가 강의에서 한 말에 깨우침이 있었다.

나는 결코 장애 전문가가 아닙니다. 장애는 힘들고 불편합니다. 매일 아침 나를 잠에서 깨우기 위해 도우미들이 올 때, 숨을 깊이 들이마시며 이렇게 기도합니다. '좋아요, 주님. 제게 최고의 날을 펼쳐 주세요. 오늘 저는 예수님이 아주 많이 필요합니다.' 매일 힘겹게 분투하며 죽을힘을 다해 하늘의 은혜를 끌어내리지요. 하지만 우리는 모든 상황에서 하나님을 바라보며 이렇게 고백하는 법을 배워야 합니다. '저는 무슨 일이든 힘 주시는 주님의 능력을 통해서만 할 수 있습니다. 그러니 주님, 저를 도와주시고 붙들어 주세요. 복음을 증거하는 순간만이 아니라 매 분, 매 초마다요.'

우리가 우리의 작음을 기뻐하고 하나님의 능력을 의지하는 법을 배울 때, 이것은 우리 삶의 모든 측면에 영향을 준다. 여기에는 복음을 전하는 것도 포함된다. 부족해도 괜찮고, 회의론자가 던지는 모든 질문에 대답해야 할 필요도 없다. 무엇보다 인간의 약함은 하나님이 우리를 사용하여 하나님 나라를 위해 영광스러운 복음을 전파하지 못하도록 가로막는 장애물이 아님을 깨달을 때, 우리의 두려움은 줄어들 것이기 때문이다. 바울의 말처럼(이것은 내가 믿음을 나눌 때마다 떠올려야 할 말씀이기도 하다), "[하나님의] 능력[은] 약한 데서 온전하여"진다(고후 12:9). 따라서 "당신의 부족함을 받아들이는 것이 하나님께 쓰임받기 위해 필요한 첫 번째 조건이다!"[3]

따라서 다음번에 이웃이나 가족 혹은 직장 동료에게 복음을 전하려고 할 때, '나는…때문에 할 수 없어'라고 생각하며 무릎 꿇지 말라. 확신이나 능력을 당신 안에서 찾으려고 애쓰지도 말라. 맞다. 당신은 부족하다. 당신이 능력 많은 창조주를 의지하는 피조물이라는 사실을 받아들일 때, 당신은 하나님이 사용하실 수 있는 위치에 있게 된다. 우리는 약하지만, 그분은 강하시다.

묵상과 나눔을 위한 질문

* 당신이 하나님을 의지한다는 것을 인정하고 기뻐할 수 있는 방법에는 어떤 것이 있는가? 우리가 의존적 존재라는 개념에 맞설 때 당신은 어떤 방법을 사용하는가?

* "하나님의 능력은 약한 데서 온전해진다." 당신의 삶에서 이 진리를 경험해 본 적이 있는가?

* 하나님은 우리가 약할 때 사용하신다는 깨달음은 당신이 전도할 때 어떤 도움이 되겠는가? 만약 당신이 본능적으로 이 개념을 거부한다면, 그 이유가 무엇이라고 생각하는가?

3장

약함 속의 영광

모든 역사를 통틀어 가장 놀라운 소식이 있다. 이 세상에 죄가 들어온 후 인류는 하나님이 되려고 하는 무모한 과정에 있었던 반면, 하나님은 태초부터 인간이 되기로 결심하셨다는 것이다!

삼위일체 하나님은 과분한 사랑으로, 모든 가능한 연합 중에 가장 친밀한 형태로 자신의 피조물과 연합하기로 선택하셨다. 하나님 자신이 전에 만든 피조물이 되심으로써 말이다! 상상해 보라. 무한한 분이 유한한 존재가 되셨다. 영원한 분이 시간 안으로 들어오셨다. 유한한 존재로서는 볼 수 없었던 분이 눈으로 볼 수 있는 분이 되셨다. 창조주가 피조물이 되셨다.

앞서 보았듯이, 우리는 창조주가 아닌 피조물로 창조되었다. 성부는 정식 예복을 갖춰 입은 승리의 왕이 아니라 가축 먹이통 안에 뉘인 갓난아이로 성자를 보내셨다. 이 모든 것은 인간으로서 우리의 '작음'을 받아들이는 것이 얼마나 중요한지 알려 준다. 그뿐 아니라 인간이 되는 것에는 또 다른 측면이 있다. 바울이 고린도 교회에 보낸 편지에서 적었듯이, 하나님의 능력과 영광은 인간의 약함을 통해 나타나고, 그런 이유에서 우리는 우리의 작음을 기뻐할 수 있다!

하지만 타락한 이후, 우리 자신에 관한 이런 관점은 우리에게 결코 당연한 것으로 다가오지 않았다. 그렇다면 누가 인간됨의 한계를 수치심 없이 받아들이고 하나님의 능력과 영광이 우리의 약함을 통해 나타난다는 사실을 기뻐하는 법을 가르쳐 줄 수 있을까? 놀랍게도, 그 대답은 예수님이다! 하지만 신적인 하나님의 아들이 어떻게 인간됨의 의미를 참으로 이해할 수 있을까? 예수님이 온전한 하나님인 동시에 온전한 인간으로 우리에게 오셨지만, 죄는 없으시기 때문이다. 물론 예수님의 본성은 인간의 생각으로 온전히 이해할 수 없는 신비다. 그렇지만 하나님의 영광이 우리의 약함을 통해 역사한다는 사실을 깨닫는다면 전도에 대한 두려움, 특히 우리의 부족함에 대한 두려움은 크게 달라질 것이므로, 이에 대해 깊이 따져 볼 가치가 있다.

인간이 된다는 것

1980년대 판타지 영화 〈코쿤〉Cocoon에서 미국인 배우 브라이언 데니히Brian Dennehy는, 이전 지구 방문에서 해저 코쿤 안에 남겨진 다른 외계인들을 되찾아오는 임무를 수행하는 외계인 역을 맡았다. 그의 목적은 단지 그들을 되찾아 우주선으로 다시 데려오는 것이다. 그래서 그와 그의 팀은 양로원 인근 한 이웃집 안에 있는 개인 수영장으로 코쿤을 옮긴다.

당연히 그들의 주요한 과제는, 어떻게 자신을 변장하여 임무를 완수할 수 있느냐 하는 것이다. 데니히의 극중 인물은 사람처럼 보인다. 그런데 어느 날 주위에 아무도 없다고 착각한 주인공은 정교하게 제작된 인간 슈트의 지퍼를 연다. 슈트가 벗겨지자, 그의 시야에서 가려져 있던 몇몇 연로한 어른들은 완전히 흥분에 빠진다. 데니히가 실은 순수한 빛의 존재임을 보았기 때문이다. 그 인간의 겉모습은 실재가 아니었다. 데니히는 완전히 다른 피조물이다.

우리는 예수님이 이처럼 인간의 피부로 덮인 신적 존재라고 짐작하기 쉽지만, 이는 오판이다. 맞다. 알다시피 예수님은 갈릴리의 여러 성을 걸어 다니셨지만, 원한다면 그분은 하늘을 날아가실 수 있었다. 그렇지 않은가? 맞다. 예수님은 사람들과 함께 음식을 드셨지만, 살기 위해 음식을 먹을 필요가 없었기 때문에 식사는 친목을 도모하기 위한 것이었을 뿐이다. 그렇지 않은가? 맞다. 예수님은 기도하셨지만, 그것은 일종의 훌륭한 본보기였을 뿐이다. 예수님은 어쨌거나 이미 답을 알고 계셨다. 확실히.

교회 역사를 통틀어 우리는 그리스도의 신성을 과도하게 강조하고 그분의 인성을 축소하거나 (오늘의 문화에서처럼) 그 반대의 경향을 보였다. 하지만 예수님은 인간처럼 가장하지 않으셨다. 그분은 90퍼센트 하나님에 10퍼센트 인간이 아니셨고, 인성과 신성을 맞바꾸지 않으셨다. 예수님은 온전한 하나님이고 온전한 인간이셨다. 그분은 한 인격 안에 하나님과 인간의 두 본성을 지니셨다.

요한복음 첫머리에서 사도 요한은 그리스도의 신적 본성을 증언한다. "태초에 말씀[그리스도]이 계시니라. 이 말씀이 하나님과 함께 계셨으니 이 말씀은 곧 하나님이시니라. 그가 태초에 하나님과 함께 계셨고"(요 1:1-2). 또 "만물이 그로 말미암아 지은 바 되었으니 지은 것이 하나도 그가 없이는 된 것이 없느니라"고 말한다. 이 말은 그리스도, 하나님의 신적인 아들이 은하를 창조하셨고 우주와 달, 해, 별을 만드셨다는 뜻이다. 우리 행성에 오시기 전, 그리스도는 초월적 존재로 우리의 감각 경험 밖에 사셨다.

앞서 보았듯이, 요한은 그리스도의 인성도 증언했다. "말씀이 육신이 되어 우리 가운데 거하시매 우리가 그의 영광을 보니"(요 1:14). 바울은 그리스도께서 "근본 하나님의 본체시나 하나님과 동등됨을 취할 것으로 여기지 아니하시고 오히려 자기를 비워 종의 형체를 가지사 사람들과 같이 되셨"다고 말한다(빌 2:6-7). 성자는 우리 인간의 시간과 공간, 지식, 도덕성의 한계를 공유한 온전한 인간이셨다. 물론 우리의 죄는 공유하지 않으셨는데, 하나님이 인류를 만드셨을 때 죄는 우리를 향한 하나님 계획의 일부가 아니었기 때문이다.

다시 말해, 지상에 오셨을 때 예수님은 하나님의 신적 성품을 계시하셨을 뿐만 아니라 온전한 인간이 되는 것이 어떤 의미인지 보여 주셨다. 예를 들어, 복음서에서 예수님은 다음과 같은 인간의 특징을 보여 주신다.

첫째, 참된 인간 애정의 온전함이다. 예수님은 사람을 사랑하셨다. 십자가 위에서 극심한 고통을 겪고 있을 때도, 어머니를 사랑하신 예수님은 제자 요한에게 자기 어머니를 친어머니처럼 보살펴 달라고 부탁하셨다.

둘째, 참된 인간 감정의 온전함이다. 복음서의 이야기들은 예수님이 눈물 흘리고 슬퍼하셨음을 보여 준다. 그분은 깜짝 놀라기도 하셨고, 긍휼히 여기는 마음을 품으셨다. 겟세마네 동산에서 십자가에 달려 돌아가실 때 그분이 겪은 경험에서 아주 생생하게 나타나듯이, 예수님은 고통스러워하셨다.

셋째, 참된 인간 선택의 온전함이다. 예수님은 선택에 의해 인간이 되셨다. 그분은 유혹에 굴복하지 않기로 선택하셨다. 그분은 십자가를 향해 가기로 선택하셨다.

넷째, 참된 인간의 성장과 지성의 온전함이다. 예수님의 어머니 마리아가 어린 예수님에게 색깔에 대해 어떻게 가르쳤을지 생각할 때 놀랍지 않을 수 없다. "얘야. 이게 파란색이란다. 이건 붉은색이고." 요셉은 목수가 되기 위해 필요한 기술을 예수님에게 가르쳤을 것이다. 예수님의 신장과 지혜가 자라났다. 인간은 그렇게 되도록 창조되었기 때문이다(눅 2:52).

다섯째, 참된 인간의 신체적 경험의 온전함이다. 요한복음 4장의 사마리아 여인 이야기에서 보듯이, 예수님은 피곤하고 목마르고 배고프셨다.

여섯째, 하나님을 의지하는 참된 인간의 온전함이다. 이 땅에 태어날 때 예수님은 신성을 내려놓지 않으셨지만, 자신의 영광과 위엄을 내려놓으셨다. 다시 말해, 예수님은 신적 능력을 전부 발휘하지 않으셨다. 예를 들어 보면 다음과 같다.

* 동산에서 무장한 경비대에게 체포당했을 때, 예수님은 이렇게

말씀하셨다. "너는 내가 내 아버지께 구하여 지금 열두 군단 더 되는 천사를 보내시게 할 수 없는 줄로 아느냐? 내가 만일 그렇게 하면 이런 일이 있으리라 한 성경이 어떻게 이루어지겠느냐?"(마 26:53-54) 예수님은 천군을 의지할 수도 있었지만, 모든 인간이 그래야 하듯이, 하나님을 의지하는 한 인간이셨다.

* 제자들을 선택하려고 했을 때, 예수님은 이렇게 말씀하지 않으셨다. "아버지, 내일은 엄청나게 중요한 날입니다. 제가 좀 쉴 수 있도록 열두 명의 명단을 얼른 주실 수 있을까요?" 대신에 예수님은 우리가 해야 할 일을 하셨다. 그분은 제자들을 선발하기 전 아버지의 뜻을 알기 위해 밤새 기도하며 씨름하셨다. "이때에 예수께서 기도하시러 산으로 가사 밤이 새도록 하나님께 기도하시고 밝으매 그 제자들을 부르사"(눅 6:12-13).

* 사탄이 광야에서 예수님을 유혹했을 때, 예수님은 이렇게 말씀하지 않으셨다. "유감이지만, 나는 하나님의 아들이기 때문에, 너는 이 일을 할 수 없다." 대신에 예수님은 기꺼이 시험을 겪으면서, 이론적으로만이 아니라 완전무결하게 인간의 경험에 동화되셨다. 또 예수님은 하나님이 모든 신자에게 주신 똑같은 자원, 곧 하나님의 말씀과 성령을 사용하여 유혹을 이기셨다(눅 4:1-13).

다시 말해, 예수님은 즉각적인 도움을 얻기 위해 하나님의 아들로서 사용할 수도 있었던 '하나님 버튼'을 누르지 않았다. 대신에 인간의 본성을 취하심으로써 우리 인간의 한계를 기꺼이 받아들이셨다. 이 과정에서 예수님은 하나님을 믿고 순종하는 삶을 사는 법을 보여 주셨다.

예수님이 인간의 본성을 취하심으로써 어느 정도나 자신을 낮추셨는지 알아차리기는 불가능에 가깝다. 다만 예수님이 아주 생생하게 보여 주신 바는, 우리가 자기 충족적인 존재가 아니라 하나님 의존적인 존재로 창조되었다는 것이다. 그런 이유로 예수님은 하나님에 대한 의존을 결코 부끄럽게 여기지 않으셨다. 그분은 하나님의 인도를 받기 위해 기도해야 한다는 사실에 당황하지 않으셨고, 피곤함이나 배고픔을 느낀다는 사실에 부끄러워하지 않으셨다. 그것이 인간됨의 의미이기 때문이다.

있는 모습 그대로

예수님이 당황하지 않고 하나님에 대한 의존을 받아들이셨다면, 우리도 의존성을 받아들여야 한다. 물론 우리는 이미 이렇게 하고 있다고 생각할 것이다. 하지만 정말 그런가? 나는 하나님의 모든 피조물 가운데 오직 사람만이 자신의 진정한 형상을 받아들이기 어려워한다는 점을 입증할 것이다. 우리가 인생에서 큰 성공을 거둘수록 받아들이기가 더 힘들다!

이렇게 생각해 보자. 당신은 고양이가 아니라는 사실에 대해 부아가 치민 개를 본 적이 있는가? 다람쥐는 자기가 소가 아니라고 해서 시샘하지 않는다. 달은 자기가 해가 아닌 것에 분개하지 않는다. 사실 하나님의 모든 창조 세계에서 사람만이 자신의 형상에 분개한다. 왜 그럴까? 의존적 본성은 우리가 하나님이 아님을 항상 일깨우기 때문이다! 우리는 언제나 전적인 결정권과 통제력을 지닌 전지전능한 존재가 되어 상황 속으로 들어가기를 원한다. 여기에는 복음 선포도 포함된다. 그렇지 못할 때 우리는 드러나지 않게 실망하거나 최소한 당황한다. 우리의 부족함은 우리가 항상 하나님을 의지해야 한다는 의미이기 때문이다.

반면에 예수님은 우리가 부족하다는 사실을 깨닫고 불평하지 않을 때, 하나님이 더없이 온전한 분이심을 깨닫고 그것을 기꺼이 받아들일 때 기쁨이 찾아온다는 것을 아주 아름답게 보여 주신다! 경이로운 소식은, 우리의 약함과 부족함이 하나님께서 우리를 통해 일하지 못하도록 가로막는 방해물이 전혀 아니라는 점이다. 예수님은 "심령이 가난한 자는 복이 있"다고 말씀하셨다(마 5:3). 다시 말해, 자신이 충분하지 않다는 것을 깨닫는 이는 행복하다. 왜 그런가? 자신이 충분하지 않음을 깨달을 때에야 충분하신 하나님을 기꺼이 의지하기 때문이다!

따라서 우리의 작음을 기뻐하는 법을 배우는 것은 첫 부분일 뿐이다. 더불어 우리는 참된 능력이 어디서 오는지 배워야 한다. 우리가 우리 힘으로 그리스도인의 삶을 살려고 애쓸 때 하나님은 도와주시지 않을 것이다. 우리의 의존적 본성을 받아들일 때에야 우리는 하나님의 능력을 의지해야 할 필요성을 깨닫는다. 그 뒤에 하나님이 일하신다. 우리는 사람에게 복음을 전하기 위해 어떻게 다가갈지 알지 못하지만, 하나님은 아신다! 회의론자들을 지혜롭게, 제대로 사랑해야 할 때 우리의 사랑은 바닥을 드러낼 것이다. 하지만 하나님은 그러지 않으신다!

존 아놀드John Arnold는 자신의 책 『평화를 찾아서』Seeking Peace, 샨티에서 그 점을 이렇게 표현한다.

> 우리가 자신의 힘과 능력을 더 많이 확신할수록, 우리는 그리스도를 더 적게 확신하는 것 같다. 인간의 약함은 하나님께 장애물이 전혀 아니다. 사실, 우리의 약함을 죄의 핑곗거리로 사용하지 않는 한, 약해지는 것은 좋은 것이다. 그런데 이러한 약함의 수용은 우리의 한계를 인정하는 것 그 이상이다. 그것은 우리 자신보다 훨씬 큰 능력을 경험하고 그것에 순복하는 것이다. [20세기 독일 신학자] 에버하르트 아놀드Eberhard Arnold가…말했듯이, '이것은 은혜의 뿌리, 우리의 권력의 해체다.…내가 볼 때, 이것은 하나님 나라와 관련해서 가장 중요한 단 하나의 통찰이다.'[1]

여기 위대한 진리가 있다. 하나님은 우리를 있는 모습 그대로 사용하기를 기뻐하신다. 의문에 대답하지 못하고 두려움과 과거의 실패를 안고 있더라도 말이다.

우리는 주님이 바울에게 하셨던 말씀을 계속 기억해야 한다. "내 은혜가 네게 족하도다. 이는 내 능력이 약한 데서 온전하여짐이라"(고후 12:9). 우리는 하나님이 자신의 목적을 성취하기 위해 항상 약한 자를 사용하셨다는 사실을 망각하는 (혹은 아마도 기억하지 않기로 작정하는) 경향이 있다. 우리는 충분히 똑똑하지 않거나 충분히 선하지 않거나 충분히 확신하지 못하기 때문에, 또 성경 구절을 충분히 알지 못하기 때문에 하나님이 우리를 사용하실 수 없다고 생각한다. 혹은 이런 것들을 갖출 때에만 하나님은 우리를 사용하실 것이라고 생각한다. 하지만 하나님은 항상 약한 자를 사용하기로 선택하셨다.

아브라함은 우르 출신의 달 숭배자였다. 이스라엘의 선조가 되기에 훌륭한 자격 조건이 아니다. 다윗은 그의 아버지가 예언자 사무엘에게 보여 주겠다고 생각조차 하지 못했을 만큼 인정받지 못하는 목동이었다. 그런데 그는 이스라엘 역사상 가장 위대한 왕이 되었다. 요한복음 4장에 나오는 사마리아 여인의 과거와 현재는 파란만장했지만, 그녀는 지역 공동체에서 최초의 기독교 회심자와 (거의 즉각) 최초의 전도자가 되었다.

예수님은 우리가 고백한 과거의 실패나 우리가 어긴 과거의 약속 때문에 자격을 박탈하지 않으신다. 그분은 지금 우리가 있는 그곳에서, 있는 모습 그대로 우리를 사용하기 원하신다. 우리가 약한 모습으로 하나님의 능력을 확신하며 세상으로 나아갈 수 있는 이유는 무엇 때문인가? 왕의 왕이요 주의 주이신 예수님이 약한 모습으로 우리 행성에 오셨기 때문이다. 우주의 주님이 하늘에 있는 모든 광대함을 버리고 가장 작은 생명체가 되셨다! 성인도 아니고, 갓난아이도 아니고, 태아도 아니다. 우주의 주, 영광의 왕이 배아embryo가 되셨다!

뉴욕의 목회자인 팀 켈러Tim Keller의 훌륭한 설교를 들은 적이 있다. 그는 설교에서, 예수님은 우리가 위로 자랄 수 있게 하기 위해 흔쾌히 아래로 멀리 내려오셨다고 말했다. 우리가 죄와 소외에서 벗어나 하나님과의 영광스러운 관계 속으로 자랄 수 있게 하기 위해서 말이다. 예수님은 이제 자신의 힘과 능력과 지혜를 우리에게 주신다. 예수님은 약한 모습으로 오셨지만, 이제 하늘에서 통치하시기 때문이다.

또한 예수님은 우리를 증인으로 사용하기 원하신다.

비켜 보렴, 베키

하나님은 나의 약함을 통해 영광을 받으셨다. 나의 약함과 하나님께 대한 전적인 의존을 기쁘게 고백하는 법을 배우면서, 내 믿음은 오랜 세월 성장해 왔다. 나는 하나님이 회의적인 친구들에게 다가가는 법을 알고 계신다는 것을 거듭 목격했다. 내가 그들에게 다가가지 않을 때도 말이다.

남편 딕과 내가 유럽 전역에서 사역하기 위해 영국에 근거지를 두었을 때, 우리는 벨파스트 바로 외곽의 홀리우드라고 불리는 교외에서 처음 3년을 보냈다. 그 뒤에 우리는 옥스퍼드에서 3년간 살았고, 마지막 해를 대부분 런던에서 보냈다. 홀리우드에서 보낸 두 번째 해 끝 무렵, 여름을 나기 위해 비행기를 타고 미시건의 집으로 가기 전날, 손톱 관리를 위해 서둘러 미용실 예약을 잡았다.

미용실로 걸어가면서 2년 동안 알았던 젊은 손톱 관리사에 대해 생각하기 시작했다. 헤더는 사랑스럽고 유쾌한 아가씨였지만, 믿음에는 조금도 관심을 두지 않았다. 그녀의 관심은 주로 아름다움과 패션에 쏠려 있었다. 헤더는 자신의 인생사에 대해 마음을 열기 시작했지만, 믿음이라는 주제를 꺼낼 때마다 항상 화제를 바꾸었다. 그래서 나는 그날 그곳으로 가는 길에 기도했다. "주님, 저는 그동안 복음에 대한 헤더의 호기심을 일깨우기 위해 모든 노력을 다했습니다. 하지만 헤더는 전혀 관심을 두지 않습니다. 헤더에게 다가갈 수 있는 방법이 있거든, 주님이 직접 그 방법을 사용해 주세요. 저는 할 수 없으니까요."

미용실 한쪽 벽에는 잡지들이 산더미처럼 수북이 쌓여 있는 책장이 자리잡고 있었다. 미용실 안으로 들어서면서 맨 위에 있는 잡지를 집기 위해 손을 내미는 순간, 갑자기 중간에 있는 잡지를 가져가고 싶은 강한 충동을 느꼈다. 마치 커다란 화살이 그 잡지를 가리키는 것 같았다! 그런 다음 나는 손톱 관리를 위해 헤더의 테이블로 왔다.

헤더가 한쪽 손을 관리하기 시작했을 때, 나는 자유로운 다른 손으로 잡지를 넘기다가 갑자기 멈추고 한 면을 빤히 쳐다보았다. 나는 계속해서 잡지를 넘겼지만, 그 면을 보기 위해 다시 되돌아왔다. 마침내 헤더가 물었다. "대체 왜 그 면을 계속 쳐다보는 거예요? 뭐가 있어요?"

"화려한 코트를 입고 모자를 쓴 아주 우아하고 아름다운 한 여성의 사진인데, 얼굴을 제대로 볼 수 없네요." 내가 말했다. "신기하게도, 그녀를 알고 있는 것 같은 느낌이 들어요.…그럴 리가 없는데 말예요."

그때 갑자기 스치는 생각이 있었다. "아, 맞다!" 내가 헤더에게 말했다. "그녀가 누구인지 알아요! 제니 기니스Jenny Guinness예요! 이 사진은 오래전 제니가 유명한 패션모델이었을 때 「보그」Vogue 잡지에 실린 표지 사진이네요. 나중에 제니는 아주 친한 내 친구 오스 기니스와 결혼했어요."

헤더가 말했다. "당신은 「보그」 표지에 실린 패션모델을 아는 거네요." 고개를 끄덕이자, 헤더는 미용실 안에 있는 모든 사람을 향해 말했다. "들어 보세요. 베키가 「보그」 표지에 사진이 실린 패션모델을 알고 있어요!"

나는 제니가 패션모델로서 경력을 쌓아 가는 동안 자신의 삶이 공허하다고 느끼기 시작했던 과정에 대해, 그로 인해 그녀가 영적 탐구를 시작했던 과정에 대해 헤더에게 말하기 시작했다. 헤더의 눈이 커졌다. "베키, 제니의 이야기를 알고 있군요? 그 이야기가 정말 궁금해요!"

그 순간, 나는 하나님이 무슨 일을 하셨는지 깨달았다. 패션과 아름다움은 헤더의 '항공 모함'mother ship이었다. 무엇이든 패션모델의 삶에 관한 이야기는 헤더를 매료시켰다. 그래서 삶의 의미를 찾던 제니의 탐구에 대해, 무엇이 그녀를 그리스도께 이끌었는지, 또 제니는 왜 복음이 정말 타당하다고 여겼는지 말해 주었다.

헤더는 넋 나간 사람처럼 경청했다. 그런 다음 기독교 신앙과 관련해서 자기가 읽을 수 있는 책을 갖고 있느냐고 내게 물었다. 다음 날 아침 우리 부부가 공항으로 떠나기 전, 나는 관심자들을 위한 책 여러 권을 전해 주었다.

이 사건은 우리에게 어떤 교훈을 주는가? 우주의 주, 하늘과 땅의 창조주는 자신의 피조물이 자기를 알기를 열망하신다. 여기에는 패션이 주요 관심사인 21세의 한 손톱 관리사도 포함된다. 나는 주님께 이렇게 고백하면서 미용실 안으로 걸어 들어갔다. "저는 그녀에게 다가갈 수 없으니, 주님이 하셔야 합니다." 마치 주님이 이렇게 말씀하고 계신 것 같았다. "베키, 비켜 보렴. 이 일이 어떻게 성사되는지 보여 줄게!"

C. S. 루이스는 프랜시스 톰슨Francis Thompson이 쓴 시를 인용하면서 하나님을 "천국의 사냥개"라고 부르기를 좋아했다. 하나님이 루이스를 쫓아오신 방식이 그랬기 때문이다. 은혜와 자비 가운데 하나님은 우리가 예수님의 복음을 갖고 사람들에게 다가갈 때 그분과 협력하기를 열망하신다. 그분의 성령은 우리를 쿡 찔러 알맞은 잡지를 집어 들게 하실 수 있다. 하나님은 그 잡지가 바로 그 사람에게 복음을 전하게 해 줄 바로 그 촉매제가 될 줄을 아시기 때문이다. 살아 계신 하나님의 손 안에 있는 것보다 우리를 더 들뜨게 하는 일이 있을까?

우리 부부가 가을에 벨파스트로 돌아갔을 때, 나는 헤더가 갑자기 다른 나라로 이주했다는 것을 알았다. 하나님은 내가 알지 못하는 사실을 알고 계셨다. 그날은 헤더를 볼 수 있는 마지막 시간이었던 것이다. 나는 복음을 전할 기회를 주시도록 하나님께 간구했고, 하나님은 응답하셨다! 그래서 나는 헤더를 하나님의 사랑의 보살핌에 의탁하면서, 하나님의 놀라운 타이밍과 은혜 가운데 언젠가 헤더를 그리스도께 인도할 수 있는 또 다른 그리스도인을 보내 주시도록 간구했다.

우리가 마음으로 배워야 할 진리는 이것이다. 하나님은 약한 자를 사용하여 영광을 드러내신다! 맞다. 우리는 부족하지만, 살아 계신 하나님과 동역 관계 속에 있다! 이것이 모든 것을 바꾸어 놓는다. 그분은 인간됨의 한계를 통해 일하기를 기뻐하시는 하나님이기 때문이다. 우리에게 요구되는 것은 알맞은 자격이나 자기 충족성이 아니다. 도리어 우리를 도와주기를 열망하시고 우리가 요청할 때 언제나 도와주러 오실 하나님을 믿고, 그분께 순종하면서 기도하는 것이다.

우리의 작음을 수치심 없이 인정하고 받아들이는 것은 첫 부분이다. 하나님이 우리의 약함을 통해 영광받으신다는 사실을 기억하는 것이 다음 부분이다. 하지만 거룩한 성령께서 우리의 한계를 초월하신다는 것을 이해할 때, 우리는 우리의 작음과 부족함을 진심으로 기뻐하면서 살아갈 수 있다. 이것이 1부 마지막 장에서 우리가 살펴볼 내용이다.

묵상과 나눔을 위한 질문

* 62-63쪽에 나오는 예수님의 인성 중 어떤 특징이 당신에게 가장 인상적인가? 어떤 부분이 당신에게 가장 큰 격려를 주는가?

* 당신이 사람들을 사랑하고 복음을 전하면서 도움을 얻기 위해 하나님과 의식적인 의존 관계를 형성할 수 있는 방법은 무엇인가? 하나님과 의존 관계를 형성하기 위해 당신은 어떻게 기도하겠는가?

* "하나님은 항상 약한 자를 사용하기로 선택하셨다." 이 진리는 어떤 점에서 당신에게 격려와 도전을 동시에 주는가?

4장

성령과 동행하기

우리의 행성은 예수 그리스도의 탄생과 죽음, 부활로 인해 영원히 변화되었다. 가끔 우리는 지구를 변화시킨 또 하나의 영광스러운 사건이 있다는 사실을 잊는다. 그 사건은 부활하신 예수님이 승천하신 후 7주 뒤, 이른바 오순절이라는 유대인의 절기에 일어났다. 그때 주 예수님은 거룩하신 성령의 능력으로 제자들을 채우셨다(행 2:1-13).

예수님의 제자들이 거룩하신 성령의 선물을 받은 순간부터, 세상은 그들을 통해 흘러나오기 시작한 하나님의 솟구치는 생명의 영향 아래 있었다. 그들은 자신들과 자신들의 세계를 뒤집어놓은 새로운 능력, 새로운 목적, 새로운 찬양, 사랑과 생명의 새로운 분출을 경험했다!

약속된 성령이 임하여 모든 신자에게 충만했을 때(행 2:3), 이것은 그때로부터 예수님의 이름으로 불리는 모든 사람이 삶을 변화시키고 능력을 부여하는 하나님의 성령을 받을 것이라는 분명한 징표였다. 성삼위 하나님의 제3위께서 그리스도 안에 있는 우리 각자와 함께, 우리 각자 안에 계신다. 예외는 없다.

성령은 그리스도인 삶의 모든 영역에서 핵심이다. 바울은 이렇게 설명한다. 우리가 "[그리스도의] 형상으로 변화하여 영광에서 영광에 이르니 곧 주의 영으로 말미암음이니라"(고후 3:18). 그리스도 안에 있을 때, 우리는 새로운 피조물이 되고(고후 5:17), 성령은 시간이 흐르면서 우리 안에 성령의 열매를 자라게 함으로써 그리스도의 형상으로 우리를 변화시키신다. 그뿐 아니라 성령은 우리가 세상에서 하나님을 섬길 때 그분이 사용하실 은사를 우리에게 주신다(고전 12:12, 17).

또한 성령은 그리스도를 위한 우리의 증거에 힘을 더해 줄 영적인 능력을 주신다. 부활하신 주님이 제자들에게 주신 마지막 기록된 말씀 중에 이런 약속이 있다. "오직 성령이 너희에게 임하시면 너희가 권능을 받고…내 증인이 되리라"(행 1:8). 우리는 "증인"이란 단어가 동사가 아니라 명사라는 것을 기억해야 한다. 예수님은 우리가 어떤 존재가 되도록 부름받았는지 묘사하고 계신다. 관건은 우리가 예수님의 증인이 되려고 열망하는지 여부가 아니라, 그분의 **신실한 증인**이 될 것인지 여부다. 우리는 모두 증인이다. 우리가 이것을 살아내는지가 중요하다.

그런 이유로 전도에서 성령의 역할이 아주 중요하다. 우리 안에 성령의 신적 능력이 있기 때문에, 우리는 결코 혼자서 할 수 없는 일을 성령을 의지해서 할 수 있다. 하나님이 전도의 능력임을 알 때, 우리는 두려움에서 벗어난다. 전도는 우리가 혼자 하는 어떤 일이 아니기 때문이다. 하나님과 그분이 주시는 능력이 핵심이다!

우리가 복음을 전할 수 있는 담대함, 용기, 기름 부음, 능력을 주시도록 성령께 간구할 때, 그분은 주실 것이다! 복음을 전할 때 우리는 정보만 주지 않는다. 우리의 말에 의미와 효과를 부여하는 성령의 능력이 우리에게 필요하다. 사람들을 믿음으로 이끄는 것은 우리의 탁월함이나 명석한 논증이 아니라, 우리 안에서 역사하시는 하나님의 성령이다. 그분은 비그리스도인들 안에서 역사하여 영적으로 보이지 않던 눈을 열어 주시고, 그들에게 유죄 판결을 내리고 확신을 주심으로써 예수님을 주님이라 부를 수 있게 하신다(고전 12:3). 중생을 가져다주고 변화된 삶을 낳는 분은 성령이시다(요 3:5-8). 우리는 그런 능력을 갖고 있지 않지만, 하나님의 성령은 갖고 계신다. 우리는 하나님이 사용하는 도구이지, 변화의 주체가 아니다.

서구 교회의 문제

하지만 성령의 능력에 의존하지 않는 것은 아마 현대 서구 교회에서 가장 두드러지게 결핍된 요소일 것이다. 특히 초기 교회나 남반구의 현대 교회와 비교할 때 더욱 그렇다. 초기 교회는 복음 증거에서 큰 용기를 입증했고, 심지어 복음을 전한다는 이유로 비극적인 결과를 경험할 때도 영적인 능력으로 가득했다. 한편, 우리는 종종 그저 눈썹을 추켜세우며 뒷걸음질 친다.

초기 교회와 대조적으로, 오늘날 서구 교회가 영적으로 무기력해 보이는 이유는 무엇일까? 초기 교회는 우리가 새롭게 배워야 하는 어떤 것을 이해했기 때문이다. 곧 우리가 하나님의 초자연적 능력을 사용할 수 있고, 살아 계신 하나님이 말씀하며 행하시고 하나님의 능력이 그분의 성령과 말씀을 통해 인간의 이해력을 초월하는 방식으로 만물을 새롭게 하실 수 있다는 것 말이다. 21세기에 그리스도의 증인으로 살기 위해서는 우리 안에 거하시는 성령의 능력을 포용해야 한다. 이 점이 아주 중요하다. 하지만 플레밍 러틀리지Fleming Rutledge가 날카롭게 지적하듯이, 오늘 우리의 본질적인 문제는 주님이 사두개인 그룹에게 하신 말씀에서 확인될 수 있다. "너희가 성경도 하나님의 능력도 알지 못하므로 오해함이 아니냐?"(막 12:24)[1]

하나님의 성령의 능력을 이론으로만 이해하지 않고 실제로 그것을 경험하기 위해 어디서 시작해야 할까? 먼저, 우리는 성경적 실재관과 우리 문화의 실재관 사이의 큰 차이점을 인식해야 한다.

모든 성경은 하나님의 초자연적인 임재에 대한 강렬한 인식으로 들끓는다. 고대의 히브리인 저자들은 하나님을 "살아 계신 하나님"이라고 불렀다(신 5:26; 삼상 17:26; 수 3:10; 렘 10:10). 그분은 살아서 활동하는 하나님이시다. 그분은 말씀하시고, 그분은 행동하신다. 지상의 다른 모든 민족과 이스라엘을 구별하는 것이 바로 하나님의 임재가 그들 가운데 거하신다는 사실이었다!

따라서 물리적으로 볼 수 있는 것 외에 보아야 할 것이 더 있다. 예언자 엘리사의 종이 성을 둘러싼 적군을 보고 기겁하여 왔을 때, 엘리사는 이렇게 기도했다. "여호와여, 원하건대 그의 눈을 열어서 보게 하옵소서." 그러자 "여호와께서 그 청년의 눈을 여시매 그가 보니 불말과 불병거가 산에 가득하여 엘리사를 둘렀"다(왕하 6:16-17). 엘리사는 평상시에 보지 못했던 실재하는 하나님의 임재를 볼 수 있었다. 고대 히브리인들에게 '보이지 않는 실재' 곧 하나님의 임재는 압도적 실재였고, 심지어 침략하는 군대보다 훨씬 실재적이고 강력했다!

성령의 능력은 신약성경에서 한결 더 분명하다. 공생애 사역을 시작하고 자신이 오랫동안 기다려 온 메시아라고 선포하실 때, 예수님은 "주의 성령이 내게 임하셨다"고 말씀하신다(눅 4:18-21). 예수님은 성령의 능력으로 복음을 선포하는 데서 그치지 않았다. 그분은 기적을 행하심으로써 그것을 입증했다. 마찬가지로, 성령은 용기와 기름 부음, 능력을 가지고 하나님의 말씀을 전하도록 초기 교회에 능력을 부여하셨다. 또한 성령의 능력을 통해 그들은 이적과 기사를 행할 수 있었다.

초자연에서 세속으로

성경적 실재관은 보이는 것과 보이지 않는 것을 둘 다 포용한다. 보이는 것은 세상의 한 부분일 뿐이고, 보이지 않는 실재, 곧 하나님과 성령, 천사, 마귀의 초자연적인 임재는 훨씬 더 실재적인 것으로 간주된다!

대조적으로, 현재 문화에서 보이지 않는 것은 비현실적인 허상으로 간주된다. 어떤 것이 실재 세계의 한 부분으로 간주되기 위해, 우리는 그것을 보고 듣고 만지고 냄새 맡고 무게를 재고 측정할 수 있어야 한다. 오스 기니스는 이렇게 적었다.

급진적 현대성은 사람들로 하여금 실재론의 미명하에 실재의 전체 차원을 잃어버리도록 만드는 경향이 있다. 급진적 현대성은 과학주의의 자연주의적 세계관과 세속주의를 강화하고 그리스도인의 초자연적 세계관을 무의미한 것으로 만든다.[2]

다시 말해, 탈기독교 문화는 신자들에게 부정적인 영향을 주어 비가시적인 실재를 난감하게 여기게 만든다.

그리스도인으로서 우리의 임무는 급진적 현대성의 왜곡을 깨닫고 저항하는 것이다. 보이지 않는 세계 같은 것은 불가능하다고 부정하는 문화 속에 살고 있더라도, 보이지 않는 세계에 비추어 우리의 삶을 살아가는 것이다. 우리는 "믿음으로 살아가지, 보는 것으로 살아가지" 않는다(고후 5:7, 새번역). 기니스가 지적하듯이, 오늘의 곤경은 보이지 않는 것이 대개 회의론자나 그리스도인에게 똑같이 실재적이지 않다는 점이다. 우리는 의식하지 못한 채 기능적인 무신론자로 행동하기 일쑤다.

영적 실재를 더 깊이 의식하기 위해 우리는 무엇을 해야 하는가? 우리는 "우리가 주목하는 것은 보이는 것이 아니요 보이지 않는 것"(고후 4:18)이라는 사도 바울의 권면을 진지하게 받아들여야 한다. 어떻게 보이지 않는 것에 우리의 눈을 고정할 수 있을까? 우리의 삶을 재형성하고 전도에 깊은 영향을 주는 성령의 능력 안에서 행하는 법을 배움으로써 그렇게 할 수 있다.

성령 안에서 행하기

성령 안에서 행하도록 도와주는 몇몇 요소들로, 그리스도 안에 거하기, 기도, 하나님의 말씀 등이 있다. 우리는 이 장에서 처음 두 가지를, 그다음에 하나님 말씀의 능력을 살펴볼 것이다.

요한복음 15장에서 십자가에 못 박히시기 전날 밤, 예수님은 자신이 곧 죽을 것이고 이 땅에서 제자들과 물리적으로 더는 함께 있지 못할 것이라고 말씀하셨다. 하지만 제자들은 절망하지 않아야 한다. 예수님이 하늘로 돌아가실 때 성령을 보내 주실 것이기 때문이다. 예수님은 성령을 통해 그들 가까이에 머물겠다고 (또한 그 시점 이후로 모든 신자들을 위해 똑같은 일을 하겠다고) 말씀하셨다.

예수님은 그리스도인으로서 살아가는 길이 "내가 너희 안에 거하듯이 내 안에 거하는 것"dwell in me as I dwell in you이라고 자신의 친구들에게 말씀하신다(요 15:4). 우리는 예수님이 하신 말씀을 기억해야 한다. "나는 포도나무요 너희는 가지라.…나를 떠나서는 너희가 아무것도 할 수 없음이라"(5절).

리앤 페인Leanne Payne은 이렇게 적었다.

성령 안에서 행하는 것은 그리스도 안에 거하는 법을 배우는 것이고, 그리스도 안에 거하는 것은…단지 하나님이 우리와 함께 계시고 성령이 우리 안에 거하신다는 진리를 마음에 떠올리는 훈련이다. 우리가 끊임없이 이렇게 할 때, 믿음으로 보는 기적이 나타난다.[3]

페인은 책과 수련회를 통해 이 엄청난 한 가지 사실을 (온종일 매 순간) 인정하는 것이 중요하다고 계속 강조했다. 우리 안에 거하시는 또 다른 분이 있다.

우리가 무엇을 느끼고 어떤 상황에 처해 있든, 우리는 그리스도인으로서 혼자가 아니다. 우리는 하나님이 임재하신다는 느낌을 기다리지 않는다. 하나님 임재의 느낌은 우리가 요청할 수 있는 부가적인 선물이고, 그런 느낌이 주어질 때 우리는 감사한다. 성령 안에서 행하는 것이나 그리스도 안에 거하는 것은 단지 우리가 느낌이 아니라 믿음으로 행한다는 뜻이다. 우리는 예수님의 말씀을 신뢰한다. "내가 세상 끝날까지 너희와 항상 함께 있으리라"(마 28:20).

내 안에 거하시는 또 다른 분이 있음을 떠올리는 것은 내 삶에 엄청난 변화를 가져다주었다. 어린 신자로서 나는 아침 경건의 시간을 갖고, 낮 동안에 짧은 기도를 드리며, 자기 전 침대에 누우면서 기도했다. 그런데 성령 안에서 행하는 법을 이해하기 시작했을 때, 나의 영적인 삶은 급속히 성장했다.

그리스도 안에 거하는 네 가지 길

내가 실천하기 시작한 다음 네 가지 일들은 그리스도 안에 거하는 습관을 기르는 데 도움이 되었다.

기억하라

나는 온종일 모든 상황에서 혼자가 아니라는 사실을 떠올리기 시작했다. 예수님의 임재가 성령을 통해 내 안에 거하신다. 이것은 아주 단순한 습관이었지만, 내 삶에 커다란 변화를 가져다주었다. 단순히 의식적으로 하나님의 임재를 인정하는 것만으로도, 더 이상 내 능력을 의지할 필요가 없으며 나 자신의 부족함에 제한되지 않는다는 사실을 깨닫게 해 주었다. 하나님의 성령이 나에게 부족한 것을 그리스도의 엄청난 부요에서 가져다주실 것이기 때문이다.

기뻐하라

나는 하나님의 임재가 내 안에 나와 함께 계신다는 사실에 감사를 드렸고, 예수님을 믿는 믿음으로 인해 하나님의 능력과 지혜와 사랑에 맞닿았다는 사실에 감사를 드렸다. 믿음이란 예수님이 성령을 통해 늘 우리와 함께 계신다는 신뢰를 내포하기 때문에, 나는 하나님께 나의 믿음을 키워 주시고 내가 믿음으로 행하는 법을 배우도록 도와주시라고 간구했다.

요청하라

나는 온종일 하나님의 도움을 구하며 기도했다. "오소서, 성령님, 오소서!" 회의론자와 이야기를 나누고 있다면, 그리스도의 생각과 그분의 지혜로 나를 도와주시도록, 그리스도의 사랑이 나를 통해 그 사람에게 흘러가도록, 하나님의 능력으로 하나님의 치유를 베풀도록, 용기를 내서 복음을 선명하게 전하도록 간구할 것이다. 내게 있는 긍휼로 다른 사람들을 사랑하려고 노력한다면(특히 그 사람이 까다로운 사람이라면) 금방 바닥이 드러날 것임을 아주 빨리 깨달았다! 하지만 예수님의 사랑으로 충만해지도록 간구했을 때, 내가 거의 의식하지 못할 때도 예수님의 사랑이 다른 사람들에게 닿는 것 같았다.

갱신하라

나는 성령과 보조를 맞추겠다는 다짐을 날마다 새롭게 하면서 자기 의존과 자기 규율로 물러나려는 나의 성향에 맞섰다.

그리스도 안에 거하면서 그분의 자원을 이용하는 법을 배우는 것에는 아주 강력한 요소가 있다. 여기에는 단순한 지적 동의보다 훨씬 많은 것이 있다. 바로 성령이 우리 안에 계시고 우리를 도와주실 수 있음을 기억하는 것이다. 그리스도 안에 거하는 것—어떤 그리스도인들이 일컫듯이 "하나님의 임재 연습"—은 매일 영적 훈련이 필요한 습관이다. 이 습관은 자동적으로 익힐 수 없고 몸에 배기까지 시간이 걸릴 것이다. 오즈월드 체임버스Oswald Chambers의 말처럼, "당신이 무의식중에 그분 안에 거하는 것이 중요한 삶의 습관이 될 때까지, 처음부터 이 훈련에는 부단한 노력이 필요하다."4

C. S. 루이스는 이렇게 적었다.

그리스도인의 삶에서 진짜 문제는 대개의 경우 예상치 못한 곳에서 온다. 그것은 매일 아침 당신이 눈을 뜨는 바로 그 순간 찾아온다. 그날의 모든 기대와 희망이 맹수처럼 당신에게 달려든다. 따라서 매일 아침 가장 먼저 해야 할 일은 그것들을 전부 다 밀어내는 것이다. 다른 음성에 귀를 기울이고, 다른 관점을 받아들이며, 좀더 크고 강하고 고요한 생명이 흘러들어오게 하는 것이다. 이 일은 날마다 계속되어야 한다.…처음에는 이렇게 할 수 있는 순간이 불과 얼마 안 된다. 하지만 그런 순간들을 통해 새로운 종류의 생명이 우리의 전신으로 퍼져 나갈 것이다. 그분은 이렇게 함으로써 일해야 할 부분에서 제대로 일하실 수 있기 때문이다.⁵

내 눈을 뜨게 해 주소서

우리가 성령의 능력 안에서 행하도록 도와주는 또 다른 영적 습관은 기도다. 우리는 회의적인 친구들을 위해 기도하고, 적절한 시점에 그들과 함께 기도한다.

예수님이 우리에게 자기를 따라오라고 말씀하실 때, 그분은 자신이 이미 관여하고 있는 구속 사역에 동참하라고 우리를 초대하신다! 그런 이유로 전도에서 기도가 그토록 중요하다. 우리는 하나님께 간구해야 한다. "주님, 저의 세계에서 주님이 이미 일하고 계신 곳은 어디인가요? 저의 삶에서 주님이 찾고 계신 사람들은 누구인가요? 제가 볼 수 있게 해 주세요!"

그러면 하나님은 들어주실 것이다.

몇 해 전, 딕과 나는 프랑스인 기독교 지도자 라파엘 안젠베르거 Raphael Anzenberger의 초청을 받아 프랑스에 있는 다섯 개 주요 도시의 교회들을 위해 전도 훈련 수련회를 인도했다. 놀라운 사역의 시간이었다. 최근에 라파엘은 다시 와서 프랑스 남부의 교회들을 위해 똑같은 일을 해 달라고 우리를 초청했다. 프랑스에 도착하던 날, 우리는 라파엘을 만나 프로방스에서 열릴 네 번의 수련회를 위해 기도했다. 하나님이 찾고 계신 사람들에게 우리를 직접 인도해 주시도록 하나님께 간구했다.

한 주 뒤, 라파엘은 자신과 다른 두 명의 목회자를 수련회로 데려오기 위해 우버 택시를 예약했다. 그들이 아름다운 교회 건물을 지나갈 때, 라파엘은 운전사에게 그 교회의 이름을 아느냐고 물었다. 운전사가 말했다. "내게 그런 걸 묻다니 재미있군요. 지난 일요일에 그 교회를 지나갈 때, 안으로 들어가고 싶은 충동을 억누를 수 없었거든요. 그래서 나는 차를 돌려 안으로 들어갔습니다."

라파엘이 말했다. "무엇이 당신을 교회 안으로 이끌었을까요?"

"글쎄요, 최근에 나는 말로 표현할 수 없는 내적인 공허감을 느껴왔습니다." 운전사가 말했다. "나는 한 번도 교회에 가 본 적이 없었기 때문에 뒤쪽에 앉았습니다. 그런데 예배가 진행되는 동안 놀라운 평안이 내게 밀려왔습니다. 설명할 수 없는 어떤 것에 의해 내 안의 공허함이 채워지는 것 같았습니다. 그게 하나님이었는지 의문스럽긴 해요. 지금은 단지 내 상상이었을 거라 생각하고 있습니다."

라파엘이 말했다. "아닙니다. 그건 당신의 상상이 아닙니다. 당신은 하나님의 임재를 경험한 겁니다."

"하지만 당신이 그걸 어떻게 아나요?" 우버 운전사가 물었다. 라파엘은 대답했다. "우리 세 사람 모두 성직자이기 때문입니다. 당신처럼 나도 하나님이 정말 있는지 확신하지 못했답니다. 그래서 나는 기독교 신앙을 탐구했고, 결국 예수님께 내 삶을 드렸습니다. 세 사람 모두 아주 다른 사연을 갖고 있지만, 우리는 예수님이 우리의 삶을 완전히 바꿔 놓으셨다고 말할 수 있습니다."

그 뒤에 라파엘이 말했다. "그러니 말해 주세요. 지난 일요일에 하나님이 정말 계신지 의문을 품고 교회에 있을 때 어땠나요? 하나님이 계시다는 걸 증명하기 위해 그분이 성직자 세 사람을 당신에게 보내신 겁니다."

그러자 운전사가 말했다. "좋습니다. 당신들이 정말 성직자라는 걸 증명해 보세요!" 마침 그중에 두 사람이 성직자 옷을 입고 있었다. 그들이 외투를 열어 보이자, 운전사가 물었다. "와, 기대도 안 했는데! 보세요, 내게는 여러 영적인 의문이 있어요. 차를 길가에 대고, 그런 질문들에 대해 당신들과 이야기를 나눌 수 있을까요?"

그들은 그러자고 말했다. 그들은 운전사의 의문점을 빠짐없이 경청했고, 그에 대한 대답을 해 주었다. 그 대답에 운전사도 흡족해하는 것 같았다. 그때 라파엘이 말했다. "당신을 위해 기도해도 될까요? 예수님이 정말 계신다는 걸 보여 주시도록 하나님께 간구하고 싶군요."

우버 운전사는 말했다. "좋아요. 그렇게 해 주시면 고맙지요. 그런데 먼저, 당신들에게 할 말이 있습니다. 최근에 어머니께서 그리스도인이 되셨습니다. 지난 일요일에 교회에 간 뒤, 어머니는 내가 교회에 갈 마음이 생기도록 일주일 내내 기도하셨다는 내용의 이메일을 월요일에 보내셨습니다. 그런데 이렇게 되었네요! 어머니의 기도 때문에 그 교회로 들어가야 한다고 느낀 건 아닌지 나 스스로 계속 묻고 있답니다. 나는 우연의 일치일 뿐이라고, 그 교회에서 하나님의 임재를 경험하지 않았다고 굳게 믿으려 했습니다. 그런데 이제 나흘 뒤에 만난 여러분이 두 사건 모두에서 하나님이 함께하셨다고 말해 주고 있네요!"

네 사람 모두 택시 안에서 함께 기도했다. 나중에 목사들은 약간의 읽을거리를 운전사에게 주었고, 운전사와 가장 가까이 살고 있던 목사는 서로 연락을 주고받으면서 그에게 식사를 대접하고 그를 교회로 초대하기 위해 그의 신상 정보를 받아 적었다.

크게 기대하라

성령 안에서 행하는 법을 배우는 것은 성령이 찾고 계신 사람들에게 우리를 인도해 주시도록 간구한다는 뜻이다. 그런 다음 성령의 인도를 기대하는 것이고, 그분이 인도하실 때 준비되어 있는 것이다. 사실 기대는 믿음에 뿌리를 두고 있고, 기대는 신실한 전도를 위해 아주 중요하다. 만약 주님께 작게 기대하면, 우리는 십중팔구 작게 얻을 것이다. 그러나 크게 기대하면, 우리는 많이 요청할 것이고, 분명히 우리가 요청하거나 심지어 상상한 것보다 훨씬 많이 받을 것이다!

전도 활동 전에나 신자들에게 개인 전도 훈련을 할 때, 나는 종종 주님께서 사람들을 그리스도를 믿는 믿음으로 인도하시리라고 확신하는지 물어보았다. 대개 몇 사람만 손을 올린다. 십중팔구 누군가 그리스도인이 되는 것을 보지 못한 사람들이 많고, 그래서 아주 작게 기대하기 때문이다. 애석하게도, 이것은 평신도만이 아니라 가끔 목회자에게도 해당된다.

라파엘은 말했다. "베키, 우리는 첫날에 기도했고, 특히 하나님이 찾고 계신 사람들을 우리의 삶 속으로 이끌어 주시도록 기도했기 때문에, 나는 이 일이 일어났을 때 놀라지 않았어요. 실은 이런 일을 기대했어요!"

우리 문화는 의문의 여지 없이 색다른 도전을 우리에게 제기한다. 우리보다 앞서 살았던 믿음의 사람들이 자기 시대의 도전을 극복해야만 했듯이 말이다. 그런 이유로 하나님은 복음을 증거할 때 우리를 붙들어 주기 위해 우리에게 신적인 자원을 주셨다.

효과적인 증인이 되려고 한다면, 성령께 의지하는 법을 배우는 것이 우리가 해야 할 유일한 일은 아니다. 우리는 또한 복음의 경이로움을 전해야 한다. 이 놀라운 이야기에 대한 감동과 확신이 커 갈 (혹은 그것을 되찾을) 때, 우리는 복음의 경이로움을 전할 것이다. 이것이 이 책 2부의 주제다. 하지만 짠맛을 잃지 않는 기초는 이것이다. 우리는 그분을 떠나서는 영원한 의의를 지닌 일을 전혀 할 수 없다. 그분과 함께할 때, 우리는 하나님이 열망하시고 여전히 세상에 그토록 필요한 일을 할 수 있다. 즉 우리는 예수님에 대해 말할 수 있다.

묵상과 나눔을 위한 질문

* "우리가 물리적으로 볼 수 있는 것 외에 보아야 할 것이 더 있다." 우리가 이 말을 쉽게 망각하는 이유는 무엇일까? 영적인 영역이 존재하고 하나님이 "압도적 실재"이심을 기억할 때, 우리의 삶에 어떤 차이가 생기는가?

* 당신은 어떻게 기억하고, 기뻐하고, 요청하고, 갱신하는 습관을 기를 수 있겠는가?

* 당신은 하나님의 아들에 대해 다른 사람들에게 이야기할 기회를 주시도록 하나님께 간구하고 있는가? 당신은 어떻게 더 많이 기대하고, 그래서 더 많이 요청하는 법을 배울 수 있겠는가?

2부

메시지

5장

우리에게는 더 좋은 이야기가 있다

시인 뮤리얼 루카이저Muriel Rukeyser는 언젠가 이런 말을 했다. "우주는 원자가 아니라 이야기로 만들어졌다."[1] 이야기란 우리가 세상과 세상 속 우리의 위치에 대해 이해하는 방식이다. 사람들이 인식하든 못하든, 그들이 답변을 원하는 질문은 이것이다. 우리의 삶을 그 위에 세울 수 있을 만큼 충분히 큰 이야기, 우리의 삶에 궁극적인 의미와 목적을 부여하는 이야기가 있는가?

예수 그리스도의 복음은 지치고 망가진 우리 행성을 그동안 빛내 준 가장 영광스러운 해방의 소식이다! 예수님의 좋은 소식은 큰 이야기, 그동안 들어 본 가장 위대한 이야기를 이해하도록 도움으로써 우리 개개인 이야기의 의미를 발견할 수 있게 해 준다. 역사적 사실에 근거한 복음은 하나님과 우리 인간(우리 이웃과 우리 자신)의 경험, 세상을 이해하는 완전히 새로운 길로 안내한다. G. K. 체스터턴Chesterton의 말을 쉽게 풀어 보면, 복음의 신비와 기적은 복음이 자물쇠에 꼭 맞는 열쇠라는 것이다. 복음은 우리의 눈을 열어 실재를 이해하게 해 준다. 그것은 복음이 그리스도에 의해 입안되었기 때문이다. 복음은 하나님이 어떤 분이고, 우리는 누구이며 우리 삶의 의미와 목적은 무엇인지 설명해 준다.

복음이란 무엇인가?

우리는 복음의 심오한 경이를 결코 헤아리지 못할 것이다. 복음에는 더 말할 내용이 항상 있을 것이다. 하지만 가장 단순하게 말해서, 복음은 하나님이 역사 속에서 예수님의 인격을 통해 행하신 일에 관한 선언이다. 예수님은 그동안 살았고 앞으로 살아갈 모든 사람을 위해 하늘에서 땅으로 오셨다. 하나님이 인간의 역사 속으로 들어오신 이 놀라운 이동은, 성경에 기록되었듯이 예수 그리스도의 삶, 죽음, 부활에서 정점에 이르렀다.

명망 있는 20세기 설교자 마틴 로이드 존스Martyn Lloyd Jones의 장녀 엘리자베스 캐서우드Elizabeth Catherwood는 옥스퍼드 대학교 학생 시절에 C. S. 루이스와 J. R. R. 톨킨Tolkien의 강좌를 들었다. 엘리자베스는 다음과 같은 루이스의 논평을 들은 적이 있다고 말했다.

오늘날 사람들은 그리스도인이 되는 것이 경험을 하는 것이라고 생각한다. 경험은 중요하지만, 기독교 신앙은 모든 그리스도인이 이해하고, 믿고, 그런 다음 비그리스도인들에게 전달해야 하는 핵심 신념에 기초해 있다. 곧 창조, 타락, (예수님의 삶, 죽음, 부활을 통한) 구속, 그리고 (그리스도께서 돌아와 만물을 회복하시는 그때의) 새 창조다.

레슬리 뉴비긴도 마찬가지로 복음을 표현하는 최고의 방법은 그것을 참된 이야기로 보는 것이라고 주장했다. "성경과 관련해서 독특한 점은 성경이 전하는 이야기인데, 그 이야기는 하나님 아들의 성육신과 사역, 죽음, 부활 이야기에서 정점에 이른다. 이 이야기가 참되다면, 이 이야기가 모든 인간 역사를 위해 갖는 함의는 독특하고 보편적이다."[2] 다시 말해, 복음이란 하나님께서 자신이 누구인지에 대해 먼저 이스라엘 백성에게 계시하시고, 그 뒤에 이 땅에 와서 인간의 육체를 입고 예수님의 인격을 통해 몸소 계시하신 이야기다. 예수 그리스도의 삶과 죽음, 부활을 통해 세상은 구원을 얻을 수 있게 되었다. N. T. 라이트Wright는 이렇게 표현한다. "우리는 인간의 경험과 하나님을 이해하는 완전히 새로운 길, 예수님의 삶과 죽음, 부활에 뿌리를 둔 완전히 새로운 길로 사람들을 초대하고 있다."[3]

그런데 오늘 우리를 향한 도전은 복음이 무엇인지 이해하는 것만이 아니라 문화적 풍경이 끊임없이 변하는 다원주의적 사회에서 어떻게 복음을 전달하는지 아는 것이다. 탈근대성의 영향은 복음을 전달할 때 난관이 없지 않을 것임을 의미한다. 최근에 나와 대화를 나눈 한 여성은 이렇게 말했다. "나는 우리가 우리 심령 안에 거주하는 신을 존중하고 우리를 안내하는 우리의 마음을 신뢰해야 한다고 믿어요. 오프라도 정말 내 말에 동의해요!" 또 얼마 전, 한 남자가 내게 말했다. "인간은 무의미한 원형질 조각에 지나지 않습니다. 원자의 우연한 얽힘이지요. 다윈이 아주 명확히 증명했듯이, 하나님은 없어요."

이런 식의 관점을 갖고 오는 사람들이 복음을 이해하고 복음의 신뢰성과 유익을 깨달을 수 있게 하려면, 우리는 어떻게 복음을 전달해야 할까? 우리는 어디서 출발해야 할까? 당신이 그리스도인이라면, 당신은 복음이 진리, 그것도 모든 사람을 위한 진리라고 믿는다. 또한 복음은 우리의 가장 깊은 필요를 위한 답을 담고 있다고 믿는다. 그렇기는 하나, 대부분의 기독교 메시지가 우리 문화에 역행하고, 그런 메시지의 틀에 박힌 표현은 더 이상 통하지 않을 것이다(전에는 달랐겠지만). 우리는 아주 상이한 관점을 가진 사람들, 복음과 진정한 관계를 한 번도 맺어 본 적이 없는 사람들에게 매력적이고 지적이고 설득력 있게 응답해야 하고, 또 응답할 수 있다.

기독교 세계관이 하나님에 관한 우리의 생각이 아니라 하나님 자신에 관한 하나님의 계시에 근거해 있다는 사실이 우리의 확신을 강화해 준다. 기독교는 계시의 종교다. 하나님은 여러 방법으로 자신을 알리셨지만, 주로 기록된 말씀, 곧 성경을 통해서 계시하셨다. 믿음을 증거할 때, 우리는 단지 우리의 경험만이 아니라 그리스도를 통해 우리에게 주신 삶을 변화시키는 하나님의 계시 경험을 나누는 것이다.

따라서 오늘 우리에게 절대적으로 중요한 것이 있다. 먼저 복음의 메시지가 '무엇'이고 복음이 어떻게 사람들이 던지는 질문에 적절한 답을 제시하는지 이해하는 것이다. 다른 방식으로 표현하면, 우리는 먼저 복음의 보화가 사람들이 찾고 있는 것임을 이해해야 한다. 진리를 부정하는 문화는 우리가 복음의 능력과 진리에 대한 확신을 저버리도록 유혹한다. 만약 우리가 무엇을 믿는지, 그것이 어떻게 이 세상을 위한 좋은 소식인지 이해하지 못한다면, 우리는 다른 사람들에게 믿음을 전할 때 설득력을 갖지 못할 것이다. 또한 우리는 믿음을 전하고 싶지도 않을 것이다.

우리 생각보다 더 좋다

여러 해 전, 나는 복음을 더 깊이 이해하는 데 도움을 얻기 위해 신학을 공부하기 시작했다. 공부하면서 내가 즉각 깨달은 바가 있다. 복음은 분명 이해할 수 있는 것이지만, 아주 풍요롭고 방대해서 일평생 연구해도 그 경이와 신비를 전부 드러낼 수 없다는 점이었다. 그런 이유로 예수님은 하나님 나라를 설명하기 위해 아주 많은 은유와 예화를 사용하셨다. 복음이 하나의 개념 속에 포착될 수 없기 때문이다.

복음을 전달할 최상의 방법을 곰곰이 생각하다가, 나는 복음을 날마다 혼자 암송해야겠다고 결심했다. 그 당시 나는 어린 자녀들을 둔 엄마였고, 그래서 아이들을 다양한 활동으로 데려다주는 차 안에서 많은 시간을 보냈다. 차 안에 혼자 있을 때마다 나는 복음을 큰 소리로 말하곤 했다. 처음에는 약간 이상한 느낌이 들었는데, 특히 내 옆에 선 차 안 사람들의 표정을 보면서는 더 그랬다! 하지만 나는 이내 복음의 경이로움에 스스로 고무되고 말았다.

나는 이 한 가지 사실만은 위장할 수 없음을 새롭게 깨달았다. 회의론자들은 기독교 신앙에 관한 우리의 논증과 변론을 논박하려고 들 것이다. 그런데 그들은 우리가 단지 일련의 신념을 암송하고 있는지 아니면 우리가 선포하고 있는 그분과 사랑에 빠졌는지 구분할 수 있다.

복음의 의미를 탐구할 때 우리가 염두에 두어야 할 세 가지 사항이 있다. 첫 번째, 복음은 다면적인 다이아몬드로 묘사되어 왔다는 것이다. 그렇게 묘사되는 이유는 복음의 아름다움이 여러 방식으로 이해되고 경험될 수 있기 때문이다. 복음은 예수 그리스도에 의해 입안되었지만(갈 1:11-12), 우리는 여전히 복음을 전하는 상황에 주의를 기울어야 한다. 복음의 정수는 변하지 않지만, 복음의 이야기를 전하는 데는 여러 방법이 있다. 바울은 누구에게 말하고 있는지에 따라 복음의 서로 다른 측면을 강조했다. 회의적인 친구들이 탈기독교적인 사고방식을 갖고 있는지 아니면 보다 전통적인 도덕적 관점을 갖고 있는지 안다면, 복음을 설명할 때 어디서 출발해야 하는지 파악하는 데 도움이 될 것이다.

둘째, 단 한 번의 대화 속에 복음의 모든 내용을 집어넣을 필요는 없다. 사도행전에서 바울의 복음 설교를 읽을 때, 그가 얼마나 자주 복음의 내용을 생략하는지 눈여겨볼 필요가 있다! 전체 복음의 축약된 형태를 전할 기회가 오든 복음의 한 측면만 논의하게 되든, 핵심은 우리가 매번 모든 내용을 말할 필요는 없다는 것이다.

셋째, 복음을 전달할 때 직면하는 도전은 지배적인 세계관에 굴복함으로써 복음을 희석시키지 않는 것이다. 예컨대, 18세기 그리스도인들이 합리주의 시대 사람들에게 다가가기 위해 애쓰면서 범한 실책은 복음을 지적인 동의만 요구되는 명제적인 진리 목록으로 제시하는 것이었다. 그러나 예수님은 실재를 바라보는 완전히 새로운 길과 새로운 삶의 방식을 제시하셨다. 복음서가 보여 주는 회심자들은 나중에 제자가 되었고, 그들의 삶은 깊고 급하게 변화되었다. 그들은 복음이 자신들의 삶의 모든 차원에 영향을 미친다는 사실을 이해했기 때문이다. 그리스도를 따라가는 것은 단지 개인의 회심에 초점을 맞춘 개인주의적 관점에서만 이해되지 않았다. 그들은 복음이 공적인 공동생활 속에서 삶으로 드러나야 한다고 이해했다.

따라서 우리도 오직 주관적인 성취의 경험만 선사하는 식으로 복음을 제시하지 않아야 한다. 공적인 진리가 아닌 사적인 진리로, 모두를 위한 '참된 진리'라기보다는 단지 우리 자신이 경험한 것으로, 많은 선택지 중에 한 가지 길로 말이다. 이것은 일종의 포스트모던적 접근법이다. 이런 방법으로는 자신이 무엇을 해야 하는지 잘 아는 제자들을 양산할 수 없고, 그 열매도 빈약할 수밖에 없다. 관심자들은 자신들의 삶을 그리스도께 굴복할 때 기쁨과 평화가 올 것임을 알아야 하지만, 예수 그리스도가 주님이시기 때문에 제자도는 희생과 전면적인 충성을 요구한다는 것도 알아야 한다.

나는 그리스도인들로부터 다음 세 가지 말을 자주 듣는다.

1. 내가 복음 메시지를 제대로 이해하는지 확신이 서지 않는다.
2. 복음을 전할 때 제기되는 질문에 어떻게 대답해야 하는가?
3. 복음은 어떻게 오늘의 비그리스도인들에게 적실성을 갖고 있는가?

이 책 2부의 목적은 복음의 각 측면에 관해 성경이 무엇을 가르치는지 짚어 봄으로써 이런 쟁점들을 다루는 것이다. 즉 우리가 회의론자들에게서 받을 수 있는 반발을 살펴보고, 복음의 적실성과 아름다움을 전달할 때 회의론자들의 대답을 민감하게 비판하는 동시에 그들의 갈망을 인정함으로써, 모든 인간적 성취의 근원이요 대답이신 그리스도를 그들에게 가리킬 수 있는 방안을 살펴보고자 한다.[4]

17세기 탁월한 수학자이자 신학자인 블레즈 파스칼Blaise Pascal의 전도 방법은 주목할 만한 가치가 있다.

> 사람들은 종교를 멸시한다. 그들은 종교를 혐오하고 종교가 진리일까 봐 두려워한다. 이것을 바로잡는 치료법은 먼저 종교가 이성에 모순되지 않고, 도리어 정중함과 존경심으로 대할 만한 것임을 보여 주는 것이다. 그런 다음 종교를 매력적으로 보이게 만들고, 선량한 사람들로 하여금 종교가 진리이기를 기대하게 만들고, 그런 다음 종교가 진리임을 보여 주라.[5]

기죽이는 말처럼 들릴 수도 있다! 하지만 이것은 가능하다. 또한 그 효과를 입증한다. 이제 성경이 시작하는 곳에서 시작해 보자. 창조 이야기 말이다.

묵상과 나눔을 위한 질문

* 복음이 당신 자신의 생각에 기초하지 않고 예수 그리스도에 의해 입안되었음을 아는 것은 당신의 확신을 강화하는 데 어떤 도움이 되는가?

* 우리가 한 번의 대화에서 반드시 복음 전체를 제시할 필요는 없음을 아는 것은 어떤 점에서 우리를 자유롭게 하는가?

* "만약 우리가 무엇을 믿는지, 그것이 어떻게 이 세상을 위한 좋은 소식인지 이해하지 못한다면, 우리는 다른 사람들에게 믿음을 전할 때 설득력을 갖지 못할 것이다. 또한 우리는 믿음을 전하고 싶지도 않을 것이다." 바로 지금 당신은 복음에 대해 얼마나 마음 설레는가? 왜 그런가? 당신이 보기에 이것은 다른 사람들에게 복음을 전하려는 당신의 열망에 어떤 영향을 미치는가?

6장

창조: 인생의 본래 의미

"이봐, 만일 하나님이 내게 뭔가 명확한 사인을 주셨다면, 하나님을 믿었을 걸세! 가령 내 이름으로 스위스 은행에 엄청난 돈이 들어오는 것 같은 일 말이야." - 우디 앨런 Woody Allen

당신은 오늘날 사람들이 인생의 의미에 관해 다양한 답변을 제시하지만 사람들이 던지는 질문은 실제로 지난 세대에 비해 크게 변하지 않았음을 느낀 적이 있을 것이다. 하나님은 존재하는가? 나는 누구인가? 나는 왜 여기에 있는가? 인생의 목적은 무엇인가?

당신은 현대의 유명한 회의론자들이 자신들의 사상, 특히 성경의 하나님에 대한 자신들의 견해를 전하는 데 열을 올리는 모습을 눈여겨본 적이 있을 것이다. 『신은 위대하지 않다』God Is Not Great, 알마라는 책으로 가장 잘 알려진 작가이자 무신론자인 크리스토퍼 히친스 Christopher Hitchens는 성경의 하나님을 "천상의 독재자"라 묘사했고, 천국은 "천상의 북한에서 생활하는 것과 비슷할 것"이라고 적었다.[1] 또 다른 유명한 무신론자 리처드 도킨스 Richard Dawkins는 자신의 책

『만들어진 신』The God Delusion, 김영사에서 구약성경의 하나님이 "여성을 혐오하고 동성애를 증오하고 인종을 차별하고 유아를 살해하고 대량 학살을 자행하고 자식을 죽이고 전염병을 퍼뜨리고 과대망상증에 가학피학성 변태성욕에 변덕스럽고 심술궂은 난폭자"라고 묘사한다.[2] 도킨스가 자신의 진짜 생각을 말해 주면 좋았을 텐데!

그들의 신념은 창세기 1장과 2장에서 우리가 실제로 접하는 내용과 얼마나 대조되는가! 하나님은 사랑과 기쁨, 순수한 선함으로 생명을 창조하신 창조주로 계시된다. 성경의 창조 이야기는 처음부터 끝까지 사랑 이야기로 표현된다.

하나님에서 출발하기

우리 앞에 다양한 출발점을 내놓는 세상에서, 우리는 성경이 출발하는 곳에서 출발해야 한다. "태초에 하나님이 천지를 창조하시니라"(창 1:1). 창조 이야기는 하나님이 어떤 분인지에 대해 아주 많은 것을 말해 준다.

하나님은 영원하시다. 그분은 만물보다 먼저 계시고 시작이나 끝이 없으시다. 하나님에게는 경쟁자나 맞수가 전혀 없다. 그분이 명령하시면, 그 명령은 성취된다.

하나님은 창조주시다. 만물은 그분을 통해 생겨났다. 하나님이 생명의 원인과 근원이시기 때문이다. 하나님은 무無로부터 창조하셨다. 그분에게는 어떤 도움도 필요하지 않다. 이는 하나님이 자기가 만든 모든 것 위에, 그 너머에 계시고, 그것으로부터 동떨어져 계신다는 의미다.

하나님은 선하시다. 창세기뿐 아니라 성경 전체에서, 우리는 하나님의 성품이 의롭고 거룩하고, 사랑이 많고 자비롭고, 믿을 만하고 신실하시다는 것을 본다.

하나님은 인격적이고 의사소통을 하신다. 하나님은 저 멀리 있는 비인격적 세력이나 에너지 장場이 아니시다. 그분은 자신이 창조한 것을 기뻐하면서 부모다운 관심으로 보살피는 인격적인 사랑의 하나님이시다.

하나님은 사람을 물리적 창조 세계 전체의 정점으로 창조하셨고, 그들에게 가장 고귀한 찬사를 보내셨다(창 1:31). 나머지 피조 세계와 대조적으로, 아담과 하와를 독특하게 만든 특징은 사람만이 하나님의 형상으로 창조되었다는 점이다. 최초의 인간에게는 언어와 창조성, 사랑, 거룩함, 불멸, (신적인 한계 안에서) 자신들의 행동을 선택할 수 있는 자유가 주어졌다. 그들은 하나님을 사랑하고 알도록, 그분을 비롯해 나머지 창조 세계와 조화를 이루며 살도록 창조되었다. 하나님은 인류에게 목적을 주셨다(또 주신다). 곧 나머지 창조 세계에 하나님을 계시하고, 그분의 주권적인 사랑의 통치 아래서 하나님의 청지기로 세상을 통치하는 것이다.

하나님이 창조하신 모든 것은 하나님의 영광과 인간의 유익을 위해 만들어졌다. 창세기 1-2장이 우리에게 전하는 바에 의하면, 아담과 하와는 하나님과 친밀하고 친숙한 관계를 맺었고, 서로 사랑의 관계를 맺었으며 성취감을 주는 일을 했고 즐거움과 맛, 볼거리, 냄

새로 가득한 세계를 소유했다. 그들은 하나님의 선하심을 즐거워하고 하나님의 자애로운 뜻에 순복하기 위해 창조되었다.

에덴의 모든 것이 그들에게 주어졌지만, 딱 한 가지 제한이 있었다. "동산 각종 나무의 열매는 네가 임의로 먹되 선악을 알게 하는 나무의 열매는 먹지 말라. 네가 먹는 날에는 반드시 죽으리라"(창 2:16-17). 2장에서 보았듯이, 이 제한은 중요한 보호막 역할을 했다. 아담과 하와에게 인간성의 한계를 상기시켰기 때문이다. 그들은 창조주가 아니라 피조물이었다. 이것은 또한 그들이 하나님에 대한 의존 대신 독립을 선택할 때 주어질 결과에 대한 경고이기도 했다. 그들은 정녕 죽을 것이다.

이 말은 하나님의 길을 받아들이거나 거부할 선택권이 사람에게 주어진다는 뜻이다. 이것이 왜 그렇게 중요한가? 바로 이것은 하나님의 세계가 사랑에 기초하고 관계에 근거해 있음을 보여 주기 때문이다. 우리의 최초 부모는 하나님이 본래 의도하신 실재 속에서 살았다. 곧 죄, 고통, 죽음이 없는 완전한 연합과 조화 속에 거하는 것이다. "하나님이 선하시다면, 그분은 왜 이렇게 많이 깨어진 세상을 창조하셨는가?" 하고 사람들이 물을 때, 우리는 이렇듯 깨어진 세상이 하나님이 본래 의도하신 상태가 아니라는 사실을 지적할 수 있다.

생명, 곧 하나님이 본래 의도하신 생명에는 주요한 특징이 있다. 바로 생명이 후한 선물이라는 점이다. 복음 메시지는 처음부터 끝까지 하나님이 직접 선사하시는 놀라운 은혜다!

창조: 세상은 창조를 어떻게 보는가

생명이 생겨난 과정에 대해 회의론자들이 흔히 제기하는 반대는 무엇인가? 여기서 나의 목적은 전부 다 망라한 답을 주는 것이 아니라 우리가 출발할 수 있도록 돕는 것이다.

진화

종종 회의론자들은 즉각 진화론의 주제로 건너뛰려고 한다. 진화론은 생명이 진화 과정 속에서 시작되었다는 사상이다. 무신론적 진화론자는 한 신에 의해 이루어진 지적 디자인 개념보다 진화론과 자연선택이 우주를 훨씬 잘 설명할 수 있다고 믿는다.

내가 회의론자들에게 종종 하는 말이 있다. 지구가 얼마나 오래되었는가, 창세기에서 "날"이라는 단어가 어떤 의미인가, 또 만에 하나 하나님이 진화를 사용하기로 선택하신다면 어느 정도인가와 같은 창조와 진화의 쟁점에 대해 그리스도인들이 다양한 견해를 갖고 있다는 점이다. 창세기 1-3장을 어떻게 해석하는지에 따라 기독교적인 견해는 다양하다. 특히 어떤 문학 장르가 사용된다고 생각하는지, 전체 성경 계시의 빛 속에서 창세기의 앞 장들을 어떻게 해석하는지에 따라서 말이다.

하지만 이것은 비그리스도인과 대화를 나눌 때 (혹은 이 장에서) 내가 초점을 맞추고 싶은 바가 아니다! 비그리스도인들이 흔히 경시하는 것은, 그들이 창조의 '제1원인', 곧 생명이 실제로 어떻게 생겨났는지 딱 부러지게 대답할 수 없다는 점이다. 이 질문에 어떻게 대답하든, 우리는 과학적 지식에 근거해 대답할 수 없다. 대개 인정하기를 꺼리지만, 회의론자들은 우리와 마찬가지로 이 영역에서 믿음의 입장을 취한다.

대개 진지한 그리스도인들은 이 주제에 대해 다양한 견해를 갖고 있다고 우리가 처음부터 인정하면, 우리는 진화 이슈에 아주 많은 시간을 허비하지 않아도 된다. 그뿐 아니라 진화 이슈가 어떤 사람에게 장애 요소가 아니라면, 이 이슈에 많은 시간을 할애할 필요가 없다. 하나님이 창조 사역을 완수하신 것이 문자적인 6일인지 아니면 훨씬 긴 기간인지에 대해 신자들이 어떤 견해를 갖게 되었든, 문제의 핵심은 하나님이 만물의 창조주라는 사실이다. 이것이 성경의 초점이고, 우리도 여기에 초점을 맞추어야 한다.

과학과 기독교

흔히 제기되는 또 다른 주제가 과학과 기독교 사이에 충돌이 있다는 가설상의 신념이다. 간혹 과학과 믿음 사이에 갈등이 있는 듯 보이지만, 이 견해를 지지하는 증거는 회의론자들이 생각하는 것보다 훨씬 적다. 사실 연구의 한 분야로서 과학은 실제로 개신교 신앙의 결과로서 시작되었다! 더 나아가, 오늘날 많은 과학자들이 깊이 헌신된 그리스도인들이다. 무신론자 리처드 도킨스와 유명한 논쟁을 벌였던 옥스퍼드 교수이자 수학자, 경건한 그리스도인 존 레녹스John Lennox는 과학과 신앙이 충돌하지 않는다는 사실을 다루는 방대한 저작을 남겼다[예컨대,『과학은 모든 것을 설명할 수 있을까?』*Can Science Explain Everything?*, 아바서원]. 공정하게 말해서, 많은 사람들이 과학이 종교를 약화시켰다거나 종교의 오류를 입증했다는 말을 그대로 믿었다. 물론 이것이 사실인지 여부에 대해 전혀 생각해 보지 않은 채 말이다.

우리가 측정할 수 있는 것만이 실재다

우리가 볼 수 있는 것 너머에 보이지 않는 실재가 있다는 관념을 비웃는 사람들이 있다. 다시 말해, 그들은 자기가 보고 듣고 만지고 냄새 맡고 무게를 재고 측정하고 계산할 수 있는 것만이 실재라고 여기는 '유물론자'다. 그들은 창조가 우발적인 사건으로 시작되었고, 그 우발적 사건에서 생명이 생겨났다고 믿는다. 따라서 생명은 우발적 사건이고 하나님은 존재하지 않기 때문에, 생명에는 아무런 의미가 없다.

질문이 생긴다. 그들은 생명에는 아무런 의미도 없고 인간에게는 아무런 본질적 가치도 없다는 신념에 따라 일관되게 살 수 있는가? 그들은 정말 마음속 가장 깊은 곳에서 자신들의 자녀와 자신들이 소중히 여기는 다른 중요한 사람이 단지 무의미한 원형질 조각에 불과하다고 믿는가?

"나는 종교적이 아니라 영적이다"

나는 가끔 자연 세계에서 자신들이 볼 수 있는 것 너머에 무언가 있다고 믿는 사람들과 이야기를 나눈다. 아마 그들은 석양을 바라보거나 호수 위의 인상적인 폭우를 지켜보다가 순간적인 외경심이나 경이로움을 경험했을 것이다.

이런 견해는 대체로 한 뉴에이지 신봉자가 언젠가 내게 했던 말과 비슷해 보인다. "나는 우리가 우리 본성 안에 거주하는 신을 공경하면서, 바위, 나무, 과일도 사람만큼 신성하다는 것을 기억해야 한다고 믿어요." 이 견해는 세상이 하나님과 동일하거나(범신론) 세상의 모든 부분이 하나님 본성의 표현이라는 견해(만유내재신론)와 긴밀하게 연결된다. 물론 이것은 세상이 시작되기 전에 존재하셨고 창조 세계와 동떨어진 인격적인 하나님이 존재한다는 성경의 묘사와 차이가 난다.

대개 위기가 다가오면 이러한 생명 이해는 도전을 받는다. 예컨대, 앞서 인용했던 뉴에이지 신봉자는 자기가 암에 걸렸을지 모른다는 사실을 알았을 때, 뉴에이지 직통 전화로 전화를 걸었다. 그녀의 전화를 받은 사람은 이렇게 말했다. "당신은 당신의 신성을 찾기 위해 마음속을 들여다봐야 합니다. 당신이 우주입니다. 당신이 하나님입니다. 당신이 바위이고 꽃입니다." 나중에 그 친구가 내게 물었다. "만약 내가 하나님이라면, 도대체 어떤 하나님이기에 암에 걸릴까요? (그녀는 '내 속에 있는 어떤 하나님이 암인가요?' 하고 덧붙였을 수도 있다.) 그 순간 창조 세계 밖에 있는 능력 많은 하나님이 내게 필요하다는 것을 깨달았어요. 나는 모종의 신성한 비인격적 에너지가 아니라 나를 사랑하는 인격적인 하나님을 갈망했던 거예요." 이 경험으로 인해 그녀는 마침내 그리스도를 믿게 되었다.

창조는 왜 그토록 좋은 소식인가

우리는 창조 이야기가 참으로 좋은 소식임을 보여 주기 위해 그 이야기의 적실성을 어떻게 전달할 수 있을까? 먼저, 우리는 하나님 그분으로 인한 기쁨과 흥분을 머뭇거리지 말고 전해야 한다.

하나님은 사랑과 기쁨, 순수한 선함으로 생명을 창조하신 우리의 창조주시다! 창조 기사는 마치 예술가가 자신의 걸작을 기뻐하듯이 창조 세계에 대한 기쁨과 경이로움을 표현하는 하나님을 볼 수 있는 더할 나위 없이 좋은 사랑 이야기다. 이 내러티브는 세상이 격렬한 대격변 사건의 결과물이라고 말하는 무미건조한 세속적 내러티브보다 훨씬 더 설득력 있다.

창조 세계는 선하다. 창조 이야기는 장엄하고 감동적일 뿐만 아니라, 실재를 이해하는 방법에 대한 논리적인 기초와 설명을 제공한다. 창세기에서 하나님은 세상을 창조하셨고 그것이 선하다고 선언하셨다. 하나님은 지구가 악하거나 무가치하다고 말씀하지 않으셨다. 그분은 지구가 신성하거나 우러를 만하다고 말씀하지도 않으셨다. 이것이 갖는 함의는 엄청나다. 창조 이야기는 우리가 지구를 보살피고 지구를 남용하지 않아야 하는 이유를 제시한다. 이 이야기는 우리가 엉뚱하게 자연이나 사물을 숭배하지 말고 만물을 창조하신 하나님을 경배해야 한다는 것도 보여 준다!

창조 세계는 하나님의 작품이다. 하나님은 인간의 생명을 창조하신 뒤 "아주 좋다"고 말씀하셨다. 인간의 모든 생명은 하나님께 소중하고 모든 인간은 하나님의 형상을 담고 있다. 그런 이유로 우리는 존엄과 존경, 사랑으로 사람을 대해야 한다. 예컨대, 우리가 인종 차별을 악하다고 여기는 이유가 그 때문이다. 창조 이야기는 또한 인간이 투쟁과 혼돈이 아니라 평화와 조화 속에서 살도록 창조되었다고 말해 준다. 성경의 관점에서 볼 때, 생명의 의미는 권력이 아니라 사랑과 관련 있다. 거래가 아니라 관계와 관련 있다. 이것이 현대의 세속적 내러티브와 사뭇 다른 점이다.

창조 이야기의 적실성을 회의론자에게 전달하는 한 가지 길은, 하나님이 심어 놓은 우리 본성의 증거를 가리키는 것이다.

정의와 평등, 인권에 대한 우리의 관심

창조 내러티브의 놀라운 특징 중 하나는 대부분의 비그리스도인들이 이미 (적어도 어느 정도) 믿고 있는 바를 파악하고 있다는 점이다. 즉 모든 생명은 중요하다! 세속적 내러티브는 생명이 무의미하다고 말한다. 그렇다면 무신론자는 인간의 생명이 소중하게 다루어져야 하는 이유를 어떻게 논리적으로 설명할 수 있을까? 한편, 창조 이야기는 우리가 왜 정의와 공정, 인종 평등 문제에 열의를 갖는지 그 이유를 제시한다. 그것은 우리가 하나님의 형상으로 만들어졌기 때문이다. 창조주 하나님은 창조 세계를 사랑하시고, 온갖 형태의 불의에 단호하게 맞서는 의로운 하나님이시다. 하나님은 우리가 그분과 같은 태도를 갖도록 우리를 만드셨다.

아름다움에 대한 우리의 반응

창세기 1-2장에서 낙원의 아름다움에 대해 읽을 때, 우리는 하나님이 아름다움의 근원이시고, 아름다움을 인식하고 그것에 반응하도록 사람을 창조하셨음을 깨닫는다. 예컨대, 성경에 기록된 최초의 시는 하나님이 아담을 하와에게 소개하셨을 때 나온다. 아담은 경이로움과 외경심에 압도되었다. "이는 내 뼈 중의 뼈요 살 중의 살이라"(창 2:23).

또 다시 회의론자들에게 던지는 도전이 있다. 삶에는 궁극적인 의미가 전혀 없다는 그들의 세속적인 세계관과 상충될 때, 경이로움을 느끼는 그들의 반응을 어떻게 설명할 수 있을까? 한 무신론자 친구는 첫아이를 낳은 뒤 이렇게 말했다. "베키, 첫아들을 낳았을 때… 기적이라고 느꼈어요. 태초부터 여성은 아이를 낳아 왔어요. 그런데도 아이의 눈을 들여다볼 때 이토록 경이로움에 압도되는 이유는 무엇일까요? 무엇보다 나는 무신론자인데, 이런 외경심을 어떻게 설명할 수 있을까요?"

경이로움이란 무엇인가? 웹스터 사전은 '경이로움'wonder을 '외경심을 일으키거나 큰 충격을 주거나 기적적인 어떤 것에 의해 촉발된 감정. 자연 법칙으로 설명될 수 없는 사건'이라고 정의한다. 명망 있는 사회학자 피터 버거Peter Berger가 "초월의 신호들"signals of transcendence에 관해 썼을 때, 그는 이 경이로움의 개념을 포착했다. "이런 신호는 '자연적' 실재의 영역 안에서 발견되지만 그 실재 너머를 가리키는 듯 보이는 현상이다."3 따라서 오스 기니스가 적고 있듯이, "그리스도인이자 변증가로서 우리의 특권은, 우리의 말과 더불어 우리의 삶을 통해 사람들이 이런 신호를 듣고 경청하고 이해하도록 돕는 것이고, 그런 다음 이런 신호가 인도하는 곳으로 따라가도록 돕는 것이다."⁴ 우리가 이 신호의 논리를 따라간다면, 이 신호는 실제로 하나님을 믿는 믿음을 향해 움직이도록 할 것이다.

G. K. 체스터턴이 런던 미술학교에서 공부하기 위해 런던에 왔을 때, 그는 확신에 찬 무신론자였다. 바라보는 모든 곳에서, 체스터턴은 세상이 망가지고 어두워진 증거를 보았다. 무엇이 그의 어두움과 비관주의 세계관 속을 파고들었을까? 바로 민들레의 경이로운 아름다움이었다! 무신론을 재평가하도록 체스터턴을 부추긴 계기는 아름다움을 맞닥뜨릴 때 맛본 경이로움이었고, 이것은 헌신된 그리스도의 제자가 되도록 그를 이끈 기폭제가 되었다.

하지만 작가 플래너리 오코너Flannery O'Connor가 지적하듯이, 이제 경이로움은 약간 유행에 뒤진 사상이다.

우리 현대인은 경이로움에 당황한다. 경이로움이 신비를 암시하기 때문이다. 현대인은 무엇이든 우리가 통제하거나 지배하거나 설명할 수 없는 것을 편하게 대하지 못한다.⁵

그런 이유로 기도가 무척 중요하다. 우리는 회의적인 친구들이 경이로움으로 반응하게 하는 계기가 무엇인지 보여 주시도록 하나님께 간구해야 한다. 그런 이유로 좋은 질문을 던지는 것이 아주 중요하다. 좋은 질문은 우리의 친구들이 회의주의에 대해 의문을 갖도록 차분히 도와줄 수 있고, 이로써 자신들의 신념을 재고하고 우리의 믿음에 대해 호기심을 갖도록 그들을 이끌 수 있기 때문이다.

나는 공산주의 국가에서 태어나 탁월한 학자이자 열렬한 무신론자 양친의 슬하에서 자란 한 동유럽 여성을 알게 되었다. 그녀도 무신론자였고 재능 많은 바이올리니스트였다. 우리는 영적인 대화를 나누기 시작했지만, 대화는 아무런 성과 없이 흘러가는 것 같았다. 내가 그녀에게 이 질문을 던진 날까지는 말이다. "궁금한 게 있어요. 그동안 당신의 무신론에 의문을 품게 했던 일은 한 번도 없었나요?"

그녀는 잠시 생각에 잠긴 뒤 대답했다. "딱 한 번 있어요. 바흐의 작품같이 영광스럽고 아름다운 음악을 연주할 때죠. 연주하다 보면, 가끔 깊이 몰입해서 내가 거의 예배하고 있는 것처럼 느껴요. 나는 어딘가 다른 곳으로 옮겨 가고, 나 자신에게 이렇게 말해요. '나는 단지 생물학적 충동을 지닌 물리적 존재가 아니다. 삶에는 분명 내가 볼 수 있는 것보다 훨씬 더 많은 것이 있다.' 정신 나간 사람의 말처럼 들린다는 걸 나도 알아요."

내가 대답했다. "사실, 나는 당신의 반응이 아주 많은 것을 드러내 준다고 생각해요. 음악가로서 당신은 아마 바흐가 아주 헌신된 그리스도인이었다는 걸 알 거예요. 그가 자신이 작곡한 모든 음악 작품명 위에 '오직 하나님의 영광을 위해'*Soli Deo Gloria*라고 적었던 이유가 그 때문이죠. 바흐는 음악을 작곡하고 연주하는 것이 하나님을 위한 예배 행위라고 믿었어요. 따라서 당신은 머리로 믿는 것과 마음이 말하는 바가 왜 완전히 다른지 이해해야 해요. 둘 다 옳을 수는 없으니, 당신의 반응 중에 어떤 것이 진짜 실재에 더 가까운가요?"

"사실 나는 하나님이 계셨으면 좋겠어요." 그녀가 말했다. "하지만 하나님이 존재한다고 하더라도, 그분은 분명 나에게, 내 인생의 가장 큰 열정인 음악에 관심을 두지 않으신다고 확신해요."

내가 말했다. "당신은 성경에서 천국을 영광스러운 음악과 노래와 예배가 있는 곳으로 묘사한다는 걸 아나요? 이것은 땅이 창조되기 전에 음악이 존재했음을 암시하죠. 나는 음악에 대한 당신의 애정이 음악을 창조하신 분에게서 온다고 믿어요. 곧 하나님 자신이죠!"

몇 달 후, 나는 예수님에 대해 살펴보는 성경 공부 모임에 다른 회의적인 친구들과 함께 그녀를 초대했고, 그녀가 왔다. 눈물을 흘릴 만큼 그녀를 감동시킨 성경 이야기가 무엇이었을까? 누가복음 2장에 나오는 목자들의 이야기였다. 목자들이 밤중에 양떼를 지키고 있었을 때, 갑자기 하늘이 열리더니 한 천사가 말하고 천사들의 영광스러운 찬양이 울렸다!

물론 그 첫 번째 성탄절 밤에 천사들이 노래를 불렀거나 찬양을 했는지 명확하진 않았지만, 내 친구는 그 이야기에 빠져 들었다. 그녀는 성경에서 하늘에 음악과 노래가 있다고 묘사한 곳이 어디냐고 물었다. 우리는 앞서 대화를 나눈 적이 있었기 때문에, 나는 그녀가 질문할 경우를 대비해 다른 구절들을 찾아보았다! 그래서 나는 하나님이 세상을 창조하셨을 때 일어난 일을 그분이 어떻게 묘사하는지 큰 소리로 읽었다. "그날 새벽에 별들이 함께 노래했고, 천사들은 모두 기쁨으로 소리를 질렀다"(욥 38:7-8, 새번역). 나는 스바냐 3:17을 읽은 뒤, 이것이 역사의 마지막에, 최후 심판 이후 그리스도가 땅으로 돌아오실 때, 모든 신자들이 그리스도와 다시 연합할 때의 모습이라고 설명했다. "그가 너로 말미암아 기쁨을 이기지 못하시며 너를 잠잠히 사랑하시며 너로 말미암아 즐거이 부르며 기뻐하시리라."

그녀의 눈에서 다시 눈물이 흘렀다. 그녀가 말했다. "하나님이 직접 노래하세요? 너무 아름다워 참을 수가 없네요!" 그녀가 예수님의 주장을 진지하게 받아들인 계기가 바로 이것 때문이었다. 곧 음악이 창조된 것이고 노래가 하나님이 하시는 중요한 일인 현실 말이다. 전도할 때 우리는 지성의 합리적인 의문에 대답해야 하지만, 복음이 우리의 마음에 어떻게 대답하는지도 보여 주어야 한다. 복음은 전인격을 다룬다. 우리도 그래야 한다.

무신론자 친구는 임신이 계기가 되어 삶에 더 많은 것이 있지 않을까 의구심을 갖게 되었다. 바이올리니스트 친구는 바흐 연주가 계기가 되어 외경심을 경험하고 하나님이 존재하지 않을까 의문을 품게 되었다. 이런 경이로움의 경험은 우리에게 또 다른 실재, 더 깊은 실재를 가리키기 위해 존재한다는 사실을 결코 잊지 말라. 아마도 우리가 무의식중에 내내 찾아왔던 하나님을 가리키기 위해서 말이다.

그런 이유로 우리는 비그리스도인 친구들에게 질문해야 한다. 하나님이 존재하지 않을까 잠시라도 의문을 품는 계기가 된 심오한 경험을 해 본 적이 있느냐고 말이다. 많은 사람들이 이 질문에 그렇다고 대답한다. 어떤 사람은 하나님의 임재를 경험한 적이 있다고 말한다. 이런 경험들은 빽 울리는 "초월의 신호들"이고, 우리의 임무는 사람들이 자신들의 인간적 갈망과 열망, 자신들의 열정이 가리키는 그것을 더 많이 의식하게 만드는 것이다.

마지막 성경 공부가 끝난 뒤 바이올리니스트 친구가 말했다. "베키, 당신이 그리스도인이라는 걸 알았을 때, 나는 우리가 결코 친구가 될 수 없다고 마음먹었어요. 나는 종교를 혐오했고, 신자들은 지적인 멍청이라고 느꼈거든요. 나는 기회가 생길 때마다 당신 앞에서 그리스도인을 비웃었지요. 나는 당신이 왜 나를 피하지 않는지 이해가 안 갔어요. 사실 당신은 나를 정말 좋아하는 것 같았거든요."

그녀가 말을 이었다. "우리의 관계가 깊어지면서, 나는 당신의 믿음이 무지하지 않다는 걸 알았어요. 당신은 나의 질문을 진지하게 받아 주었지만, 나의 신념에 이의를 제기하면서 아주 깊이 생각하게 만드는 질문을 던졌지요. 하지만 우리가 먼저 우정 관계를 형성하지 않았다면, 나는 성경 공부 모임에 참석하지 않았을 거예요."

그런 다음 그녀는 덧붙였다. "내가 이렇게 예수님께 끌리는 모습을 보면서 나 스스로 가장 많이 놀랐어요. 사실, 나는 우리가 처음 만났을 때와 똑같지 않아요. 그리스도인에 관한 편견들은 누그러졌고, 나는 믿음에 관한 여러 반대에 지적인 대답이 있음을 깨닫고 있어요. 하지만 여전히 의문을 품고 있고, 아직 그리스도인이 될 준비는 갖추지 못했어요. 하지만 나는 분명히 기독교를 계속 탐구하고 싶어요. 우리가 또 다른 성경 공부를 할 수 있을까요?"

어떤 사람이 깊은 적개심에서 벗어나 기독교를 계속 탐구하고 싶은 마음을 갖는 것은 기뻐할 이유다! 창조주 하나님에 관한 성경의 이야기가 자신이 음악의 아름다움에 강하게 반응하는 이유를 설명해 준다는 것을 알았을 때, 그녀는 점차 마음을 열고 예수님을 진지하게 받아들이기 시작했다.

창조는 복음 이야기의 제1막이다. 그 이야기는 무척 아름답다. 이제 분명한 질문은 이것이다. 우리는 어떻게 낙원을 떠나 현재의 엉망 상태에 이르렀는가? 우리 행성이 심각한 어려움 가운데 있다는 사실은 누구도 의심하지 않는다. 우리 모두를 향한 도전은 우리가 처한 엉망 상태를 어떻게 설명할 것이냐다. 이것이 다음 장의 주제다.

묵상과 나눔을 위한 질문

* 이 장에서 하나님과 그분의 창조에 관한 진리 중에 당신을 가장 들뜨게 만드는 것은 무엇인가?

* 이 장에서 논의한 일반적인 반대 중에 당신이 가장 자주 마주치는 것은 무엇인가? 당신은 그런 반대에 어떻게 대답하겠는가?

* 회의론자에게 창조의 적실성을 어떻게 전달할지 생각할 때, 창조 이야기의 어떤 측면이 당신에게 가장 인상적인가? 정의, 아름다움, 경이로움인가? 아니면 다른 것인가?

7장

타락: 세상은 무엇이 잘못되었나

"나는 현대인들이 원죄 교리를 거부한다는 사실을 놀랍게 여긴다. 그것이 경험적으로 입증될 수 있는 유일한 기독교 교리인데 말이다."
- G. K. 체스터턴

20세기 현인이자 가톨릭 사상가인 체스터턴은 언젠가 신문에 인쇄된 "세상은 무엇이 잘못되었는가"라는 제목의 편지에 응답했던 적이 있다. 역시 신문에 인쇄된 답신에서 그는 이렇게 적었다.

'무엇이 잘못되었나?'라는 질문에 대한 대답은 '내가 잘못되었다'이거나 '내가 잘못되었다'이어야만 한다. 어떤 사람이 이렇게 대답할 수 있을 때까지 그의 이상주의는 취미일 뿐이다.[1]

체스터턴은 우주의 핵심 문제가 다음 두 단어로 진술될 수 있다고 믿었다. 내가 문제다. 마찬가지로, 러시아 소설가 알렉산드르 솔제니친Aleksandr Solzhenitsyn은 자신의 책 『수용소 군도』The Gulag Archipelago,

열린책들에서, 그가 (결국 그를 기독교 개종으로 이끌었던) 포로수용소에서 배운 교훈은 선과 악을 가르는 선이 각 사람을 관통한다는 것이었다.[2] 성경은 그것을 한 단어로 요약한다. 바로 죄다.

우리 주위에 악의 온갖 증거가 널려 있는데도 죄 사상은 심각하게 외면당하고 있다. 탈기독교 문화에서 사람들은 죄 개념에 격분하거나 기껏해야 끔찍하게 케케묵은 관념이라고 여긴다. 따라서 그리스도인으로서 우리의 도전은 이것이다. **우리는 죄에 대해 어떻게 이야기해야 할까?**

모두가 동의하는 곳에서 출발해 보자. 이 세상은 무엇인가 잘못되었고, 반드시 바로잡혀야 한다. 우리는 세계대전, 인종 차별, 환경 문제, 집단 학살, 테러, 인신매매, 아동 착취에서, 깨어진 관계, 분노, 탐욕, 중독 등 우리 자신의 개인적 몸부림에서 그런 잘못을 본다. 그런데 세상은 우리 행성이 왜 이토록 엉망인지에 대해 의아해 할 뿐 일관된 설명을 내놓지 못한다.

상황이 늘 이랬던 것은 아니다. 수백 년간 온갖 형태의 죄가 인간 비극의 궁극적 원인이라고 이해되어 왔다. 18세기 계몽주의 시대 이후에야 우리는 인간의 상태를 이해하는 범주로서 죄 개념의 입지가 약화되는 것을 목격했다. 사실 오늘날 죄보다 빈약한 실효성을 지닌 개념은 거의 없다. 우리 문화는 우리를 괴롭히는 것들에 낮은 자존감, 신경증, 중독, 정신적 상처 등 새로운 이름을 붙인다. 이런 이슈들이 실재가 아니라는 의미는 아니다. 문제는 이런 분석이 근본적인 원인을 드러낼 만큼 충분히 깊은 곳에 닿지 못한다는 점이다.

우리는 진단할 능력을 상실한 아주 오랜 질병의 증상을 붙들고 씨름하고 있다. 그런 이유로 오늘날 성경의 죄 교리는 어느 때보다 더 적실성을 갖는다. 이런 현실은 무신론자이자 사회심리학자인 어니스트 베커Ernest Becker가 이렇게 기록하도록 부추겼다. "현대인의 곤경은, 죄인인 자신을 가리키는 적절한 단어를 갖고 있지 못하다는 것이다."³

잘못의 원인

성경은 우리 주위와 우리 안에서 보는 모든 잘못을 추적해 보면 최초의 인간이 하나님을 거역했을 그때로 거슬러 올라갈 수 있다고 명확히 밝힌다. 창세기 3장은 선과 악을 정면으로 바라보면서, 우리 행성이 1-2장에 묘사된 낙원으로부터 현재의 깨어진 상태로 넘어오게 한 어떤 일이 일어났다고 말한다.

창세기 3장에서 우리는 아담과 하와가 하나님의 법을 거부했다는 내용을 접한다. 그들은 하나님의 명령에 불순종하고 자율적인 존재가 되기로 선택했다. 이것이 인류에게 들어온 죄였다. 이제 인간성의 영역 중에 죄에 감염되지 않은 곳은 하나도 없다. 물론 우리는 여전히 (불완전하게나마) 각 사람이 만들어진 하나님의 형상을 반영하고 있기는 하다. 우리는 아름답지만 깨어졌고, 완성되었지만 금이 갔다. 하나님이 조성하신 완벽함은 깨어졌고, 그 뒤로 인간은 죄에 시달려 왔다. 바울의 말처럼, "모든 사람이 죄를 범하였으매 하나님의 영광에 이르지 못"했다(롬 3:23).

죄의 정수

한 정신과 의사 친구가 의사의 도움을 구하도록 사람들을 몰아가는 전형적인 문제에 대해 설명해 준 적이 있다. 한참 설명하다가 그녀는 잠시 멈추고 회의적인 분위기를 풍기며 말했다. "아, 그런데 당신은 그리스도인이죠. 그러니 당신은 우리가 모두 죄인인 게 문제라고 생각하겠군요." 나는 성경이 죄를 어떻게 정의한다고 생각하느냐고 물었고, 그녀는 쓴웃음을 지으며 대답했다. "오, 아마 약물, 섹스, 아수라장으로 이어지는 어떤 것이겠죠?"

"하지만 그런 건 행동이죠." 내가 말했다. "성경의 관점에서 볼 때, 죄의 핵심은 단순히 나쁜 행동이 아니에요. 나쁜 행동은 죄의 결과지 원인이 아니거든요."

"좋아요." 그녀가 말했다. "한 번 들어 보죠. 죄의 근본 원인이 뭐죠?"

그녀는 올바른 질문을 제대로 던졌다. 하지만 질문에 충실하면서도 그녀가 납득할 수 있도록 대답하려면 어떻게 해야 할까? 결국 죄에 관한 모든 논쟁에서 우리는 청중을 아주 빨리 잃어버리는 경향이 있지 않던가!

하나님 콤플렉스

죄를 설명하는 한 가지 방법은 우리에게 하나님 콤플렉스가 있다고 말하는 것이다. 우리는 자기 자신과 하나님을 계속 혼동한다[리처드 러블레이스Richard F. Lovelace, 『영적 생활의 역동성』*Dynamics of Spiritual Life*을 보라]. 문제는 심리적인 콤플렉스가 아니라 영적인 콤플렉스다! 우리는 하나님을 믿는 대신 우리 자신을 믿고, 마치 자기가 결정권자나 되는 듯 살아간다. 죄란 하나님을 하나님으로 믿고 경배하지 않겠다는 의도적인 거절이고, 우리 인생의 주인이 될 권리가 우리에게 있다는 오만한 주장이다.

그래서 우리는 사랑하는 창조주에 대한 피조물의 의존성을 받아들이는 대신 자율성을 고집한다. 사실 자율성은 혼란과 예속으로 인도할 뿐인데도, 우리는 자율성이 우리를 자유롭게 해 준다고 생각한다. C. S. 루이스가 적고 있듯이, "타락한 인간은 단지 개선이 필요한 불완전한 피조물이 아니라 손에 든 무기를 내려놓아야 하는 반역자다."**4**

엉뚱한 것을 숭배하기

여기 죄의 또 다른 측면이 있다. 만약 우리가 하나님을 경배하지 않는다면, 우리는 다른 것, 곧 하나님 대체물을 숭배할 것이라고 바울은 적는다. "그들이 하나님의 진리를 거짓 것으로 바꾸어 피조물을 조물주보다 더 경배하고 섬김이라"(롬 1:25). 우리는 하나님 외에 다른 것에 의존함으로써 의미, 목적, 정체성을 찾으려고 애쓴다. 좋은 것도 나쁜 것도 그런 대체물이 될 수 있다. 우리가 하나님 대체물로 무엇을 이용하든 성경은 그것을 우상이라고 부른다. 다른 모든 것보다 하나님을 소중히 여기고 사랑하는 대신, 우리는 다른 것에 의존함으로써 하나님을 거역하고, 결국 하나님 대신 피조물을 숭배한다. 그것은 사람, 소유물, 지위 혹은 그 어떤 것도 될 수 있다.

죄의 결과

아담과 하와가 하나님을 거역하고 등을 돌렸을 때, 하나님은 그 전에 약속하신 대로 의로운 심판을 선언하셨다. 고통과 죽음이 인류를 덮쳤다. 거역의 결과는 참담했다. 인류는 하나님으로부터 비극적으로 분리되고 말았다. 그들이 하나님과 누리고 또 서로와 누렸던 완전한 신뢰와 따뜻하고 친밀한 우정은 무너졌다. 아담과 하와는 하나님의 직접적인 임재에서 멀어졌고, 이전에는 결코 알지 못했던 하나님과의 영적인 분리를 경험했다. 요컨대, 죄와 그 결과는 그들 삶의 모든 측면에 영향을 미쳤다.

죄로 인해 우리는 지금 심각한 기능 장애에 빠진 행성에서 살고 있다. 우리 행성 안과 밖에 존재하는 온갖 깨어짐은 궁극적으로 하나님을 하나님으로 인정하지 않은 결과다. 이 문제는 하나님의 본성 안에 있는 설계상의 문제로 인한 결과가 아니다. 사안의 핵심은 영적인 문제다. 인류는 하나님을 거역했다. 이 사안의 결과는 도덕적인 문제다. 하나님을 거역한 인류는 이제 자기 자신의 법을 만들고, 그 과정에서 자기 자신과 주위 사람들에게 상처를 준다.

그런데도 하나님은 아담과 하와가 거역했을 때 그들에 대한 사랑을 멈추지 않으셨다. 자애로운 하나님은 그들을 위해, 그들이 동산에서 추방된 뒤 그들 자신을 보호하기 위해 만들었던 것보다 훨씬 좋은 옷을 만들어 주신다. 창세기 3:14-15이 계시하는 바는, 인간의 반역이 있기 전 태초부터 삼위일체 하나님은 인간이 자기에게서 돌아선 뒤 이 행성을 어떻게 구원할 것인지 계획을 이미 세우셨다는 것이다. 하나님은 자기 아들, 메시아를 보내실 것이다(딛 1:2). 그분은 우리가 선해지도록 돕기 위해 오시지 않았다. 그분은 우리를 구원하기 위해 오셨다.

'타락' 이야기는 우리가 정직하게 현실을 직시하는 동시에 엄청나게 큰 희망을 품게 해 준다. 인간의 거역 이야기 안에도 절망이 아닌 희망이 있다. 우리는 그 안에서 하나님의 은혜의 약속을 보기 때문이다.

죄: 세상은 죄를 어떻게 보는가

오랜 세월 나는 비그리스도인들과 믿음에 대해 수없이 많은 대화를 나누었다. 나는 대개 어느 시점에 이렇게 질문한다. "당신은 이 세상의 가장 큰 문제가 무엇이라고 믿나요? 그 해결책은 무엇이라고 믿나요?" 그들의 대답은 나이, 인생 경험, 문화적 배경, 세계관에 따라 다양하다. 사람들이 문제를 어떻게 보는지를 시사하는 (우리가 들을 수 있는) 몇 가지 대답이 여기 있다.

인간은 선하다: 긍정적인 면에 초점을 맞추라

얼마 전 나는 만찬에 참석하여 한 유럽 국가에서 온 최고 정치 지도자 한 사람 옆에 앉았다. 대화를 나누는 동안 그는 인간 본성이 본질적으로 선하다고 믿는다고 말했다. 나는 그리스도인으로서 성경적 세계관이 담고 있는 현실주의의 진가를 인정하지 않을 수 없다고 말했다. 모든 인간은 하나님의 형상으로 만들어졌고 엄청난 쓸모와 가치를 지니고 있지만, 그것은 죄로 인해 금이 갔다. "세상과 내 마음속을 들여다볼 때, 이 말은 실제 현실과 일치하는 것 같아요." 내가 말했다.

그가 대답했다. "글쎄요, 나는 사람이 죄인이라고 보지 않습니다. 나는 우리에게 이성의 선물이 주어졌다고 믿습니다. 우리는 이성을 통해 우리의 가장 깊은 차이를 해소할 수 있고요." 우리는 서로 다른 견해에 대해 활발하고 유쾌한 대화를 나누었다. 디저트가 끝날 때쯤 내가 말했다. "당신이 보기에, 인간의 본성에 대한 성경의 이해가 정확한 것임을 보여 주는 작고 사소한 증거에는 어떤 것이 있을까요?" 그가 미소를 지으며 말했다. "좋습니다. 나를 설득해 보세요. 그런 증거가 어디 있을까요?" "인간의 역사 전체가 그렇지 않나요?" 내가 대답했다. 그는 크게 웃으며 말했다. "당신 말이 맞네요!"

여기서 얻은 교훈은, 우리가 아주 다른 견해를 가진 다른 사람들과 믿음에 관해 적극적인 대화를 나눌 수 있고, 더 나아가 공격적이거나 고압적이지 않은 태도로 성경의 견해를 옹호할 수 있다는 것이다. 가벼운 감동과 유머까지 동원하여, 기독교 신앙에 관한 호기심을 자극하는 것이 가능하다.

내 경험상 사람들은 인간이 처한 어려움의 근원을 (시기심, 탐욕, 중독, 낮은 자존감과 같은) 내적인 문제나 (가난, 인종 차별, 성 차별과 같은) 외적인 문제로 파악한다.

나의 문제는 내적인 것이다

유명한 레이싱카 운전자를 만난 적이 있다. 한창 때 그는 명성, 돈, 여자 등 모든 것을 가진 것처럼 느꼈다고 말했다(나는 이 이야기의 일부를 내 책 『빛으로 소금으로』에서 언급했다). 그러다가 공허감을 느끼기 시작했을 때, 그는 무모한 행동에 가담하기 시작했다. 그 뒤에 그는 자동차 사고에서 가까스로 살아났지만 그의 경력은 끝장났다. 절망에 빠진 그는 구제불능의 알코올 중독자가 되었다.

결국 릭은 알코올 중독자 치료 모임에 참여했다. 우리가 만났을 때 그는 16개월간 맑은 정신을 유지하는 중이었다. 그는 자신의 인생 여정을 되짚어 가며 맑은 정신을 되찾은 데에 대한 고마움, 그때까지도 계속 씨름하고 있던 뼈아픈 후회와 수치심에 대해 길게 이야기했다.

내가 말했다. "릭, 후회를 마주할 때 정말 아픈 고통이 찾아온다는 것 알아요. 그런데 자기 자신을 직시하고 자기 문제를 인정하고 자신의 회복을 위해 매달리는 당신의 용기에 탄복하지 않을 수 없네요. 내가 보기에, 자신의 문제를 인정하는 건 누구에게든 가장 힘든 일이에요. 그런 일은 우리의 자존심을 꺾어 놓지만, 결국 우리를 자유롭게 해요. 당신도 동의하지요?"

"전혀 이의 없어요." 릭이 대답했다. "가장 힘든 부분은 다른 모든 사람에 대한 비난을 멈추고, 문제의 책임을 나 홀로 받아들이는 거였죠. 결국 그것을 인정했더니 너무 자유로웠어요. 베키, 당신은 나를 진심으로 이해해 주는 것 같고, 함부로 판단하지 않는 것 같네요. 혹시 당신도 회복 중인가요?"

"네, 나도 회복 중이에요." 내가 말했다. "하지만 알코올 중독은 아니에요. 나는 알코올 중독보다 훨씬 더 깊은 문제에서 회복되는 중이에요."

"당신의 문제가 어떤 건지 알아도 괜찮을까요?" 릭이 눈을 크게 뜨며 질문했다.

내가 말했다. "나는 성경이 죄라고 부르는 것에서 회복되고 있어요. 당신은 내가 왜 당신을 함부로 판단하지 않는 것 같다고 생각하나요? 사람들을 단절시키는 단 한 가지가 죄의 증상임을 깨달았기 때문이에요. 그런데 우리는 모두 훨씬 근원적인 죄라는 질병 때문에 똑같이 고통을 겪고 있어요."

"이해가 가지 않는군요." 릭이 말했다. "술에 취하는 것과 죄인이 되는 것에 어떤 차이가 있나요? 똑같은 것 아닌가요?"

"알코올 중독은 파괴적인 행동이에요." 내가 말했다. "하지만 행동 뒤에 숨어 있는 게 진짜 범인이죠. 죄의 핵심은 단지 일련의 행동이 아닙니다. 릭, 당신은 다시 알코올을 한 방울도 마시지 않을 수 있지만, 하나님께 결정권을 드리기보다 여전히 당신 자신의 인생의 주인이 되겠다고 고집을 부릴 수 있어요. 우리의 파괴적인 행동은, 그것이 어떤 형태를 취하든 언제나 하나님이 하나님 되지 못하도록 거절할 때 맞닥뜨리는 불가피한 결과예요."

"오, 맞아요. 당신이 하는 말이 정말 이해가 가네요." 릭이 말했다. "내게 무엇을 하라고, 또 그것이 내게 어떤 영향을 미칠지 보라고 말할 사람은 아무도 없어요. 그런데 알코올 중독자 치료 모임이 알코올 중독의 치료법이라고 한다면, 죄의 치료법은 무엇인가요?"

"릭, 당신은 전부 다 가진 것처럼 느꼈지만 그것은 만족을 주지 못했다고 말한 적이 있어요." 내가 대답했다. "그때 당신은 알코올 중독자가 되었고, 이제 맑은 정신을 되찾았지만, 여전히 당신의 삶에서 무언가 잃어버렸다고 느끼고 있어요. 당신의 말처럼, 알코올 중독자 치료 모임에 참여한 뒤로 당신은 이런 더 강한 힘의 이름을 발견하려고 애써 왔어요. 릭, 나는 그 이름을 알아요. 그분의 이름은 예수님이에요. 죄를 해결하는 치료법은 예수님, 십자가에서 돌아가신 하나님의 아들이에요. 우리는 모두 자기가 하나님이나 되는 듯 살아 보려고 노력해 왔어요. 그런데 우리가 만들어 낸 엉망 상태를 보세요! 우리는 모두 하나님의 심판을 받아 마땅하지만, 예수님이 개입하셨고 우리를 위해 심판을 받으셨어요. 그분은 죽은 자들로부터 부활하셨고, 우리의 깨어신 상처를 치료하고, 우리의 죄를 용서하고, 우리를 온전하게 만들어 주겠다고 제안하세요. 예수님의 제안은 단순한 회복이 아니라 근본적인 변화예요!"

"하지만 어떻게 그런 일이 가능할까요? 어쨌든 당신의 죄는 내 죄만큼 악할 리가 없어요!" 릭이 말했다.

그때부터 나는 예수님이 릭을 포함하여 모든 사람을 구원하기 위해 십자가에서 어떻게 돌아가셨는지 설명해 주었다. 릭은 강인하고 투박한 사내였지만, 은혜의 복음을 들을 때 눈물이 그의 뺨을 타고 흘러내리기 시작했다. 그는 그리스도께 자신의 삶을 바쳤다.

이 대화에서 릭을 놓쳐 버릴 수 있는 순간이 여러 번 있었다(실제로 나는 죄의 본질에 관한 대화에서 사람들을 놓쳐 버린 적이 있었다). 우리가 나눈 대화를 되짚어 보면서, 나는 사람들을 소외시키지 않으면서 죄라는 까다로운 주제를 다루기 위해 우리가 실천해야 할 세 가지 핵심을 마음에 새겼다.

먼저, 우리는 사랑과 긍휼을 표현하고, 자기 의에 빠지거나 함부로 판단하는 태도를 피해야 한다. 결국 우리도 선해지거나 죄를 덜 지음으로써가 아니라, 은혜로 구원을 받았다! 우리는 우리 자신을 완성품으로 내놓아서는 안 된다. 우리의 메시지는 우리가 완전하다는 것이 아니라 완전하신 그분을 우리가 알고 있다는 것이고, 매일매일 우리는 그리스도의 형상을 닮기 위해 하나님의 용서와 하나님의 도움을 받고 있다는 것이다. 1970년에 소천한 스리랑카인 목사요 전도자인 D. T. 나일스Niles가 언젠가 기억하기 쉽게 말했듯이, "전도란 한 거지가 다른 거지에게 어디서 음식을 얻을 수 있는지 말해 주는 것이다."

둘째, 우리는 사람들이 용기를 내서 자신의 이야기를 우리와 나누는 것에 감사하면서, 자신의 내면을 더 깊이 들여다보도록 그들을 다독여야 한다. 우리는 그들의 몸부림 뒤에 있는 갈망과 염원을 파악하도록 도와야 한다. 성공과 명성이 릭에게 만족을 주지 못하자, 그는 내적인 공허감에 빠지지 않기 위해 알코올을 이용했다. 맑은 정신을 되찾은 뒤에도 릭은 여전히 의미를 찾았고, 수치심과 죄책감에서 벗어날 방안을 모색하고 있었다. 우리는 사람들의 인간적 갈망이 그들을 비웃기 위해 존재하는 것이 아님을 보여 주어야 한다. 인간적 갈망은 그들이 누구이고 그들에게 왜 하나님이 필요한지 볼 수 있도록 도와주는 중요한 실마리다. 릭이 깨닫지 못한 것은, 자유를 얻기 위해 하나님의 사랑과 용서가 그에게 필요하다는 사실이었다.

셋째, 사람들이 영적으로 열려 있을 때, 우리는 죄가 왜 우리 모두가 공유한 가장 심원한 문제인지 설명해 줄 기회를 얻는다. 그들은 혼자가 아니다. 하지만 우리는 죄에 대해 솔직하고 명확하게 이야기해야 한다. 그들이 이해할 수 있는 언어로 말이다.

문제는 외적인 것이다

반대로, 많은 사람들은 인간 위기의 근원이 외적인 문제, '이 안'보다는 '저 바깥'에 있다고 믿는다. 이것은 18세기 철학자 루소의 금언 배후에 있는 견해다. "사람은 자유롭게 태어나지만, 도처에서 속박당한다." 이 말은 우리가 선하고 고귀하게 태어났지만, 세상이 우리를 부패하게 만든다는 뜻이다. 이 사상은 이렇게 전개된다. 그러므로 외적인 문제를 해결하라. 그러면 우리는 인간의 현 상황을 해결한다.

그리스도인으로서 우리는 사람들을 억압하는 모든 형태의 불의가 악하다는 데 기꺼이 동의한다. 성경의 예언자들은 불의에 격분했고, 불의에 대해 무언가 하라고 하나님의 백성에게 요청했다. 또한 그들은 하나님이 불의에 대해 심판하실 것이라고 약속했다(예컨대, 다음을 보라. 암 2:6-8; 미 2:1-4; 6:8). 만약 하나님의 긍휼의 증거가 우리를 통해 역사하는 것을 세상이 보지 못한다면, 우리 그리스도인들의 (개인적인 또한 교회를 통한 공동체적인) 증거는 엄청난 신뢰성 위기에 봉착할 것이다.

하지만 마틴 로이드 존스가 상기시키듯이, "칭의justification 없는 정의justice는 항상 부족하다." 다시 말해, 우리 시대의 방대한 사회적 문제를 극복하기 위해 일하는 게 중요한 그만큼 여전히 더 깊은 문제가 남아 있다. 설령 우리가 사회 문제를 해결할 수 있다 해도, 죄로 인해 하나님으로부터 분리되었기 때문에 우리는 여전히 마음의 문제를 안고 있을 것이다.

그리스도인들이 이 모든 형태의 죄의 심각성을 다루지 않는다면,

우리의 증거에는 영적인 능력이 부족할 것이다. 지난 2010년 케이프타운에서 열린 로잔 대회 Lausanne Convention for World Evangelism에서 나는 개인 전도에 관한 강좌를 인도했다. 더불어 나이지리아 대주교 벤자민 콰시 Benjamin Kwashi와 놀라운 재능을 소유한 변증가 마이클 램즈덴 Michael Ramsden도 강사로 초대했다. 우리는 각자 몇 강좌를 인도했다. 램즈덴은 탈진리 문화에서 사는 이들에게 어떻게 복음의 진리를 전달하는지 강의했다. 나는 전지구적 시각에서 어떻게 믿음을 전하는지 강의했다. 콰시 대주교는 복음이 개인과 구조 두 가지 차원에서 악의 문제를 어떻게 다루는지 강의했다. 그는 이렇게 말했다. "아프리카인들은 아주 오랫동안 불의를 다루어 왔습니다. 우리는 서구의 형제자매들, 특히 젊은이들 안에서 나타나는 정의를 향한 열정에 감사합니다."

그는 계속 말을 이었다.

"하지만 여러분이 개인적 죄를 다루거나 그리스도를 통해 하나님과 회복되기 위한 회개의 필요성을 다루면서 망설이는 모습을 볼 때 우리는 어리둥절합니다. 나는 복음을 단지 사적이고 개인적인 회심 정도로 축소시키는 데에 대한 여러분의 두려움을 이해합니다. 하지만 모든 인간 역사에서 전환점은, 예수님이 인간의 마음을 변혁하기 위해 **그리고** 온 세상을 구원하기 위해 십자가에 달리셨고 돌아가셨으며 장사되셨고 죽은 자들로부터 부활하셨다는 사실입니다. 만약 우리가 구조적인 악만 다룬다면, 우리는 배는 부르지만 영적으로 죽은 상태에 사람들을 남겨 둘 것입니다. 친구들이여, 그리스도께서 돌아와 온 세상을 회복하실 때까지, 정의를 결코 버리지 마십시오. 하지만 복음의 중심 메시지를 선포하는 것을 멈추지 마십시오. 예수님은 하나님을 거스른 우리의 개인적 거역을 용서하기 위해 십자가에서 돌아가셨고 다시 부활하셨습니다! 우리는 복음이 가장 깊은 문제, 곧 죄된 인간이 가진 마음의 문제를 어떻게 다루는지 전해야 합니다. 무엇이든 거기에 미치지 못하는 것은 언제나 형편없이 부족할 것입니다!"

죄의 나쁜 소식이 왜 사람들에게 좋은 소식인가

앞서 보았듯이, 성경은 죄를 불신앙과 우상숭배 둘 다로 묘사한다. 오늘의 문화에서 내가 깨달은 바가 있다. 곧 사람들은 불신앙으로 인해 의롭고 거룩하신 하나님께 범죄했다는 개념보다는 (우리의 삶에 의미를 부여하기 위해 하나님 대신 하나님 대체물로 향하는) 우상숭배 개념을 훨씬 쉽게 이해한다는 점이다. 적절한 시점에 우리는 죄의 두 측면을 모두 설명해야겠지만, 이 장을 마무리하면서 우상숭배가 어떻게 비그리스도인에게 큰 적실성을 가질 수 있는지 살펴보려고 한다.

우리 부부가 영국에서 살고 있었을 때, 내가 자주 가던 런던의 미용실이 있었다. 나를 담당한 미용사의 이름은 테오였다. 우리 사이에 신뢰가 쌓일 무렵, 테오는 나에게 자기가 게이라고 털어놓았다. 그는 자신의 삶을 나와 나누었고, 나는 나의 삶과 믿음을 그와 나누었다. 그는 나의 믿음을 존중했지만, 하나님이 존재하는지 확신하지는 못했다.

어느 날 미용실에 도착해 테오에게 인사를 건넸을 때, 나는 그가 아주 저기압 상태라는 걸 알아챘다. 의자에 앉을 때, 나는 손으로 그의 팔을 잡으며 말했다. "테오, 무슨 문제가 있는지 말해 주지 않을래요?" 테오가 나를 보며 말했다. "베키, 당신은 온종일 내가 우울한 상태라는 걸 눈치 챈 유일한 손님이네요."

테오는 말을 이었다. "당신도 알다시피, 나에게는 몇 년 동안 사귄 파트너가 있어요. 그는 내가 소중히 여기고 흠모하던 사람이죠. 그에게 심각한 문제가 있었지만, 우리의 사랑은 무엇이든 해결할 수 있다고 느꼈습니다. 아주 솔직히 말해, 나는 그를 숭배했어요. 그런데 지난 주 그가 집을 나갔어요. 나는 완전히 비탄에 빠졌고, 어디로 가야 할지 모르겠어요. 당신은 그리스도인이니, 내가 동성애자라서 우리의 관계가 불행한 운명을 맞았다고 말하겠죠?"

나는 숨을 깊이 들이마시며 말했다. "오, 테오. 이렇게 큰 고통에 빠진 당신의 모습을 보니 나도 무척 슬프네요. 사실 내가 보기에 당신이 힘들어하고 있는 문제는 성 정체성보다 훨씬 깊은 데 있는 것 같아요. 사실 내게는 이성애자 친구 안나가 있는데, 그녀도 정확히 똑같은 상황을 내게 털어놓았어요. 안나는 일생의 연인을 만났고, 두 사람의 사랑이 서로를 치유해 줄 거라고 확신했어요. 그런데 최근에 남자가 친구를 떠나 다른 여자에게 갔고, 친구는 지금 우울증 치료를 받고 있어요. 그런데 내가 보기에 흥미로운 사실은, 두 사람 모두 자기가 파트너를 숭배했다고 말한다는 점이에요. 이 말은 아주 많은 걸 알게 해 주죠."

"어떤 걸 알게 해 주나요?" 그가 물었다.

"하나님이 우리에게 예배하는 본성을 주셨다는 거요. 우리는 하나님을 사랑하고 예배하도록 창조되었어요. 그런데 우리가 하나님 외에 다른 무언가를 숭배하려고 하거나 하나님의 자리에 다른 무언가를 둘 때, 우리는 곤경에 빠지게 되죠. 좋은 것도 나쁜 것도 하나님의 자리를 차지할 수 있지만, 하나님 대체물은 항상 우리를 실망시킬 거예요. 그런 대체물은 결국 그 위에 우리의 삶을 세울 만큼 충분히 크지 않기 때문이죠."

테오가 말했다. "그게 바로 파트너가 해 준 말이에요! 그는 내가 자기를 나의 전부로 만들려 하고, 자기가 모든 필요를 채워 주기를 기대한다고 말했어요. 이런 말도 했죠. '나는 신이 아니란 말야! 그건 나의 월급 수준을 넘어선다고. 솔직히 진이 전부 빠졌어.'"

내가 말했다. "맞아요, 그게 바로 하나님 대체물이 통하지 않는 이유예요. 우리가 하나님만이 주실 수 있는 것, 가령 정체성, 목적, 전적인 이해와 완전한 사랑을 달라고 그들에게 요구하고 있기 때문이죠. 성경에는 하나님 대체물에 의지하는 것을 가리키는 단어도 나와요. 우상숭배요."

깜짝 놀란 테오가 나를 쳐다보며 말했다. "그러니까 당신은, 성경에 의하면 나의 고통이 실은 내가 엉뚱한 것을 숭배해 온 데서 기인한다고 말하고 있는 건가요?"

"정확해요! 그런데 테오, 당신 혼자만 그런 것은 아니에요!" 내가 말했다. "나를 포함해서 우리 모두 하나님 대체물을 의지했어요. 우리 모두 하나님을 거절하고, 그분이 창조하신 우리의 본모습을 외면했어요. 그게 우리 주위와 우리 안에 있는 모든 깨어짐의 일차적 이

유죠. 그리스도인 작가 C. S. 루이스는 이렇게 표현했어요. '당신이 자동차를 볼 때, 차는 독립적으로 기능하는 것처럼 보이지만, 그렇지 않다! 자동차는 휘발유로 달리도록 만들어졌다. 만약 우리가 연료통에 다른 것을 넣으면, 자동차는 제대로 기능할 수 없다'고 말이죠."

"테오, 우리도 전혀 다를 바 없어요. 우리는 하나님과 관계를 맺도록 창조되었어요. 삶의 중심에서 하나님과 함께 살도록 말이에요. 그런데 우리 모두 하나님에게서 돌아섰고, 마치 우리가 결정권자인 것처럼 우리 인생의 주인이 되려고 애써 왔어요. 우리는 모두 우리의 삶에 의미와 목적을 부여하기 위해 하나님 대체물을 의지했죠. 기독교의 메시지가 '좋은 소식'이라 불리는 이유는, 하나님이 우리를 사랑하시고 우리가 깨닫기 훨씬 오래전부터 우리를 찾고 계셨기 때문이에요. 하지만 우리는 하나님 대신 다른 것을 선택했다는 나쁜 소식도 인정해야 해요."

"당신의 말이 전부 다 납득이 가서 오히려 두렵네요." 테오가 말했다. "그러니까 내가 평생 찾아다닌 사랑을 찾기 위해, 하나님과 나의 관계를 먼저 정리해야 한다는 말이군요. 하지만 나는 하나님께 갈 수 없어요, 베키. 나는 이 모든 일을 저질렀는걸요."

"테오," 내가 대답했다. "우리 중 누구든 하나님께 갈 수 있는 유일한 이유는 하나님이 우리를 사랑하시기 때문이에요. 모두에게 하나님의 용서가 필요하기 때문에 예수님은 하늘에서 오셨고 우리 죄를 위해 십자가에서 돌아가셨어요. 우리를 위해 예수님이 하신 모든 일에 대해 예수님께 감사하고, 우리의 죄에 대해 죄송하다고 말하고, 우리의 삶에 주님으로 오시도록 예수님을 초청하는 것 외에, 그런 선물을 받을 자격을 얻기 위해 우리가 할 수 있는 일은 아무것도 없어요."

테오가 말했다. "베키, 직원들만 아는 사실인데, 나는 회복하기 위해 고국으로 돌아가기로 결심했어요. 이번 주가 이곳에서 보내는 마지막 주간이죠. 하지만 나는 당신의 우정에 감사하고, 방금 전 당신이 해 준 말에 대해 감사하고 싶어요. 내가 판단받고 있다고 느끼지 않게 해 주면서 솔직하게 말해 줘서 고마워요. 당신도 하나님 대체물을 의지한 적이 있다고 말해 줘서 고마워요. 나는 아무 가치가 없다고 느끼고 있었는데, 하나님이 나를 사랑하고 나와 관계를 맺기 원하신다고 말해 줘서 고마워요. 당신은 이미 내게 여러 권의 책과 성경을 주셨죠. 그래서 나는 지금이 이 책들을 읽기 시작할 때라고 생각합니다."

우리는 진심에서 우러나온 작별 인사를 나누었고, 마음이 아렸다.

사람들이 우리의 동정심과 사랑을 느낄 때, 우리 자신이 죄인과 같은 입장에 서서 그들을 내려다보며 판단하지 않는다는 사실을 알 때, 그들은 우리의 말을 '들을' 수 있게 된다. 우리가 그들 위에 서서 판단한다고 느끼지 않기 때문이다.

내가 테오와 대화를 나눈 과정에 이렇게 초점을 맞추는 이유가 무엇인지 아는가? 그것은 테오의 가장 깊은 문제가 인간의 참된 성취가 어디서 오는지 이해하지 못한 데 있었기 때문이다. 나는 성경이 인간의 성을 위한 하나님의 계획에 대해 확실한 입장을 취한다고 믿지만[이에 대해 더 많은 설명을 원하는 사람은 압두 머레이Abdu Murray의 『구원하는 진리』Saving Truth나 샘 올베리Sam Allberry의 『하나님은 동성애를 반대하실까?』Is God Anti-gay?, 아바서원를 보라], 테오 문제의 뿌리는 그가 인간의 사랑을 우상으로 삼았다는 것이다. 그가 이성애 관계를 맺었다 하더라도, 우상은 동일했을 것이다. 테오와 안나는 깊이 고통받고 있었다. 두 사람 모두 동일한 혼동을 일으켰기 때문이다. 우리를 참으로 인간답고 온전하게 만드는 분, 우리 마음이 줄곧 찾아왔던 그것을 얻을 수 있게 해 주는 분은 하나님뿐이시다.

하나님만이 우리를 올바로 규정하신다. 우리는 오직 하나님과 우리의 관계를 통해서만 참된 정체성을 발견하고 우리에게 가장 필요한 것을 받는다. 그것은 바로 용서, 하나님과의 화해, 정체성, 목적, 결코 우리를 떠나지 않을 사랑이다. 하나님은 우리의 창조주시다. 따라서 그분은 우리의 삶을 세우기에 충분히 큰 유일한 분이시다. 우리의 죄가 낳은 비극은 자기 자신을 속이면서, 결코 만족을 줄 수 없는 거짓 신을 세우고 만족을 주실 수 있는 창조주를 외면하는 것이다. 우리는 우리의 삶을 이해하고 우리 영혼을 만족시키는 하나님을 스스로 부정한다. 그것은 자기 자신을 주관하고 자신의 의미와 목적을 성취하겠다는 우리의 결심이 너무 확고하기 때문이다.

복음의 경이로운 소식은 우리의 죄와 죄에 대한 하나님의 의로운 심판이 최종 결론이 아니라는 것이다. 우리가 갈망하는 바로 그것, 비록 우리는 깨어졌지만 이해받고 사랑받고 받아들여지는 것이 우리를 구원하기 위해 예수님을 보내신 하나님 덕분에 가능해졌다. "우리가 아직 죄인 되었을 때에 그리스도께서 우리를 위하여 죽으"셨기 때문이다(롬 5:8).

따라서 이제 역사의 모든 것을 영원히 바꿔 놓은 하나님의 영광스러운 해결책을 살펴볼 때다. 바로 그리스도의 십자가 말이다.

묵상과 나눔을 위한 질문

* 당신이 비그리스도인들과 죄에 대해 대화하는 방법에 대해 이 장에서 배운 여러 방법은 무엇인가? 죄는 우리 모두가 공유한 문제라는 사실을 다룰 때, 당신에게 어떤 태도가 필요하겠는가?

* 이 장에서 논의한 일반적인 반대 중에 당신이 가장 빈번하게 마주치는 것은 어떤 것인가? 당신은 그런 반대에 어떻게 대답하겠는가?

* 우리는 행복에 이르는 길이 긍정적으로 사고하는 것이라고 말하는 문화에서 살고 있다. 하지만 테오의 이야기는 복음의 기쁨을 경험하기 위해 우리가 엉망 상태를 맞닥뜨려야 한다는 것을 보여 준다. 우리의 문제가 무엇인지 직시하고 이해하는 것은 실제로 어떤 도움이 될 수 있겠는가?

8장

십자가: 하나님의 치료책

"십자가는 하나님과 죄된 인간이 부딪혀 합쳐지면서 생명으로 가는 길이 열리는 곳이다. 그런데 이 부딪힘은 하나님의 마음 위에서 일어난다." - 오즈월드 체임버스

진리가 더 이상 객관적이거나 절대적인 의미로 인식되지 않는 탈기독교 문화에서, 예술가들이 여전히 예술을 통해 삶의 의미(혹은 의미의 부재)를 이해하려고 애쓴다는 사실은 상당히 흥미롭다. 영화, 소설, 조각, 연극, 미술에서 빈번하게 등장하는 한 가지 주제가 인류는 단절되어 있다는 사상이다.

영국인 작가이자 무신론자, 저명한 휴머니스트인 E. M. 포스터Forster는 영화화된 자신의 1910년 소설 『하워즈 엔드』Howard's End, 열린책들에서 수수께끼 같은 유명한 문구 "오직 연결하라"Only connect라고 적었다. 포스터는 인류 문제의 핵심은 깊은 단절에서 기인한다고 믿었다. 곧 서로 간의 관계에서, 자기 자신과의 관계에서, 자연과 우리의 관계에서 말이다. 포스터는 사회가 치유될 수 있는 유일한 길

은 인간답게 연결하는 법을 배우는 것이라고 믿었다.

인정받는 영화 제작자 스티븐 스필버그Stephen Spielberg는 한 텔레비전 인터뷰에서, 자신의 영화는 거의 모두 향수병이라는 근원적인 주제를 다룬다고 말했다. 집으로 돌아가기를 갈망했던 유명한 영화 〈ET〉의 외계인처럼, 단절된 사람들은 사랑받고 있다고 느낄 수 있는 안전한 곳을 그리워하기 때문이다.

이런 평가는 더할 나위 없이 옳다. 인류는 단절되어 있다. 하지만 우리가 보았듯이, 성경은 우리의 '단절'이 단지 인간관계의 문제가 아니라고 설명한다. 사실 그것은 하나님 문제다. 하나님은 죄 때문에 인류를 자기 자신으로부터 단절하셨다. 그런 이유로 죄는 사실 관계적인 측면에서 가장 잘 이해된다. 신학자 더글러스 존 홀Douglas John Hall의 표현대로, "인간 삶의 기본적인 관계, 즉 하나님과 우리의 관계가 깨어졌다. 이 깨어짐은 다른 모든 관계에서 모습을 드러낸다."[1]

그렇다면 왜 우리는 문제를 해결하지 못하는가? 종교개혁자 마르틴 루터의 말처럼, 죄가 우리 자신에 대해 "구부러지도록" 부추겼기 때문이다.[2] 우리는 죄의 권세로부터 스스로 벗어날 수 없기 때문에 문제를 해결하지 못한다. 우리 편에서 아무리 많은 종교적·도덕적 노력을 기울여도 의미 있는 변화를 낳지 못한다. 당연히 우리가 이미 저지른 일을 무마할 수도 없다. 플레밍 러틀리지의 설명대로, 타락한 인간의 곤경은 "너무 심각하고, 너무 무겁고, 안으로부터 절대 고쳐질 수 없어서, 신적인 개입 외에 어떤 것도 바로잡을 수 없다."[3]

그런 이유로 자립 프로그램이 우리에게 도움을 줄 수 없다. 용서와 새로운 출발과 새로운 본성에 대한 필요는 우리가 소유하지 않은 능력과 사랑에 의해서만 충족될 수 있다. 우리에게는 용서하고 참아 주는 급진적인 사랑이 필요하다. 우리에게는 우리를 구원하고 구출해 줄 수 있는 외부의 힘이 필요하다. 끔찍하게 잘못된 것을 수용하여 그것을 바로잡을 수 있는 능력을 누가 갖고 있는가?

복음은 그 도움이 이미 왔다고 선언한다. 죄와 심판이 이야기의 결말이 아니다. 하나님은 우리에게 아무 빚도 지지 않으셨지만, 자기를 위해 한 백성을 구속하고 만물을 그리스도 아래서 회복하기 위해, 자비와 은혜 가운데 하늘로부터 성자를 구출 작전에 파견하셨다 (엡 1:10).

그리스도가 하늘로부터 내려와 하나님과 우리의 단절이라는, 우리 행성의 가장 중대한 위기를 해결하셨다. 그런 이유로 예수 그리스도의 죽음과 부활은 기독교 신앙의 정중앙에 놓여 있고 인류 역사의 전환점이 되었다.

대체 어떤 하나님이기에?

왜 십자가는 우리의 구원, 온전함, 평화의 핵심 수단인가?

십자가에서 우리 죄를 위한 완전하고 영원한 희생 제사가 이루어졌기 때문이다. 예수님은 십자가에서 "세상 죄를 지고 가는 하나님의 어린양"으로 돌아가셨다(요 1:29). 우리가 믿음으로 회개하고 그리스도께 향할 때, 우리의 죄는 용서받고, 우리의 과거는 깨끗이 씻기며 우리에게는 아주 새로운 출발이 주어진다. 죄의 형벌이 하나님 자신에 의해 치러졌기 때문이다! 거룩하신 하나님의 공정한 심판이 내려져야 할 때, 성자 하나님이 우리의 대리자가 되셨고, 성부 하나님의 진노가 그분 위에 떨어졌다. 놀라운 사실이 있다. 우리는 오만한 죄인이지만, 우리의 죄와 오만을 위한 최종적 희생 제물이 되신 분은 하나님이다. 그분은 우리 자리에 서신 자발적인 사랑의 대리자다. 존 스토트John Stott가 이를 잘 설명해 준다.

> 죄의 본질은 자기 자신으로 하나님을 대신한 인간에게 있는 반면, 구원의 본질은 인간을 위해 인간을 대신하신 하나님께 있기 때문이다. 인간은 하나님에 대항하여 자기를 주장하면서 오직 하나님께만 해당되는 자리에 자기를 올려놓는다. 그런데 하나님은 인간을 위해 자신을 희생시키시고, 오직 인간이 있어야 할 자리에 자신을 두신다. 인간은 오직 하나님께만 속한 특권을 주장하고, 하나님은 오직 인간에게만 속한 형벌을 받으신다.[4]

우리는 예수님을 십자가로 보내신 하나님의 사랑을 결코 온전히 이해하거나 예수님이 십자가에서 기꺼이 견디신 모든 것을 온전히 헤아릴 수 없을 것이다. 우리는 예수님이 십자가에서 맞닥뜨리게 될 일을 곰곰이 생각하시는 동안 깊은 슬픔을 맛보셨던 겟세마네 동산에서 실마리를 얻는다(마 26:36-46; 눅 22:39-46). 하지만 가장 심오한 실마리는 십자가에서 들려온 예수님의 커다란 외침이다. "나의 하나님, 나의 하나님, 어찌하여 나를 버리셨나이까?"(마 27:46) 시편 22:1을 반복한 그분의 외침은 사람과 하나님의 화해를 위한 신적인 대가를 언뜻 엿보게 한다. "하나님이 죄를 알지도 못하신 이를 우리를 대신하여 죄로 삼으신 것은 우리로 하여금 그 안에서 하나님의 의가 되게 하려 하심이라"(고후 5:21). 십자가에서 예수님은 스스로 세상의 죄를 지셨고, 자기를 믿는 모든 사람을 위한 완전하고 최종적인 희생 제물이 되어 죄에 대한 하나님의 심판을 담당하셨다(요일 2:2, 23-25).

죄가 하나님 사랑의 임재에서 우리를 분리하듯이, 예수님 역시 그 사랑의 임재에서 분리되셨다. 못 박힘과 숨막힘의 고통을 훌쩍 넘어서는 현실로 인해 십자가는 너무나 괴로웠다. 예수님은 인간의 죗값을 치르기 위해 성부에게서 버림받고 죄에 대한 그분의 심판을 참는 극한의 고뇌와 유기遺棄를 겪으셔야 했다. 그것이 바로 하나님 사랑의 임재로부터 단절되는 지옥이고, 지옥이 예수님의 고뇌의 본질이었다. 성자 하나님은 성부의 사랑에서 멀어진 순간을 영원토록 전혀 모르셨기 때문이다. 그런데 그것을 예수님이 바로 십자가 위에서 아셨던 것이다.

우리는 이렇게 질문하지 않을 수 없다. "대체 어떤 하나님이기에 자기가 만든 피조물과 관계를 맺기 위해 이렇게 많은 것을 기꺼이 희생하는가?" 성부 하나님은 예수님이 십자가로 가신 뒤에야 우리를 사랑하기 시작한 것이 아니다. 우리를 향한 하나님의 사랑, 성부와 성자 두 분의 사랑이 그분을 십자가로 보냈다. 십자가가 은혜를 가져다준 것이 아니라, 십자가가 은혜로부터 흘러나왔다. 그리스도는 우리의 죄성을 자기 안으로 가져가셨고, 인간의 삶에서 극복될 수 없는 것을 자기 안에서 극복하셨다. 그런 이유로 십자가는 인간의 역사를 나누는 경계선이다. 십자가 위에서 이루어진 하나님 행동의 모든 양상에서 우리는 신적인 사랑이 역사하는 것을 본다.

십자가는 예수 그리스도의 좋은 소식이 왜 은혜의 복음인지를, 역사 속에서 이루어진 그 어떤 행위보다 더 많이 드러낸다.

그런데 십자가가 사람들에게 하나님과의 관계 회복의 가능성과 용서의 약속을 선사한다면, 십자가가 여태까지 최고의 소식임을 모든 사람이 깨닫지 못하는 이유는 무엇일까?

십자가: 세상은 십자가를 어떻게 보는가

자신이 무죄하다고 믿는 사람에게 우리는 어떻게 죄를 치유하는 십자가의 필연성을 전달할 수 있을까? 우리는 앞 장에서 회의론자들이 대개 죄의 개념을 우상숭배로 이해한다는 것을 보았다. 그런데 모든 사람이 의롭고 거룩하신 하나님, 우리의 죄에 대해 정당하게 진노하시는 하나님을 거역했다는 개념은 대부분의 비그리스도인들에게 공감을 얻지 못한다. 이런 개념은 인간의 본성이 본질적으로 선하다는 현대의 견해에 이의를 제기한다. 또 사람들로 하여금 사랑의 하나님이 왜 가볍게 털어 버릴 수 없는지 의문을 품게 한다. 최근에 한 회의론자가 말한 대로 말이다. "나는 나의 결점을 아주 잘 용서합니다. 그런데 하나님이 그냥 좀더 관대하실 수는 없나요? 내가 나에게 그러듯이 말예요."

그런데 급작스런 문화적 변화는 종종 사람들이 현실을 바라보는 방식에 영향을 주고, 복음의 훨씬 까다로운 측면에 대해서까지 이야기할 수 있는 뜻밖의 문을 열어 줄 수 있다. 최근 거의 전지구적으로 일어난 현상인 미투#MeToo 운동을 예로 들어 보자. 미투 운동은 여성들이 성적인 폭력과 괴롭힘에 항거하며 일어선 것이다.

연이은 뉴스 보도에서 이 운동을 촉발한 방아쇠는 한 할리우드 영화 제작자의 범죄 혐의였다. 그는 지금쯤 법정에서 재판을 받고 있을 것이다. 세계적으로 유명한 한 여배우가 했던 고백을 지금 많은 사람들이 이야기한다. "[이 할리우드 제작자가] 치료를 받아야 할 중독 환자라거나 그가 입은 심리적인 상처 때문에 치료가 필요하다고 말하지 마세요. 그는 감옥에 넣어야 할 범죄자라고요!"

그런데 이 여배우가, 회의적인 내 친구가 하나님에게 있어야 한다고 주장했던 것과 똑같은 관용을 보여 주지 않은 이유는 무엇인가? 어떤 사람에게 중대한 범죄가 저질러졌을 때, 사람들은 도덕적 분노를 느끼고 부드러운 심리학적 설명이 아니라 정의를 원한다. 그들은 옳다. 그들이 인정하는 바는 중대한 잘못이 저질러졌고 잘못된 일은 마땅히 처벌받아야 한다는 것이다. 또 어떤 악행에는 관용을 베풀 수 없다는 것이고, 용서가 항상 대가 없이 베풀어질 수는 없다는 것이다.

나는 정말 용서가 필요 없다

유능하고 성공도 이룬 내 친구 메리는 자신이 선하다고 자신해 왔다. 메리의 말에 의하면, 자기는 하나님을 믿는 신앙과 같은 '버팀목'이 필요하다고 생각했던 적이 한 번도 없다. 그러다가 최근 메리는 자기 조카가 상사에게 성적인 괴롭힘을 당했다는 사실을 알고 얼마나 분노했는지 말했다. 우리는 오래 이야기했고, 나는 동정심을 품고 걱정하며 경청했다. 대화가 끝날 무렵, 내가 말했다. "메리, 우리는 믿음에 대해 몇 번 대화를 나눈 적이 있어요. 나는 성경의 하나님이 당신의 조카에게 일어났던 일에 대해 도덕적으로 분노하신다는 사실을 분명히 알았으면 해요. 그분은 온갖 형태의 불의와 학대를 반대하세요."

메리가 말했다. "글쎄요. 하나님이 계신다면, 우리 행성 위의 끔찍한 도덕적 엉망 상태를 해결하기 위해 무슨 일인가 하셔야 해요. 그런데 하나님은 전혀 그러지 않으셨어요!"

"메리, 하나님은 중요한 일을 하셨어요!" 내가 대답했다. "하나님이 자기 아들 예수님을 보내 우리 죄를 위해 십자가에서 돌아가시게 한 이유가 그 때문이에요."

메리가 말했다. "하지만 베키, 그 범죄자가 한 일은 예수님의 잘못이 아니에요! 예수님이 아니라 조카의 상사가 처벌을 받아야 할 장본인이죠. 그렇지 않다면, 정의는 어디 있나요?"

"정곡을 찌르는 말이네요." 내가 대답했다. "범죄는 반드시 응분의 결과를 받아야 한다는 당신의 말은 옳아요. 그렇지 않으면 정의는 조롱거리가 되죠. 하지만 문제가 우리가 인식하는 것보다 훨씬 크고 광범위하다면 어쩌죠? 분명 다른 이들에 비해 훨씬 포학하고 노골적인 죄를 범하는 사람들이 있어요. 하지만 하나님의 눈에 우리는 모두 하나님을 거역했어요. 우리는 모두 자신의 인생의 주인이 되기로 선택했어요. 그런 이유로 우리 행성이 이런 엉망 상태에 있는 거고요. 하나님을 거역한 인류의 죄가 하나님의 잘못이 아니라는 당신의 말도 옳아요. 하지만 복음의 전무후무한 메시지는 하나님이 우리의 죄에 대한 처벌을 자기 자신에게 내리셨다는 거예요. 하나님은 예수님을 보내심으로써 개입하셨어요. 의인이 불의한 자들을 위해 돌아가셨고, 그래서 우리는 예수님을 믿는 믿음을 통해 하나님과 회복될 수 있어요."

메리가 대답했다. "베키, 당신도 알다시피 나는 그리스도인이 아니에요. 나는 항상 우리가 모두 죄인이라는 기독교의 신념을 비웃었죠. 하지만 이제 더 이상 비웃지 않아요. 나는 나 자신이 선하다고 믿어 왔지만, 내가 깨닫게 된 것은 단지 그 범죄자의 악만이 아니에요. 그를 향해 품은 살기등등한 분노도 악이에요. 이 경험이 내게 가르쳐 준 것은 우리 중 어느 누구도 무죄하지 않다는 거예요."

이것은 자기 자신에 대한 메리의 평가에서 내가 처음 본 균열이었다. 처음으로 메리는 자기가 생각했던 것만큼 다른 사람들이 선하지 않을 수 있을 뿐만 아니라, 자기가 짐작했던 것만큼 자신도 선하지 않을 수 있다고 생각했다. 처음으로 선함에 의심을 품은 것이다. 우리는 끔찍한 악행에 대해 사람들이 보이는 분노와 의분의 반응을 하나님도 느끼신다는 것을 보여 주어야 한다. 이것은 인간의 죄에 대한 하나님의 분노와 심판이 왜 정당한지 이해하도록 돕는 촉매제가 될 수 있다. 메리처럼, 악에 대한 반응이 합당한 의분에서 살기등등한 복수의 욕망으로 발전한다면, 또한 사람들이 자신에 대한 고통스러운 진리를 배운다면, 이것은 외부의 도움이 그들에게 필요한 이유를 깨닫는 데 도움이 될 수 있다.

우리가 사람들에게 십자가를 가리킬 때, 그들은 악에 대한 하나님의 해결책이 이렇게 급진적이고, 이렇게 과분하고, 이렇게 이례적인 이유를 깨달을 수 있다. 사실 성직자에서부터 친절하고 도덕적인 철학자까지, 폭력적인 범죄를 저지른 이들까지, 우리 모두는 죄를 범했고, 오직 그리스도의 죽음을 통해서만 하나님과 올바른 관계를 맺을 수 있다.

나는 너무 악해서 용서받을 수 없다

물론 모든 사람이 자기가 선한 사람이라고 생각하는 것은 아니다. 자기가 정반대라는 것을 깨닫고, 그런 깨달음에 마음이 무너지는 사람들도 많다. 나는 오랫동안 아주 많은 사람들이 다음과 비슷한 말을 하는 것을 들었다. "그런데 기독교가 진리라고 하더라도, 나는 결코 하나님께 갈 수 없어요. 하나님은 나를 원하지 않을 거예요. 내가 이 모든 일을 저지른걸요." 또한 하나님이 자신들의 과거 죄를 용서해 주실 거라고 믿는 데 어려움을 겪는 진지한 그리스도인들로부터 이와 비슷한 말을 듣는다.

나는 한 수련회에서 강의를 하던 중 케이티를 만났고, 케이티는 나중에 나와 이야기를 나누고 싶다고 상담을 요청했다. 케이티의 고백에 의하면, 그녀와 그녀의 약혼자는 교회 청년부 리더였을 때 임신한 사실을 알았다. 그들은 너무 수치스러워 교회 목사님에게 말도 꺼내지 못했다.

"그래서 우리는 한 가지 선택지만 남았다 생각하고 그 일을 저지르고 말았어요." 케이티는 말을 이었다. "낙태를 했어요. 베키, 그게 10년 전 일이에요. 죄책감을 안고 어디로 가야 할지 모르겠어요. '내가 어떻게 그런 일을 할 수 있었지? 내가 어떻게 아무 죄 없는 아이의 생명을 앗아 갈 수 있었을까?' 하는 생각이 계속 떠나지를 않아요."

나는 다급히 침묵 기도를 드리면서, 이 위태로운 여성에게 필요한 말을 주시도록 하나님께 간구했다. 그러자 하나님이 응답하셨다. 나는 용기를 내서 말했다. "케이티, 당신이 왜 이렇게 당황하는지 이해가 안 되네요. 이것은 당신이 책임져야 할 무죄한 생명의 첫 번째 죽음도 아닌데 말이죠. 이것은 사실 두 번째예요. 낙태를 했든 아니든, 종교인이든 무신론자든, 십자가는 우리 모두가 십자가의 공범임을 보여 줍니다. 역사상 유일하게 참으로 무죄한 분의 죽음에 대해 우리 모두에게 책임이 있어요."

"예수님은 자신의 생명을 선물로 주셨어요. 그분은 우리 인간의 반역을 위해 죽기로 선택하셨지요. 당신은 예수님을 십자가에 못 박지 않은 어떤 인간의 죄가 있다고 생각하나요? 독일의 종교개혁자 마르틴 루터는 '우리는 주머니 속에 그리스도의 못을 갖고 다닌다'라고 말했어요. 그러니 역사상 유일하게 참으로 무죄한 분의 죽음에 대해 당신에게 책임이 있다면, 당신과 당신의 약혼자가 그보다 덜 무죄한 아이의 죽음에 대해 책임이 있다는 사실에 왜 그렇게 당황하나요? 당신이 당황하는 것을 보니, 나도 당황스럽네요."

케이티는 처음으로 울음을 멈추었다. 나는 숨을 죽이고 기다렸다.

"당신 말이 옳아요." 케이티가 말했다. "예수님은 우리의 모든 죄를 위해 십자가로 가셨어요. 방금 전 무언가 깨달은 게 있어요. 그동안 나는 하나님 아들의 죽음보다 내 아들의 죽음에 대해 더 많은 죄책감을 느껴 왔어요. 하지만 인간이 상상할 수 있는 최악의 일을 내가 저질렀고, 예수님의 죽음에 대한 책임이 내게 있고, 그럼에도 내가 용서받았음을 십자가가 보여 준다면, 다른 어떤 죄가 용서받지 못하겠어요?"

눈물이 그녀의 얼굴을 타고 흘러내리는 동안 케이티가 말했다. "오, 베키. 이거야말로 정말 놀라운 은혜로군요!"

그날 나는 십자가를 새롭게 이해한 덕분에 변화된 한 여성을 보았다. 십자가에는 역설이 있다. 곧 십자가는 우리가 무슨 일을 행했든 용서받을 수 있다는 절대적인 확신을 주기 위해, 우리의 악을 끈질기게 강조한다는 것이다. 하나님이 그리스도의 죽음으로 인해 우리를 기꺼이 용서하신다면, 우리가 고백하는 다른 어떤 죄가 그보다 더 비통할 수 있겠는가? 그런 이유로 우리는 십자가로 달려가고, 다른 사람들에게 우리와 함께 자유로이, 더 나아가 기쁨으로 십자가로 가자고 요청한다. 우리는 자격이 없지만, 하나님의 해결책은 대단히 경이롭기 때문이다!

케이티뿐 아니라 내가 만나는 수많은 그리스도인들이 수치심과 죄책감을 경험하고 있다. 복음의 놀라운 메시지는, 우리가 죄를 변명하거나 무시하거나, 죄에 짓눌리거나, 죄를 해결하려고 애쓸 필요가 없다는 것이다! 예수님이 십자가에서 최종적이고 근본적으로 죄를 해결하셨기 때문에, 우리는 우리의 죄를 예수님께 드릴 수 있다.

십자가에서 우리는 우리 자신의 최악을 본다. 만약 우리가 하나님 사랑의 용서를 보지 못한다면, 그것은 견딜 수 없는 일일 것이다. 그리스도를 믿는 믿음을 통해 우리는 수치심과 죄책감을 떨쳐 버릴 수 있고, 자유와 기쁨으로 행하기 시작할 수 있다. 예수님의 죽음과 부활을 통해 용서받고 새로워질 수 있기 때문이다.

십자가는 왜 그토록 좋은 소식인가

십자가가 삶에서 그토록 적실성을 갖는 이유가 무엇인지 사람들이 이해할 수 있도록 도울 수 있는 방법은 무엇일까? 특히 자신들이 죄인이라고 믿지 않을 때 말이다. 이 장을 시작하면서 보았듯이, 세속적인 예술가들도 우리가 단절되어 있고 딱 끄집어 낼 수 없는 어떤 것에 대한 향수를 느끼고 있음을 인정한다. (조카가 성적인 괴롭힘을 당한 내 친구처럼) 위기의 순간에 처하지 않았거나 혹은 (케이티처럼) 죄에 눌려 있다고 생각하지 않는 회의론자들을 도와 십자가가 그들의 인간적 갈망을 충족시킨다는 사실을 깨닫게 하기 위해 우리는 어떻게 할 수 있을까?

길을 잃어 불안한 이들을 위한 정체성과 안전

현대의 문화적 담론의 주제는 정체성이 주를 이룬다. 즉 우리가 누구이고 우리가 어디에 어울리는지 이해하는 것이다. 심리학자들의 말에 의하면, 정체성 문제는 역사 속에서 다른 어떤 시대보다 우리 시대에 더 많은 염려, 혼란, 불안을 낳고 있다. 사회학자들은 우리가 정체성을 바라보는 방식이 변했다고 설명한다. 이전 시대에 정체성이란 부여되는 것이었다. 우리의 부모와 우리의 사회적 위치가 우리의 정체성과 직업을 결정했다. 전에는 더 큰 안전을 누렸던 반면 자유는 적었다. 21세기에 우리의 정체성은 성취되는 것이다. 우리는 자신의 정체성과 운명을 창조할 수 있다고 말한다. 팝스타 레이디 가가Lady Gaga가 언젠가 한 인터뷰에서 "나는 나 자신을 재창조하기 위해 산다!"고 말했듯이 말이다. 오늘날 우리는 조상들에 비해 더 많은 자유를 누리는 반면, 안전은 훨씬 적다. 우리에게 남는 것은 더 큰 염려, 더 강렬한 분노, 더 비싼 진료비 청구서다!

사회학자들이 지적해 온 바에 의하면, 오늘날 사람들은 우리가 모는 자동차, 우리가 입는 옷, 우리가 어울리는 친구 등 다른 사람에게 보여지는 외적 수단을 통해 정체성을 추구한다. 하지만 이것은 안정적인 정체성을 제공하기에는 끔찍하게 부실한 토대임이 입증되었다. 이것은 취약하고 불확실하다는 느낌을 우리에게 남기는, 얄팍하고 소비지향적인 정체성 이해로 우리를 인도했다.

보다 최근에는 많은 사람들이 그룹을 통해 정체성을 추구하는 경향을 보였다. 특히 우리가 억압받는 불의의 희생자로 자신을 (종종 정당화하면서) 바라보는 그룹의 일원일 때는 더 그렇다. 하지만 다시 이것은 우리를 불안으로 이끈다. 더 이상 당신이 있을 자리가 없다는 말을 들을까 봐 두려워 당신은 그룹의 일원임을 증명하고, 모든 면에서 당신이 속한 그룹에서 통용되는 사고에 동의하라는 압력을 끊임없이 받기 때문이다. 역설적으로, 명실상부한 개인주의 시대에 당신은 그룹의 규범과 기대, 요구에 순응할 때만 사랑받는다. 이것은 다양한 이름표나 정체성의 특정한 교집합으로 우리를 규정하기 때문에 만족스럽지 못한 환원주의(다양한 현상을 기본적인 하나의 원리나 요인으로 설명하려는 경향-편집자)다. 사실 우리 각 사람은 젠더, 성 정체성, 인종 등의 총합보다 훨씬 큰데 말이다.

복음의 좋은 소식은 창조주 하나님만이 우리가 진정 누구인지 아신다는 것이다.

> 내가 은밀한 데서 지음을 받고 땅의 깊은 곳에서 기이하게 지음을 받은 때에…내 형질이 이루어지기 전에 주의 눈이 보셨으며 나를 위하여 정한 날이 하루도 되기 전에 주의 책에 다 기록이 되었나이다.
> (시 139:15-16)

십자가는 우리의 정체성과 불안 문제에 대해 어떤 답변을 주는가? 십자가는 우리가 가장하거나 꾸며 낸 거짓 페르소나persona를 투사하는 데 에너지를 허비할 필요가 없음을 보여 준다. 하나님은 우리가 정말 누구인지 아시기 때문이다. 하나님은 불의의 희생자가 되는 것이 무엇인지 아신다. 그분은 그동안 인간에 의해, 인간에게 자행된 최악의 불의를 경험하셨기 때문이다. 또한 하나님은 최악의 상태에 있는 우리를 아시고, 어떻게든 우리를 사랑하신다. "우리가 아직 죄인 되었을 때에 그리스도께서 우리를 위하여 죽으"셨다(롬 5:8).

이 말은, 우리가 그리스도 안에서 용서받을 수 있고 그리스도를 통해 우리가 받아들여지고 입양되었기 때문에, 우리의 가치를 입증할 필요가 없다는 뜻이다. 우리의 가장 핵심적인 정체성은 우리가 하나님의 자녀라는 것이다. 세상을 주관하는 분이 우리를 자기 아들과 딸이라고 부르는 완전하고 친절한 아버지이시기 때문에, 우리는 확신과 자유를 갖고 행한다. 십자가는 우리에 대한 하나님의 사랑과 수용이 우리의 업적이 아니라 예수님의 업적에 근거해 있음을 입증한다. 우리는 그리스도 안에서 가장 확실한 안전을 발견한다. 복음의 경이로운 메시지는, 우리가 찾고 열망해 온 그것을 예수님이 주신다는 것이다.

고통받는 이들을 위한 위로

오하이오의 프란시스칸 대학교는 최근에 온라인 신학 프로그램 중 일부를 홍보하기 위해 페이스북에 일련의 광고를 올렸다. 하지만 페이스북은 그중 하나를 거부했다. 거기에 십자가 그림이 들어 있었기 때문이다. 페이스북 관리자의 말에 따르면, 그들이 거부한 이유는 십자가 묘사가 "충격적이고, 선정적이고, 과도하게 폭력적"이라고 보았기 때문이다.

프란시스칸 대학교는 틀림없이 페이스북을 깜짝 놀라게 만들었을 블로그 포스트로 응수했다. 그들은 페이스북의 평가에 동의했다! 프란시스칸 대학교는 이런 포스트를 올렸다.

사실 그리스도의 십자가 처형은 그 모든 것이었다. 십자가 처형은 역사상 가장 충격적인 행동이었다. 사람이 하나님을 처형했다. 그렇다. 충격이다. 하나님이 황송하게도 육신을 입고 '죽기까지, 심지어 십자가에서 죽기까지 복종'하셨다(빌 2:8). 또한 십자가 처형은 분명 노골적인 폭력이었다. 한 사람이 생명을 잃기 직전까지 채찍질당하고, 벌거벗겨진 채 십자가에 못 박혔고, 죽음에 넘겨졌다. 세상의 모든 죄의 모든 증오가 그분의 인성 위에 분노를 쏟아부었다.

그들은 계속해서 예수님을 십자가 위에 머물게 한 것은 못이 아니라 인류를 향한 그분의 사랑이었다고 말한다.

그분은 하나님이셨고, 그분은 어느 때든 십자가에서 내려오실 수 있었다. 그렇다. 사랑이 그분을 그곳에 머물게 했다. 당신과 나를 위한 사랑. 그로 인해 우리는 죄 때문에 영원히 저주받지 않고, 하늘에서 예수님과 또한 성부와 영원한 생명을 누릴 수 있다.[5]

가끔 회의론자들은 이렇게 묻는다. "십자가는 왜 그렇게 충격적일 만큼 폭력적이고 잔인했는가?" 여기서 우리는 지상의 죄와 악에 대한 성경의 진솔하고 가차 없는 묘사로 돌아가야 한다. 성경 전체는 죄가 단지 악한 몇 사람의 문제가 아니라고 증언한다. 모두가 죄 문제를 공유하고 있다. 적당한 상황과 압박이 주어지면, 우리 모두는 거의 모든 죄를 저지를 수 있다.

하지만 사람들은 "이봐요, 완벽한 사람은 아무도 없어요!" 하는 빈약한 핑계로 개인적 죄에 대한 허가증을 스스로 부여한다. 이제 우리는 죄의 다른 측면을 지적해야 할 때다. 곧 세계대전, 아프리카 노예제의 참상, 홀로코스트, 콜롬비아 분쟁, 르완다 대학살, 이라크 야지디 부족에 대한 ISIS의 대응 등 인간의 이해력이나 합리적인 설명을 넘어서는 가공할 악 말이다. 이를 통해 사람들이 치료책의 잔혹함과 범죄의 잔혹함이 일치해야 하는 이유를 깨닫도록 도움을 줄 것이다. 스티븐 웨스터홈Stephen Westerholm이 설명하듯이, "십자가 같은 파국적인 치료책만이 우리의 파국적인 곤경과 어울릴 수 있었다."[6]

사실, 십자가의 끔찍함은 이 세상에서 끔찍한 일을 겪은 이들에게 위안을 준다. 내 경험을 돌아볼 때, 특히 일정 기간 동안 깊은 고통을 경험한 사람들은 대개 더 이상 설명을 요구하지 않는다. 우리가 고통 속에서 그들과 함께 앉아 있을 때, 그들은 우리의 현존presence과 우리의 눈물, 우리의 사랑을 원한다. 하지만 우리는 그보다 훨씬 많은 것을 줄 수 있다.

나는 1980년대에 3년간 예루살렘에서 생활하는 특권을 누렸다. 의문의 여지 없이, 그곳에서 보낸 시간 중 가장 인상적인 경험은 많은 홀로코스트 생존자들의 이야기를 들었던 것이다. 나는 반복해서 나 자신에게 질문했다. "인격적인 사랑의 하나님에 대한 믿음은 어떻게 이런 이야기들을 견뎌 내는가?" 유달리 견딜 수 없는 한 이야기를 들을 뒤, 나는 예루살렘이 내려다보이는 우리 아파트 발코니로 나가 기도하며 눈물을 흘렸다. 아파트 안으로 들어가기 위해 일어섰을 때, 나는 풍경을 다시 보았고, 저 멀리 겟세마네 동산을 둘러싼 올리브 나무를 보았다. 전에도 여러 차례 그곳을 보았지만, 이런 인상을 받은 적은 한 번도 없었다.

왜 그랬을까? 그 순간, 나는 그리스도의 십자가만이 우리로 하여금 끔찍하고 부당한 고통을 견디게 해 주는 유일한 힘임을 깨달았기 때문이다. 그분은 하늘에서도 십자가의 상처를 갖고 계신다! 죄 없는 분이 죄 많은 자들을 위해 죽으셨다. 인간의 시각에서 볼 때 이것은 누구도 경험할 수 없는 최악의 불의였다. 그런데 예수님은 한 가지 이유 때문에 최악의 불의를 겪으셨다. 바로 피조물들을 향한 하나님의 사랑 때문이었다.

세상의 모든 종교 중에 기독교의 하나님만이 상처를 갖고 계신다는 것은 놀라운 사상이다. 세상에 존재하는 온갖 고통을 고려할 때, 고통받지 않는 하나님을 신뢰하기란 힘들 것이다. 하지만 예수님은 고통을 겪으셨다. 그럴 필요가 없었는데도, 그분은 그렇게 선택하셨다! 그분의 상처는 예수님이 우리보다 삶의 어려움을 훨씬 깊이 이해하신다는 것을 드러낸다. 그분이 여기 계셨다. 그분은 아신다. "우리에게 있는 대제사장은 우리의 연약함을 동정하지 못하실 이가 아니요 모든 일에 우리와 똑같이 시험을 받으신 이로되 죄는 없으시니라"(히 4:15).

우리는 창세기 첫머리 장들에서 우리가 경이롭게 창조되었음을 보았다. 인류가 하나님을 거역한 뒤, 우리는 또한 죄가 우리 행성에 남긴 끔찍한 영향과, 구원과 구출을 바라는 우리의 절박한 필요를 보았다. 그런데 십자가의 메시지는 우리가 놀랍게 회복될 수 있다는 것이다. 십자가는 우리 믿음의 중심이고, 항상 우리 메시지의 중심이어야 한다. 예수님이 우리 죄를 위해 죽으셨다. 그분은 영원무궁히 살아 계신다. 이것이 다음 장에서 살펴볼 내용이다.

묵상과 나눔을 위한 질문

* 자신은 너무 선해서 용서가 필요 없다고 생각하는 사람은 누구인가? 자신은 너무 악해서 용서받을 수 없다고 생각하는 사람은 누구인가? 당신은 이 두 견해를 가진 각 사람에게 어떻게 십자가의 메시지를 전달하겠는가?

* 이 장에서 논의한 일반적인 반대 중에 당신이 가장 자주 마주치는 것은 어떤 것인가? 당신은 그런 반대에 어떻게 대답하겠는가?

* 예수님의 상처가 "예수님이 우리보다 삶의 어려움을 훨씬 깊이 이해하신다는 것을 드러낸다"는 것을 안다면, 시련과 고통 중에 있는 사람을 위로할 때 어떤 도움이 되겠는가? 십자가의 이런 측면은 상처 입은 이에게 하나님의 선하심을 전할 때 어떤 도움이 되겠는가?

9장

부활: 모든 것이 변했다

"예수님의 부활은 사람들을 땅으로부터 잡아채기 위한 것이 아니라 하늘의 생명으로 땅을 식민지화하기 위한 하나님의 새로운 프로젝트의 시작이다." - N. T. 라이트

유명한 소아정신과 의사 로버트 콜스Robert Coles는 오래전에 내가 다녔던 하버드 대학교 대학원 수업에서 이런 이야기를 들려주었다. "높이 존경받던 한 정신과 의사가 최근 절망 속에서 내게 이렇게 말했습니다. '나는 15년간 한 남자를 치료해 왔습니다. 그는 내 사무실로 걸어 들어오던 첫날과 똑같이 분노하고, 이기적이고, 사납습니다. 단 하나 차이가 있다면, 이제 그는 자기가 왜 분노하고 사나운지 알고 있다는 겁니다.'"

콜스 박사의 지적에 의하면, 그 정신과 의사는 어린 시절의 정서적 상처가 의뢰인의 성인성 기능 장애에 어떤 영향을 주었는지 깨닫게 해 주었지만, 그 남자는 여전히 변하지 않았다. 콜스는 이렇게 물었다. "우리는 이 남자에게 필요했던 것이 단지 정보information가 아

니라 변혁transformation이었다고 결론을 내릴 수 있을까요? 그런데 사람에게 과연 변혁이 가능할까요?"

부활의 메시지는 변혁이 가능하다는 것이다! 기독교는 인간의 상태와 관련하여 대단히 현실적이지만, 인간이 변할 수 있다는 데에 대해 대단히 긍정적이다. 십자가가 우리의 문제가 무엇이고 하나님이 그것을 어떻게 해결하셨는지 깨닫게 해 준다면, 부활은 인간 변혁이 가능한 객관적인 데이터를 제시하기 때문이다.

왜 그런가? 예수님의 무덤 입구에 거대한 돌이 놓여 봉인되어 있었고 병사들이 배치되어 사흘 동안 무덤을 지키고 있을 때도, 불가능한 일이 일어났기 때문이다. 예수님이 죽은 자들로부터 부활하셨다! 세상이 동원할 수 있는 최악의 일 곧 사형이 예수님에게 가해졌을 때, 하나님은 무덤을 날려 버려 죽음을 없애셨다. 온 우주는 결코 똑같을 수 없게 되었다. 로마 정부와 유대교 지도자들은 예수님의 시신을 찾기 위해 예루살렘을 뒤집어 놓았다. 이것은 예수님과 그분의 주장이 거짓말임을 증명하기 위해 그들이 해야 할 일의 전부였다. 하지만 예수님의 시신은 결코 발견되지 않았다.

하나님의 성령이 예수님을 죽음에서 생명으로 일으키실 수 있었다면, 즉 성령이 죽은 뇌세포에 활력을 불어넣고 함몰된 폐를 회복하며 심장을 다시 뛰게 하고 변화된 영광스러운 새 몸을 예수님께 주실 수 있었다면, 동일한 성령은 영적으로 죽은 이들이 하나님께 살아 있게 하실 수 있다! 성령은 이해력이 부족한 마음에 영적인 통찰력과 새로운 생명을 불어넣으신다(고전 2:11-15; 요삼 3-8절). 또한 성령이 계속 우리를 변화시키시기 때문에, 이것은 성령 사역의 끝이 아니라 시작이다. "우리 안에서 역사하는 능력은 하나님이 그리스도를 죽은 자들 가운데서 살리셨을 때 사용하신 강한 힘과 동일하다"(엡 1:19-20).[1] 그리스도를 신뢰하는 모든 사람은 거룩한 성령의 변혁적인 부활의 능력을 받는다.

시신이 무덤 밖으로 걸어 나왔다

성경은 부활하신 예수님이 40일 동안 수많은 군중에게 물리적으로 나타나셨다고 말한다. 누가복음에 의하면, 예수님이 돌아가신 다음 일요일에 제자들은 두려움과 혼란에 빠져 문을 걸어 잠그고 한 방에 모여 있었다. 제자들을 사로잡았을 충격, 수치, 두려움을 상상해 보라. 리더는 죽었고, 혼란에 빠진 그들은 앞일을 확신하지 못했으며 다음에 어떤 걸음을 내디뎌야 할지 몰랐다. 예수님은 십자가에 달려 돌아가셨다. 십자가형은 로마인들이 가장 극악무도한 범죄자와 국가의 원수를 위해 마련해 둔 형언할 수 없이 끔찍한 처형 방법이었다. 한술 더 떠, 유대교 지도자들과 종교 권위자들, 모든 백성 가운데 그분이 누구인지 알았어야 할 자들이 그분의 죽음을 인가했다.

이 대목에서, 제자들이 예수님의 죽음을 경축해야 할 영광스러운 승리로 여기지 않고 견딜 수 없는 패배요 참담한 실패로 받아들였다는 것을 깨닫는 게 중요하다. 제자들은 예수님께 모든 것을 걸었지만, 이제 그들의 희망은 완전히 끝장났다. 제자들은 너무 절망스러워서, 그 첫 번째 부활 주일에 그들 중 누구도 이렇게 말하지 않았다. "조금만 기다려 봅시다. 오늘은 예수님이 돌아가신 후 셋째 날이고, 그분은 비록 자신이 죽겠지만 삼일 만에 부활할 것이라고 몇 차례 말씀하셨습니다. 예수님이 나타나실지 누가 알겠어요?" 어느 누구도 이런 가능성을 고려하지 않은 듯 보인다.

누가에 의하면, 그때 갑자기 "예수께서 친히 그들 가운데 서서 이르시되 너희에게 평강이 있을지어다 하"셨다(눅 24:36). 두터운 돌벽과 방어벽을 친 문도 예수님을 바깥에 둘 수 없었다. 제자들은 어떻게 반응했는가? "그들이 놀라고 무서워하여 그 보는 것을 영으로 생각"했다!(37절) 예수님은 어떻게 그것이 진짜 자신이라는 확신을 제자들에게 심어 주셨는가? 놀라울 만큼 평범한 방법이었다.

예수님은 제자들의 물리적 감각에 호소하셨다. "어찌하여 두려워하…느냐. 내 손과 발을 보고 나인 줄 알라. 또 나를 만져 보라. 영은 살과 뼈가 없으되 너희 보는 바와 같이 나는 있느니라"(38-39절). 그 뒤에 예수님은 손과 옆구리를 보여 주어 제자들이 자신의 상처를 볼 수 있게 하셨다. 뒤이어 그분은 구운 생선 한 토막을 드셨다. 제자들은 여전히 믿지 못하고, 의심하고, 두려워했다.

누가에 따르면, 제자들의 의심의 마지막 단계는 "그들이 너무 기쁘므로 아직도 믿지 못하고 놀랍게" 여기는 것이었다(41절). 이분이 정말 예수님이라면, 이는 예수님의 모든 주장이 사실이라는 의미였다. 하나님은 실제로 바로 그들의 눈앞에서 예수님의 정당성을 입증하고 계셨다! 자기들이 무엇을 보고 있는지 깨닫기 시작했을 때 그 방을 가득 채운 외경심을 상상해 보라. 예수님이 살아나셨다!

두려움에 질려 낙담한 제자들이 어떻게 자신들의 믿음을 위해 기꺼이 죽을 만큼 변화될 수 있었을까? 먼저, 사도들은 무덤이 비어 있는 것을 눈으로 직접 확인했다. 예수님은 살아나셨고, 그들은 얼굴과 얼굴을 맞대고 그분과 이야기를 나누었다! 둘째, 그들은 예수님의 상처를 보았는데, 이 경험은 틀림없이 그리스도의 죽음이 이사야 53장의 문자적 성취였음을 이해하는 데 도움을 주었을 것이다. 즉 그분의 "찔림은 우리의 허물 때문"이었고, 그분이 "채찍에 맞으므로 우리가 나음을 받았"다(5절). 예수님의 상처는 그분의 사명이 영광스럽게 성공했음을 상징했다. 그분의 상처는 십자가에서 우리 죄를 위해 돌아가신 예수님의 희생을 하나님이 받아들이셨다는 증거였다.

셋째, 부활하신 주님은 제자들에게 성경(구약성경)이 자신을 가리켰고, 메시아가 고난을 받아 죽고, 죽은 자들로부터 부활할 것이라고 예고했음을 보여 주셨다(45-46절). 이것은 그들의 믿음을 강화해 준 결정적 사실이었다. 십자가형에 의한 죽음은 그들의 문화에서 대단히 흉측하고 수치스러운 것이었기 때문이다.

지상에서 하늘로 올라가신 그리스도의 승천은 구속 드라마의 마지막 막이었다. 그분의 사명은 완수되었고, 이전의 영광으로 높아지신 예수 그리스도는 "모든 통치와 권세와 능력과 주권과 이 세상뿐 아니라 오는 세상[에서]…뛰어나게" 되셨다(엡 1:21).

부활하신 예수님은 그 뒤에 약속된 성령을 선물로 보내셨고, 이로써 제자들은 성령의 능력과 임재로 충만하게 되었다(행 2장). 기독교가 1세기의 기존 세계 전역에서 폭발적으로 성장한 것은 전혀 놀라운 일이 아니다. 하나님은 성령이 충만하고 확신에 찬 예수님의 제자들을 사용하여 세상을 뒤집고 계셨다!

모든 것이 변했고, 이 변화는 시신이 무덤 밖으로 걸어 나온 첫 번째 부활절 일요일 아침에 시작되었다. "그리스도께서 만일 다시 살아나지 못하셨으면 우리가 전파하는 것도 헛것이요 또 너희 믿음도 헛것이며"(고전 15:14). 그런데 그분이 정말 부활하셨다!

부활: 세상은 부활을 어떻게 보는가

회의적인 친구와 부활에 관해 이야기할 때 염두에 두어야 할 두 가지 사항이 있다. 그에게는 합리적인(객관적인) 증거와 경험적인(주관적인) 증거가 둘 다 필요할 것이다. 우리는 둘 다를 제시할 준비를 갖추어야 한다. 먼저 합리적인 접근을 살펴보고, 그 뒤에 경험적인 증거를 살펴보자.

부활 주장에 대한 가장 흔한 합리적 반대, 달리 표현해서, 예수님이 살아나셨다는 성경의 주장에 대한 가장 강력한 대안적 설명에는 다음과 같은 것들이 있다.

예수 시대의 사람들은 순진해서 잘 속았다

회의론자들의 주장에 의하면, 오늘날 사람들은 너무 지적이고 회의적이어서 예수님이 무덤에서 생명으로 부활하셨다는 따위의 기적 주장을 믿지 못한다. 예수님 시대에 살던 사람들은 단지 오늘 우리보다 훨씬 순진했고 잘 속았다. C. S. 루이스는 이것을 "연대기적 우월 의식"chronological snobbery이라고 칭했다. 즉 후대 사람들은 자신들이 이전 세대 사람에 비해 교육 수준이 더 높아서 그리 쉽게 속지 않는다고 가정한다. 하지만 "의심 많은 도마"라고 불리는 제자를 생각해 보라. 그는 다른 제자들이 그리스도를 보았고 그분이 살아나셨다고 주장했을 때 그들의 말을 믿지 못하겠다고 딱 잘라 거절했다. 도마는 이렇게 쏘아붙였다. "내가 그의 손의 못 자국을 보며 내 손가락을 그 못 자국에 넣으며 내 손을 그 옆구리에 넣어 보지 않고는 믿지 아니하겠노라"(요 20:25). 부활하신 예수님이 도마에게 나타나서 "네 손을 내밀어 내 옆구리에 넣어 보라. 그리하여 믿음 없는 자가 되지 말고 믿는 자가 되라"고 말씀하신 뒤에야 도마는 그분을 믿고 경배했다(27-28절). 예수님 시대에도 적어도 오늘 우리 못지않게 회의적인 사람들이 살고 있었다. 혹시 더 회의적이었을지 모른다! 1세기 사람들도 우리와 똑같이 자연 법칙은 죽은 사람이 계속 죽은 채 있도록 요구한다는 것을 알았다. 유대교 신학이 심판을 위한 최후의 우주적 부활을 가르치긴 했지만, 그 전에 특정한 개인의 부활이 있을 것이라는 기대는 유대교 신학에 없었다. 따라서 제자들의 입장에서 볼 때 그들의 인생 경험도, 종교 교육도 예수님이 죽은 자들로부터 돌아오셨다고 아주 쉽게 확신하도록 만들어 주지 못했다.

제자들은 살아 계신 그분을 보았다는 공상에 빠졌다

살아 계신 예수님을 보기를 기대하고 갈망한 제자들이 그런 일이 일어났다는 공상에 빠진 것일 뿐이라고 주장하는 사람들이 있다. 하지만 예수님의 제자들은 그분이 다시 살아날 것이라고 말씀하셨을 때 그 말이 어떤 의미인지 명확히 이해하지 못했다. 그렇지 않았다면, 예수님을 보았을 때 제자들이 그렇게 놀라거나 의심하지 않았을 것이다. 예수님이 자물쇠가 잠긴 그 방에서 제자들에게 나타나셨을 때, 제자들에게 자신을 납득시키기 위해 예수님 편에서 많은 설득이 필요했다. N. T. 라이트는 자신의 책 『하나님의 아들의 부활』The Resurrection of the Son of God, CH북스에서, 제자들은 예수님이 하늘에 어울리는 새로운 몸을 입고 죽은 자들로부터 부활하실 것이라고 결코 기대하거나 상상조차 하지 않았다고 설득력 있게 주장한다. 인간 역사에서 그런 일이 일어나는 것을 본 사람은 아무도 없었다는 단순한 이유 때문이다. 나사로는 소생했지만, 그는 예수님과 같이 새로 부활한 몸의 능력을 갖지 못하고 다시 죽었다. 그 당시 유대인은 역사의 마지막에 있을 죽은 자의 부활을 믿었지만, 시대의 끝에 메시아가 돌아오기 전 한 개인의 몸이 부활할 것이라고는 믿지 않았다.

라이트는 기독교 운동의 탄생에 관해 역사적으로 그럴 법한 대안적 설명을 생각해 내기 힘들다고 주장한다. 예컨대, 유대인은 사람이 신적 존재로 경배되어야 한다고 믿지 않았다. 사실 이런 일은 극도의 신성모독으로 간주되었다. 따라서 우리가 회의론자들에게 물어야 할 질문이 있다. "무엇이 예수님 제자들의 세계관을 하룻밤 사이에 바꾸어 놓았는가? 그들을 극도의 절망에서 강한 확신과 용기, 기쁨의 상태로 이끌었던 것은 무엇인가? 왜 기독교는 그토록 엄청난 힘을 갖고 그렇게 빨리 성장했는가?" 성경은 예수님이 500명 넘는 사람들에게 일시에 나타났다고 기록한다(고전 15:6). 몇십 년 후 바로 이 사람들은 부활하신 주님을 보았다고 공적으로 증언했다. 그뿐 아니라 자기들이 진실이라고 생각하는 것을 부인하기보다는 그것을 위해 기꺼이 죽으려고 했다. 그 이유를 어떻게 설명할 수 있을까?

성경은 역사적 신뢰성이 떨어진다

이것은 오랫동안, 특히 최근에 의견이 분분한 이슈다. 학자들과 역사학자들이 고대 텍스트의 역사적 진정성을 판가름하기 위해 고안한 기본적인 기준을 아는 게 중요하다. '이 필사본은 얼마나 이른 시기에 기록되었는가? 그것은 목격자에 의해 기록되었는가? 비그리스도인이 기록한 것 중에 예수님 생애의 기본적 사실을 입증하는 고대 문헌이 있는가? 예수님 시대 전후에 기록된 것 중에 그분 제자들의 주장과 상충되거나 그 주장을 논박하는 문헌이 있는가?' 지면 관계상 더 상세하게 다룰 수는 없다. 이 주제를 다루는 책들 중 아주 훌륭하고 상당히 짧은 근간 두 권으로는 존 딕슨John Dickson의 『예수는 역사인가?』Is Jesus History?와 피터 윌리엄스Peter Williams의 『복음서를 신뢰할 수 있는가?』Can We Trust the Gospels?, 감은사가 있다.

나는 이와 같은 토론에서 이런 질문이 도움이 된다는 것을 깨닫는다. "당신은 신약성경도 어떤 고대 문헌이 역사적으로 신뢰할 만한지 입증하는 기본적인 역사적 기준에 부합해야 한다는 데 동의하나요?" 나는 동의하지 않는 사람을 한 번도 만나 보지 못했다. 나는 또 이렇게 묻는다. "당신은 문제의 고대 문서가 단지 성경이라는 이유만으로 더 높은 기준을 요구하거나 더 낮은 기준을 요구할 수 없다는 데 동의하나요?" 다시 거의 모든 사람이 동의한다고 대답할 것이다. 그런 다음 어떤 사람이 마음을 열고 믿음에 대해 곰곰이 생각하고 있는 것 같을 때, 나는 이렇게 묻는다. "만약 성경이 역사적으로 신뢰할 만하다고 밝혀진다면, 나와 함께 복음서에 기록된 예수님의 생애를 연구해 보지 않을래요? 그럴 생각이 없다면, 당신이 한 번도 직접 조사해 보지 않은 것을 어떻게 지적으로 거부할 수 있나요?"

기적은 불가능하고, 따라서 예수는 부활하지 않았다

기적이란 자연 법칙으로 설명할 수 없는 사건이다. 하지만 우리가 보기에 기적이 가능한지 여부를 결정하는 것은 우리의 전제에 달려 있다.

무신론자들은 우주 안의 모든 일이 자연의 물리 법칙에 지배를 받기 때문에 당연히 기적이 불가능하다고 생각할 것이다. 기적은 자연 질서의 중지를 의미하기 때문이다. 누군가 우주를 창조하신 하나님을 믿는다면, 당연히 그들은 기적이 가능하다고 생각할 것이고, 더 나아가 기적은 기대해야 할 것이기도 하다!

회의론자들은 절대적인 의미에서 하나님이 존재하지 않는다고 증명할 수 없다. 그들은 창조의 제1원인이 무엇인지 입증할 수 없고 생명이 어떻게 생겨났는지 밝혀낼 수 없기 때문이다. 그들은 사실 기적을 합리적으로 배제할 수도 없다. 물론 회의론자들은 우리가 보이지 않는 하나님을 보이게 할 수 없기 때문에, 그리스도인들도 하나님의 존재를 증명할 수 없다는 말로 대답할 수 있다. 이것은 논의를 위한 훌륭한 출발점이다. 성경은 하나님이 예수 그리스도를 통해 보일 수 있게 되었다고 주장하기 때문이다! 그런 이유로 인간이신 예수님을 보면서, 자신이 하나님이라고 말씀하셨고 자신의 주장을 행동으로 뒷받침하셨던 이분을 어떻게 이해할지 살펴봄으로써 하나님이 존재하실 수 있는 가능성을 고려해 보도록 회의론자들을 초대하는 것이 무척 중요하다.

핵심은 이것이다. 신자나 회의론자나 모두 신뢰할 만하다고 믿는 증거 위에 자신들의 입장을 두지만, 양쪽 모두 궁극적으로 하나의 믿음의 입장에서 나온 것이다. 우리는 공손하게 경청하고 상대방의 관점을 이해하려고 노력해야 하지만, 우리의 믿음이 비합리성이나 미신이 아니라 깊이 숙고해야 할 믿을 만한 증거에 근거해 있다는 점을 분명히 이해하는 것이 중요하다.

우리는 그리스도가 부활하셨다고 사람들에게 이야기해야 한다! 하지만 우리는 옳고 그름을 가리는 태도가 아니라 사랑하는 태도로 대해야 한다. 부활과 관련해서 우리 가운데 너무 많은 사람들이 논쟁에서 승리하지만 사람을 잃어버린다. 당신은 논쟁으로 누군가를 하나님 나라에 들어가게 할 수 없지만, 논쟁을 통해 그 나라의 왕을 바라보지 못하게 할 수는 있다. 우리는 예수님이 부활하셨고, 부활은 그분의 주장의 타당성과, 죄와 구원에 대해 그분이 하신 말씀의 타당성을 증명한다고 담대하게 주장해야 한다. 하지만 반드시 사랑으로 대해야 한다. 사람을 대하는 방식에서 부활이 단순히 역사적 사건이 아니라 현재의 실재임을 보여 주어야 한다.

따라서 또 다른 종류의 '증거'도 필요하다. 쟁점은 부활이 일어났는지 여부만이 아니라 부활이 중요한 의미를 갖는지 여부다. 부활은 오늘 우리의 삶에 실제로 어떤 차이를 가져다주는가?

당신은 하나님이 실재한다는 것을 어떻게 아는가?

부활은 여러 방법으로 우리의 필요를 다룬다. 나는 종종 관심자들과 회의론자들이 무력감을 느낀다고 말한다는 사실에 깊은 인상을 받았다. 반항적인 십대를 다루는 법, 채무에서 벗어나는 법, 파괴적인 습관을 바꾸는 법, 소모적인 관계를 변화시키거나 탈피하는 법, 난감한 상사와 지내는 법 등 목록은 끝없이 이어진다. 그들은 도움이 필요하다는 것을 알지만, 어디로 향해야 하는지 확신하지 못한다. 그런 그들에게 나는 인생의 시련에서 우리를 돕기 위해 우리 자신의 능력보다 훨씬 더 큰 능력이 필요하다고 말한다. 정말이다! 하지만 부활하신 주님의 제자가 될 때, 그분은 우리에게 거룩한 성령을 주신다. 성령은 인생의 우여곡절에서 우리에게 능력을 부여하고 도와주신다.

메리는 최근 톰과 약혼한 내 친구다. 어느 날 메리는 톰이 아직 십대일 때 유산으로 돈을 받았다고 말했다. 톰이 성년이 될 때를 대비해 가까운 친척 한 분이 은행 계좌에 돈을 넣어 두었는데, 이제 톰은 생애 첫 주택을 구입하기 위한 계약금으로 지불할 돈이 필요했다. 톰은 친척에게 6개월간 돈을 요청하는 편지, 문자, 이메일을 보내고, 음성 메시지를 남겼다. 하지만 톰은 아무런 응답도 받지 못했다. 메리가 말했다. "베키, 이런 일은 정말 하고 싶지 않지만, 다른 대안을 못 찾겠어요. 우리는 다음 주에 변호사를 고용할 겁니다."

내가 말했다. "메리, 부탁 하나 해도 될까요? 변호사에게 전화를 걸기 전에, 남편과 내가 기도하면서 하나님의 응답을 구할 수 있도록 한 주간의 여유를 줄 수 있나요?" 그녀는 동의했고, 나는 한 주

안에 전화를 주겠다고 말했다.

나흘 뒤 메리는 내게 전화를 걸어 말했다. "당신이 말한 대로 우리를 위해 기도하고 계신 거죠?" 나는 우리가 매일 기도하고 있다고 자신 있게 대답했다. 그러자 그녀가 말했다. "당신은 이런 일을 믿지 않겠지만, 오늘 우리 메일함에 무엇이 도착했는지 맞춰 보세요. 전액 지불을 보증하는 수표가 들어 있는 등기 우편이었어요! 믿을 수가 없네요! 톰과 함께 가서 두 분에게 직접 감사하고 싶어요!"

그들이 왔고, 우리는 무척 유쾌한 저녁을 보냈다. 톰은 우리에게 복권 당첨을 위해 기도를 사용해 보라고 부추겼다! 우리는 무언가를 이룬 것은 우리의 능력이 아니라고 설명했다. 이 일을 성취한 것은 하나님의 능력이었다. 그리스도인으로서 우리는 단지 성경이 우리에게 하라고 말씀한 바를 행할 뿐이다. 우리는 하나님께 그들을 도와주시도록 간구하면서 우리의 마음을 쏟아 기도했다.

"그런데 왜 하나님은 우리를 위한 두 분의 기도에 응답하셨을까요? 우리는 교회에 다니지도 않는데 말이죠." 톰이 말했다.

딕이 대답했다. "하나님이 실재한다는 걸 당신들이 알기 원하시기 때문이죠. 하나님은 당신들을 사랑하시고 당신들과 관계 맺기를 간절히 원하세요."

모든 기도가 항상 이번 기도만큼 극적으로 응답되는 것은 아니다. 또 응답된 기도가 늘 회심의 촉매제가 되는 것도 아니다. 물론 이번에는 그랬지만 말이다. 하지만 비그리스도인들이 기도가 응답되는 것을 볼 때, 그들은 하나님이 어떤 분이신지 더 많이 듣고 싶어 한다. 응답된 기도는 능력이 우리 안이 아니라 하나님 안에 있음을 드러낸다. 응답된 기도는 그리스도가 정말 죽은 자들로부터 부활하셨고, 그분이 살아 계신다는 증거를 보여 준다. 그런 기도는 인생의 시련을 넘기 위해 절실하게 필요한 사랑과 능력을 하나님이 갖고 계신다는 것을 회의론자들에게 보여 준다.

부활은 왜 그토록 좋은 소식인가

부활은 아마 우리의 가장 크고 절실한 필요, 곧 누군가에게 이해받고 사랑받아야 할 필요에 호소하는 것 같다.

어쨌든 하나님은 사랑하고 사랑받는 본성, 이해하고 이해받는 본성을 우리 안에 두셨다. 딕과 내가 유럽에서 생활할 때, 우리는 대학생들과 함께 수많은 전도 사역을 행했다. 대개 학생들은 우리에게 자신들이 느끼는 깊은 외로움에 대해 말해 주었다. 한 학생은 이렇게 말했다. "300명의 온라인 '친구'가 내게 있지만, 어려움에 처했을 때 내가 의지할 사람은 아무도 없어요. 나를 진심으로 이해하거나 사랑하는 사람은 아무도 없어요. 나를 지지해 주고 내가 필요로 할 때 거기 있을 사람이 필요해요."

예수님의 부활은 어떻게 이런 사람들에게 적실성을 가질까? 부활하신 주님은 제자들을 결코 떠나거나 버리지 않겠고, 그들과 동행하기 위해 성령을 보낼 것이며, 예수님이 하늘에서 그들의 기도에 응답하겠다고 단언하셨기 때문이다. 그들이 예수님을 의지할 수 있는 이유는, 그분이 죽은 자들로부터 살아나셨기 때문이다!

부활은 우리가 감정적이고 물리적인 존재 이상임을 보여 준다. 우리는 하나님이 필요한 영적인 존재다. 사랑을 바라는 우리의 갈망을 충족시켜 주는 것은 부활하신 주님과 우리의 관계다. 그분은 불확실한 세상에서 참되고 믿을 만한 닻이 되어 주시고, 우리의 삶에 의미와 목적을 부여하신다. 이것은 비신자들을 향한 우리의 사랑이 중요한 이유이기도 하다. 이것은 주님이 살아 계신다는 증거를 제시한다.

앞 장에서 나는 나를 담당했던 런던의 미용사, 쉼과 안식을 위해 고국으로 돌아갔던 테오의 이야기를 했다.

다음번에 그 미용실에 갔을 때, 나는 새로운 미용사 룻을 만났다. 룻의 말에 의하면, 테오는 떠나기 직전 직원 모임에서 우리의 대화를 전부 이야기해 주었다고 한다. 나는 룻이 내가 해 준 모든 말을 단어까지 되풀이하는 것을 들으며 깜짝 놀랐다. 룻이 말했다. "베키, 직원들은 당신이 어떻게 테오의 고통을 보고 그에게 다가갔는지를 알고 깊은 감동을 받았어요. 우리는 테오에 대해 아주 많이 걱정했거든요. 테오는 늘 당신에게 깊이 사랑받고 있다고 느꼈지만, 동시에 당신은 그에게 도전을 주고 생각할 거리를 주었다고 말했어요. 그가 찾는 사랑을 만나기 위해서는 먼저 자신의 영적인 정체성을 정리해야 한다고 말했을 때처럼요. 우리의 신이 되는 무게를 담당할 수 있는 사람은 아무도 없기 때문에, 하나님 대신 사람을 숭배할 때 우리는 어려움을 겪게 된다고요. 그 말은 정말 인상적이었어요. 우리는 대부분 연인 관계에서 힘겨워하고 있었거든요."

내가 미용실을 떠나려고 할 때, 룻이 덧붙였다. "이런 부탁이 어떻게 들릴지 모르겠지만, 우리는 당신이 그리스도인으로서 당신의 전문 분야에서 많은 사람들에게 이야기할 때 어떤 모습인지 궁금해요. 한 직원은 '베키가 대중에게 말할 때도 우리가 아는 베키처럼 말하는지 궁금해요'라고 말했거든요."

내가 말했다. "룻, 당신이 이런 말을 해 주니 놀랍네요. BBC 라디오에서 '주일 아침 예배'라는 프로그램을 위해 라이브 설교를 해 달라고 요청해 왔거든요. 3주 남았는데, 직원들이 아침 8시 30분에 일어날 수 있을지 상상이 안 가네요."

'주일 아침 예배'는 수십 년간 송출되었고, 지금도 (여왕을 포함하여!) 150만 명에 육박하는 청취자들을 모으고 있다. 또한 청취자 중 꽤 높은 비율은 그리스도인이 아니다. 그날 아침, 나는 부활에 관해 이야기했고 회의론자를 위한 이야기에 심혈을 기울였다. 한 주 뒤 내가 미용실로 걸어 들어갔을 때, 놀랍게도, 모든 직원이 박수를 치면서 한 목소리로 말했다. "우리 모두 아침에 일어나서 당신의 이야기를 들었어요!"

한 젊은 직원 마이클이 말했다. "베키, 나는 정말 당신의 방송을 들으려고 잔뜩 기대하고 있었는데, 토요일 밤에 술을 제법 많이 마셨어요. 나는 부모님과 함께 사는데, 일요일 아침에 아래층으로 내려가니 엄마가 부엌 식탁에서 커피를 마시면서 라디오를 듣고 있었어요. 커피잔에 커피를 따르면서, 나는 갑자기 소리를 질렀죠. '세상에, 베키의 라디오 방송이다! 소리를 키워 주세요!' 엄마는 깜짝 놀라 나를 보며 말씀하셨어요. '네가 정말 저 설교자를 아니?' 내가 말했어요. '네, 저 분은 내 친구예요!'"

"그래서 우리는 커피를 마시면서 당신의 이야기를 귀담아 들었어요. 엄마와 나는 그 뒤에 예수님이 정말 부활하셨다면 그것이 우리에게 어떤 의미가 있을지 오랜 시간 대화를 나누었습니다. 엄마는 당신의 말이 옳을 수 있다고 생각하고, 나도 동의할 수 있겠다고 말했어요. 하지만 베키, 나는 아직 젊어요. 그리스도인이 된다면, 지금 나의 생활 방식에 얼마나 많은 영향을 주게 될까요?"

내가 의자에 앉았을 때 룻이 말했다. "지난 일요일에 나는 당신의 방송을 듣기 위해 일요일 아침에 일찍 일어나야 한다고 5년째 사귀고 있는 파트너에게 말했어요. 전에도 말씀드렸다시피, 나는 희미하게 어떤 신을 믿고 있어요. 내 파트너는 무신론자이고, 우리는 신앙에 대해 한 번도 이야기해 본 적이 없었어요. 그런데 라디오 방송을 들은 뒤에 그가 말했어요. '있잖아, 나는 베키의 말에 정말 흥미를 느끼고 있어. 베키의 온라인 영상을 좀더 찾아볼 수 있을까?'"

룻은 영상을 찾아냈고, 그들은 아침 식사를 하면서 룻의 아이패드로 영상을 시청했다. 그들이 커피를 마시러 거실로 들어갔을 때, 파트너가 말했다. "베키의 강의를 하나 더 찾아보면 어떨까?" 믿기지 않겠지만, 그들은 세 번째 강의를 경청했다!

룻이 마지막에 했던 말이 큰 기쁨을 주었다. "베키, 그것은 내가 지금까지 들어 본 가장 긴 기독교 방송이었고, 남자 친구에게는 완전 처음이었어요! 덕분에 우리는 믿음에 관해 많은 대화를 나누었어요. 우리는 아직 교회를 찾아갈 준비는 되지 않았지만, 우리가 더 많이 알아가는 데 도움이 될 만한 것을 추천해 주실 수 있을까요?"

미용실을 떠나면서, 나는 직원들이 설교를 듣기 위해 그렇게 일찍 일어났던 요인이 무엇인지 룻에게 물었다.

"당신이 테오를 얼마나 진심으로 보살폈는지 우리가 보았기 때문이죠." 룻이 대답했다. "테오의 또 다른 고객 중에도 그리스도인이 있었는데, 그녀는 비판적이었거든요. 다른 손님들은 그냥 걱정하지 말라는 말만 했어요. 그런데 당신은 테오의 고통을 보았고, 그가 간과한 훨씬 더 깊은 문제가 있다고 짚어 주기까지 했죠. 당신이 그에게 준 도움, 그것이 우리의 마음을 강하게 움직였답니다."

사람들은 우리가 깨닫는 것보다 훨씬 더 우리를 주목하면서, 우리의 삶과 우리의 말이 일치하는지 바라본다. 그리스도의 사랑이 나타나는 것을 볼 때, 그들의 마음밭이 부드러워지면서 하나님에 대해 더 많이 알아보고 싶은 호기심을 갖게 된다. 부활이 제시하는 주장에 대해 듣기만 해도, 그들은 부활하신 예수님이 우리 안에 일으키신 변혁을 경험한다.

무덤 너머의 희망

우리는 엄청난 소동과 혼돈의 시대를 살고 있다. 많은 이들이 이유를 알지 못한 채 쉽게 상처받고 두려움, 심지어 절망을 느끼는 시대다. 사람들에게는 희망이 필요하고, 예수님의 부활은 그들에게 희망을 품을 이유를 준다. 그것은 부활하신 그리스도가 인생의 어려움과 기쁨 가운데 제자들과 동행하고, 우리가 이생에서 다음 생으로 넘어갈 때 우리를 환영하겠다고 약속하시기 때문이다.

부활의 목적은 우리가 느긋하게 앉아 천국을 기다리게 하기 위한 것이 아니다. 부활의 목적은 우리의 모든 존재와 말, 행위가 (행동과 말 둘 다를 통해) 비신자들로 하여금 예수님의 생애를 탐구하고 싶은 마음을 품게 하기 위한 것이다. 그런 다음 적절한 시점이라고 여겨질 때, 우리는 그들의 삶을 예수님께 드려서 우리와 함께 영원을 향해 걸어가면서 그들도 변혁적인 부활의 삶을 경험해 보라고 초대할 수 있다. 유진 피터슨Eugene Peterson이 날카롭게 적었듯이, "성경은 상례 서비스를 위한 대본이 아니라, 우리가 죽음을 발견할 것이라고 예상하는 곳에 항상 생명을 가져다주시는 하나님의 기록이다. 성경은 모든 곳에서 부활의 이야기다."

하지만 부활이 이 이야기의 끝은 아니다. 언젠가 인간 역사의 마지막에 그리스도가 이 땅으로 다시 오실 것이기 때문이다. 어떤 의미에서 그것은 생명이 정말 시작되는 때다!

묵상과 나눔을 위한 질문

* 예수님의 부활이 그분을 신뢰하는 이들에게 심원한 희망을 주는 이유는 무엇인가? 당신은 다른 사람에게 그 희망을 어떻게 설명하겠는가?

* 이 장에서 논의한 일반적인 반대 중에 당신이 가장 빈번하게 마주치는 것은 어떤 것인가? 당신은 그런 반대에 어떻게 대답하겠는가?

* "나와 함께 복음서에 기록된 예수님의 생애를 연구해 보지 않을래요? 그럴 생각이 없다면, 당신이 한 번도 직접 조사해 보지 않은 것을 어떻게 지적으로 거부할 수 있나요?" 복음서를 함께 읽어 보자고 초대할 사람이 있는가? 이 일을 놓고 기도하기 시작하면서, 언제 그들에게 요청할지 곰곰이 생각해 보라.

10장

재림: 올 것이 더 있다

"이교도에게는 사소한 관심사였던 기쁨이 그리스도인에게는 어마어마한 비밀이다." - G. K. 체스터턴

데이비드 플루서David Flusser 교수—그는 정통파 유대인 학자이자 1세기 기독교와 유대교에 관한 존경받는 권위자였다—는 이런 질문을 받은 적이 있다. "당신은 정통파 유대인으로서 메시아가 오고 있다고 믿습니다. 그런데 당신의 생애 중에 메시아가 온다면, 그분께 어떤 질문을 하겠습니까?"

"아, 쉬운 질문이군요." 플루서 교수는 대답했다. "나는 메시아께 '이번이 첫 방문인가요? 아니면 두 번째 방문인가요?' 하고 여쭐 겁니다."

그리스도가 죽음과 부활을 통해 성취하신 모든 영광이 복음 이야기의 끝은 아니다. 성경은 예수님이 하나님과 세상을 화해시키기 위해 오셨고, 또한 다시 오실 것이라고 지붕 꼭대기에서 외친다! 따라서 메시아는 오고 계신다. 예수님이 영광스러운 부활의 몸을 입고 하

늘로부터 이 땅에 오실 때, 그것은 그분의 두 번째 방문이 될 것이다.

그리스도의 재림이 왜 그렇게 중요한가? 그리스도가 돌아오실 때, 우리가 알고 있듯이 그분은 인간의 역사를 끝내실 것이기 때문이다. 이 땅에 처음 오셨을 때, 예수님은 천국을 들여오셨지만 우리 행성 위에 남은 모든 죄의 결과를 제거하지 않으셨다. 인간은 여전히 역경과 불의, 질병, 죽음을 경험할 것이다. 그리스도가 돌아와 자기와 함께 하늘의 현존을 가져오실 때에야, 이 땅에서 온갖 형태의 악—죄, 사탄, 죽음—이 영원히 제거될 것이다. 그리스도는 영원한 새 세대를 들여오실 것이다. 새 하늘과 새 땅이 임하는 시대에는 구속된 하나님의 백성 공동체를 포함하여 만물이 새로워질 것이다. 좀 더 정확히 말해서, 만물이 갱신될renewed 것이다.

신약성경의 저자들은 그리스도의 귀환을 300번 이상 언급한다. 대략 열세 절 중 한 절이 재림에 관한 말씀이다. 신약성경은 이런 기대감으로 넘쳐난다! 우리는 신약성경의 신자들 안에 퍼져 있던 생생한 기대감을 되찾아야 하고, 바울의 말처럼 "복스러운 소망과 우리의 크신 하나님 구주 예수 그리스도의 영광이 나타나심"을 간절히 기대하며 살아야 한다(딛 2:13).

이 장에서 우리는 그리스도 귀환의 세 가지 핵심 측면을 살펴볼 것이다. 곧 죽은 자의 부활, 심판의 결산, 땅의 갱신이다. 그 다음 이 2부에서 각 장마다 해 왔듯이, 이들 각각의 중요한 사건들이 참다운 집을 찾고 있는 이들에게 어떤 적실성을 갖는지, 그리스도의 귀환이 어떻게 그동안 우리가 줄곧 갈망해 온 좋은 소식인지 살펴볼 것이다.

죽은 자의 부활

성경은 그리스도가 돌아오실 때 모든 사람의 눈이 그분을 볼 것이라고 말한다!(계 1:7) 그리스도의 등장은 그 순간에 살아 있는 이들 혹은 그분을 믿는 이들만을 위한 것은 아닐 것이다. 그리스도는 모든 세대의 죽은 자들을 향해 생명으로 부활하라고 명령하실 것이다. 온 세상, 그동안 살았던 모든 사람이 영광스러운 인성을 입으신 그리스도를 볼 것이고, 반박할 수 없는 하나님의 진리가 온 우주에 계시될 것이다.

바울의 말처럼, "의인과 악인의 부활이 있"을 것이다(행 24:15). 바울은 또 이렇게 말한다.

> 보라, 내가 너희에게 비밀을 말하노니 우리가 다 잠 잘 것이 아니요 마지막 나팔에 순식간에 홀연히 다 변화되리니 나팔 소리가 나매 죽은 자들이 썩지 아니할 것으로 다시 살아나고 우리도 변화되리라.
>
> (고전 15:51-52)

성경은 예수님이 돌아오실 때 예수님의 제자들이 영원한 새 몸을 받게 될 것이라고 말한다. 우리가 받을 새로운 몸은 무엇과 같을까? 그분의 몸과 같을 것이다!(고전 15:20) 부활한 그리스도가 나타나셨을 때, 그분은 환영이나 유령이 아니셨다. 그리스도는 진짜 지상의 음식을 잡수셨다. 그분은 제자들과 함께 걷고 오래 이야기하셨다. 또 다른 사람을 만지실 수 있었고 다른 사람도 그분을 만질 수 있었다. 하지만 그분의 몸은 이전에 갖지 못했던, 3차원을 초월하는 특성을 갖고 있었다. 그분은 단단한 벽을 통과하고 아무데서나 느닷없이 나타나실 수 있었다.

그리스도가 돌아오실 때 우리 자신의 물리적인 몸이 우리가 받을 부활의 몸이 되겠지만, 동시에 그 몸은 완전하고 영광스러울 것이다(요일 3:2). 우리는 결코 늙지 않을 것이고, 부패, 취약함, 죽음의 지배를 받지 않을 것이다. 우리의 몸은 영광스러울 것이다.

새로운 몸: 고난 중의 희망

그런데 시간의 끝에 새로운 몸을 받는 것이 어떻게 오늘의 비신자들에게 적실성을 가질 수 있을까? 신자든 비신자든, 조만간 우리 모두 시련을 겪을 것이기 때문이다. 우리는 심각한 고난을 면하더라도, 우리가 사랑하는 다른 사람이 커다란 어려움을 겪을 가능성은 아주 높을 것이다.

고난은 특히 오늘날 사람들에게 난감한 문제로 다가온다. 아주 많은 사람들이 인생의 목적은 행복해지는 데 있다고 믿지만, 고난은 어떤 사람도 행복하게 해 주지 못하기 때문이다. 이생이 존재하는 전부라고 한다면, 물리적 고통이나 성취되지 못한 꿈은 불행이다.

하지만 몇 백 년 동안 그리스도인들은 고난을 재난으로 여기거나 기쁘게 살지 못하도록 방해하는 어떤 것으로 여기지 않았다. 왜 그랬을까? 사도 요한은 1세기 교회들에게 편지를 보냈는데, 그들 중 많은 사람들이 로마 황제 네로 밑에서 심각한 박해에 직면해 있었다. 우리는 요한의 편지를 요한계시록이라고 부른다. 요한은 재림에 관해 기록함으로써 고난 한복판에 있던 첫 독자들에게 용기를 주었다. 그는 하나님이 보여 주신, 장차 올 영원한 새 세계의 환상에 대해 그들에게 전해 주었다. 요한은 이생이 유일한 것이 아님을 상기시켜 주었다. 그들이 고대하는 영원한 물리적 생명이 있음을 상기시켜 주었다. 요한의 말에 의하면, 현재의 고난은 언젠가 경험할 영광과 비교될 수 없다. 장차 올 미래의 영광을 상기시켜 줌으로써, 요한계시록은 엄청난 시련을 이겨내는 희망과 인내심을 그들에게 주었다. 그리스도의 귀환이라는 실재는 고난 중에 희망을 준다. 모두가 고난을 겪기 때문에, 모든 사람에게 이런 종류의 희망이 필요하다.

그리스도인으로서 고난을 어떻게 다루느냐 하는 것은 우리의 복음 증거에서 중요한 부분이다. 나는 당시에 아직 어렸던 아들 데이비드가 데이브 드래베키Dave Dravecky의 간증을 들었던 순간을 생생하게 기억한다. 한때 올스타 프로야구 투수였던 드래베키는 송구하던 팔이 암에 걸렸다는 진단을 받는 비극을 맛보았다. 숱한 암 치료를 받은 뒤, 의사들은 결국 그의 팔을 절단해야 했다. 내가 직접 그의 말을 들으면서 기록을 남긴 한 강의에서, 드래베키는 암과 투병하던 중 그리스도를 믿는 믿음에 이르게 된 과정에 대해 대단히 감동적인 간증을 전했다.

"야구공을 던지던 팔은 어린 시절 내 정체성의 전부였습니다. 이 팔은 나를 유명하게 만들어 주었고, 지위를 부여해 주었고, 확신과 안전을 주었고, 엄청나게 많은 돈을 벌게 해 주었습니다. 충격적인 경험을 통해 내가 깨달은 바는, 이런 것들이 우리가 던져야 할 가장 중요한 질문이라는 겁니다. 나의 정체성과 목적의식은 진리에 기초해 있는가? 그것은 내 삶을 세울 만큼 충분히 큰가?"

이렇게 말하면서 드래베키는 천천히 재킷을 벗었고, 결코 잊지 못할 광경이 펼쳐졌다. 우리 앞에 선 남성은 오른쪽 팔이 없었을 뿐만 아니라 오른쪽 어깨도 없었다. 그는 질문했다.

"이제 말해 보세요. 야구공을 던지는 팔이 내 인생을 세울 만큼 충분히 컸나요?"

그 뒤에 드래베키는 두 가지 인상적인 논점을 제시했다. 먼저, 우리는 진실하고 영원한 것 위에 우리의 삶을 세워야 한다. 곧 예수 그리스도를 통해 하나님을 믿는 믿음이다. 둘째, 이생이 유일한 생은 아니다.

"이제 나는 마침내 하나님을 삶의 첫 자리에 모셨고, 지금도 야구를 깊이 사랑하지만, 게임을 펼치는 것은 고사하고 아들에게 공을 던질 수조차 없습니다." 그가 말했다. "하지만 나는 그리스도께서 돌아오실 때 새로운 몸을 주실 줄을 압니다. 그날에 나는 하나님의 영광과 나의 순전한 기쁨을 위해 공을 던질 수 있을 겁니다."

그리스도인들이 고난 가운데 희망을 품을 수 있는 이유는 무엇인가? 그리스도가 죽음을 이기고 승리하셨고 새로 변화된 몸을 받으셨듯이, 우리는 역사의 마지막에 그리스도가 돌아오실 때 아주 똑같은 일을 경험할 것이다. 만성적 고통, 질병, 아픔, 장애, 정신 건강의 문제로 고통을 겪고 있는 이들을 위한 가장 큰 희망이 여기 있다. 그리스도를 믿는다면, 그들은 힘겨운 몸부림에서 벗어나 영원을 고대할 수 있고 자유와 온전함을 경험할 수 있다. 미래의 몸의 부활에 대한 설명은 대개 전도할 때 활용되지 않지만, 마땅히 활용되어야 한다.

결산

성경은 역사의 마지막에 모든 세대의 죽은 자들이 생명으로 부활할 것이고 그리스도께서 그동안 살았던 모든 이를 심판하실 것이라고 명확히 밝힌다(요 5:28-29; 3:18, 36). 하나님이 모든 잘못을 바로잡고 영원히 의로운 통치를 세우실 것이기 때문에, 마침내 궁극적인 정의가 실현될 것이다.

이것이 신자에게는 반가운(물론 정신이 바짝 들게 만드는) 소식인 반면, 비신자에게 심판 개념은 믿기 힘들고 부당해 보인다. 특히 그들이 애당초 죄를 믿지 않는다면 더욱 그렇다. 그런데 역설적으로, 신적인 최후의 심판 개념을 거부하는 바로 그 사람들이 여전히 정의를 갈망한다. 그들은 세상이 무언가 지독하게 잘못되었고 반드시 바로잡혀야 한다고 생각한다. 최근에 한 무신론자가 내게 말했다. "우리는 잔혹 행위와 악이 다반사로 벌어지는 행성에서 살고 있어요. 나는 우주적 정의가 전혀 존재하지 않는 세상을 도무지 이해할 수가 없네요."

그의 주된 불만이 우주적 정의의 결핍이었기 때문에, 나는 그리스도의 재림에 대해, 또 그날에 그리스도께서 이 땅에 단번에 정의를 세우실 것이라고 말했다. 나는 그가 즉각 내가 하는 말을 믿을 것이라고 기대하지 않았지만, 복음이 불의 문제를 얼마나 깊이 있게 다루는지, 그것이 얼마나 중요한 문제인지 깨닫기를 바랐다.

오늘날 사람들은 정의를 상당히 중요하게 생각한다. 이런 상황은 하나님의 심판이 왜 중요한지 논의하는 기회로 이어질 수 있다. 심판의 날은 종종 회의론자들을 깜짝 놀라게 만들 하나님 성품의 여러 측면을 계시한다. 하나님은 불의와 부정에 대해 분노하시고, 소리 내어 자신을 변호하지 못하는 이들의 편이 되어 주신다. 그분은 학대받고 억압받는 이들을 위하신다. 사랑의 반대는 분노가 아니라 무관심이다. 하나님이 악에 대한 심판을 거절하신다면, 그 말은 하나님이 악에 연루되어 있다는 뜻이다. 신학자 미로슬라브 볼프Miroslav Volf가 설명하듯이, 분개하지 않는 하나님은 불의, 기만, 폭력의 공범일 것이다.[1]

우리의 문제는, 신적 공의가 우리를 겨냥하지 않는 한도 내에서만 하나님이 잘못된 모든 것을 바로잡아 주시기를 바란다는 것이다! 하지만 양쪽을 모두 가질 수는 없다. 언젠가 온갖 악한 불의를 바로잡으실 공정하신 하나님이 우리가 심판받을 때 갑자기 유순한 천상의 산타클로스처럼 행동하시기를 기대할 수는 없다. 불의의 씨앗은 궁극적으로 인간이 하나님을 거스른 거역의 결과물이고, 이런 씨앗은 우리 자신의 마음 안에 뿌리를 내리고 있기 때문이다.

성경은 심판의 날이 올 때 그리스도 예수께서 모든 인류를 공정하게 심판하실 것이라고 단언한다(롬 2:11). 복음을 한 번도 들어 보지 못한 이들(혹은 다른 가능한 시나리오)에게 이 말이 지니는 의미는, 지혜롭고 공정하고 자비로운 하나님만이 내리실 수 있는 결정이 있다는 뜻이다(물론 우리 모두 하나님의 은혜라는 공짜 선물을 받을 자격이 없다는 것을 명심해야 한다). 성경이 우리에게 명확히 가르치는 바는, 모든 인간이 죄인이라는 것과 우리 죄를 위해 십자가에서 돌아가신 예수님을 떠나서는 누구도 구원을 받을 수 없다는 것이다.

또한 심판에는 결과가 뒤따른다. 하나님 은혜의 제안을 거절하고 안타깝게도 하나님의 임재를 떠나 살기로 고집하는 이들은 자신들의 열망대로 될 것이다. 팀 켈러는 이렇게 적는다. "그들은 내세에 자신들이 가장 원하던 그것을 얻는다. 하나님을 구주와 주님으로 모시거나 아니면 자기 자신의 구주와 주인이 되거나."[2]

'관용'의 시대를 사는 사람들은 받아들이기 힘들겠지만, 지옥은 실재다. 하나님은 누구에게도 지옥을 원하시지 않지만, 하나님의 임재를 떠나 살려는 우리의 아집을 그냥 넘어가지 않으실 것이다. 성경은 이 심판이 거룩하신 하나님의 주권적인 뜻인 동시에, 데살로니가후서 1:9에서 보듯이 인간의 선택이라고 표현한다. 다시 말해, 문은 양쪽 모두 열려 있다. 켈러는 이렇게 표현한다. "지옥이란, 단지 우리가 자유롭게 선택한 길이 영원히 지속되는 것이다. 우리는 하나님에게서 벗어나기를 원했고, 하나님은 무한한 공의 가운데 우리가 가고 싶어 했던 곳으로 우리를 보내신다."

하지만 그리스도인은 다가오는 심판의 날을 두려워할 필요가 없다. 우리가 만날 재판관은 우리를 사랑하는 예수님이시고, 그분은 우리의 죄를 위해 하나님의 심판을 담당하려고 돌아가셨다(롬 8:1). 모든 역사의 재판관이 우리 대신 심판을 받기 위해 우리 행성에 오셨다는 것은 놀라운 사상이다. 하나님이 예수님 안에서 죄를 심판하셨기 때문에, 그리스도를 신뢰할 때 우리는 확신에 찬 소망 가운데 살 수 있다. 우리의 영원한 미래가 보장되었기 때문이다. 심판의 날에 정의의 칼날이 자기 위에 떨어지기를 바라는 사람은 아무도 없을 것이다. 우리는 모두 한때 왕의 총애를 받았던 16세기 영국인 토머스 크롬웰Thomas Cromwell이 처형될 때 헨리 8세에게 애원했던 그것을 원할 것이다. "제발 자비, 자비, 자비를!" 그런데 십자가에서 공의가 만족되었기 때문에, 하나님은 예수 그리스도의 복음을 통해 바로 그 자비를 주신다. 우리는 정의를 원하고, 우리에게는 자비가 필요하다. 복음은 둘 다를 준다.

심판의 날은 왜 그토록 좋은 소식인가

그리스도가 돌아오실 때 명확하게 드러날 하나님의 성품 한 가지는 하나님의 의로우심이다. 하나님은 의로우시기 때문에, 개인적 차원과 공적 차원 모두에서 의로운 삶을 살라고 그분의 자녀에게 요청하신다. 하나님의 의로우심을 증명하는 것은 우리의 증거에서 중요한 부분이다. 사람들이 우리를 통해 그리스도의 성품을 볼 수 없다면, 의로우신 하나님이 잘못된 모든 것을 바로잡을 심판의 날이 있을 것이라고 그들이 어떻게 믿겠는가?

개인적 차원

최근에 나는 미국의 목회자와 지도자 수련회에서 강의를 했는데, 그 수련회에서 변증학자 빈스 비테일Vince Vitale은 강의를 통해 사람들이 모든 것에 대해 성내는 듯한 시대에 우리가 살고 있다고 설명했다. 사람들의 예민한 감수성을 거스르지 않기란 불가능해졌다. 또 우리는 어떤 것도 용서하지 않는 듯한 시대를 살고 있다. 복수 영화의 대중적 인기와 점증하는 운전자 폭행 사고, 소셜 미디어에서 사용되는 가장 인기 있는 단어 중 하나가 '용서 불가'라는 사실을 주목하라.

모욕 행위는 너무 많은 반면 용서는 너무 적은 세상을 향해 우리는 어떻게 반응해야 할까? 우리는 성령의 열매, 특히 사랑, 자비, 용서를 통해 그리스도의 성품을 나타내야 한다. 의로운 삶을 사는 데는 윤리적·도덕적 측면이 있다. 우리는 우리의 죄를 고백하고, 우리의 죄를 극복하기 위해 성령의 능력을 의지한다. 그리스도가 온 세상을 심판하기 위해 오시고 그분에게는 우리의 도움이 필요하지 않다는 것을 알기 때문에, 우리는 다른 사람을 심판하지 않는다. 우리는 언젠가 하나님의 구속된 공동체와 함께 영원히 살 것이기 때문에 다른 사람을 용서한다. 우리는 더디게 성내고 아주 빨리 용서해야 한다. 의로운 삶을 사는 것은, 특히 회의주의 시대에 우리의 증거에 엄청난 영향을 미친다. 비록 우리가 완전하지 않더라도, 세상은 우리가 따르고 사랑한다고 주장하는 그분의 모습을 우리의 삶에서 보아야 한다.

공적 차원

개인적 죄가 우리 행성에서 벌어지는 깨어짐의 유일한 형태는 아니다. 우리가 보아 왔듯이, 세상은 물론 아름답지만 심각하게 깨어졌고, 학대, 가난, 인종 차별, 무자비, 폭력, 불의 등 죄의 결과로 인해 고통을 겪고 있다. 그리스도가 돌아오실 때 그분은 바로 이런 죄의 결과를 제거하실 것이다.

이런 사실을 알 때 오늘 우리가 살아가는 방식에 어떤 변화가 생길까? 요즘 복음 전파를 강조하는 그리스도인들과 일차적으로 정의 문제에 초점을 맞추는 이들 사이에 긴장이 있다. 따라서 여기서 우리는 반드시 이 긴장에 대해 생각해야 한다.

예수님은 고통당하는 이들에게 넘치는 긍휼을 보이셨다. 그분은 배고픈 이를 먹이셨고, 병든 이를 치유하셨고, 소외되고 잊힌 이를 높이셨다. 하지만 우리는 예수님이 5천 명을 먹이신 뒤 하신 말씀을 잊지 말아야 한다. "나는 생명의 떡이니 내게 오는 자는 결코 주리지 아니할 터이요 나를 믿는 자는 영원히 목마르지 아니하리라"(요 6:35). 다시 말해, 예수님은 인간의 기본 필요를 채우셨고, 그런 다음 그 일을 통해 예수님 안에 있는 영원한 생명을 향한 궁극적 필요를 가리키셨다. 그분은 물리적 필요를 채우는 것이 사소한 일이라고 생각하지 않으셨지만, 그것으로 충분하다고 생각하지도 않으셨다. 예수님은 자비의 사역과 선포 사역을 분리하지 않으셨다. 하지만 예수님의 주된 초점은 모든 인간이 구원을 통해 하나님과 화해를 이루어야 하는 필요를 다루는 데 있었다. "사람이 만일 온 천하를 얻고도 자기 목숨을 잃으면 무엇이 유익하리요?"(막 8:36)

마찬가지로, 우리는 말과 행위 둘 다를 통해 세상을 위해 사역하도록 부름받는다. 예수 그리스도의 인격 안에서 선포와 자비는 불가분 함께 묶여 있기 때문이다. 프레더릭 캐서우드Frederick Catherwood 경이 다음과 같이 적었다.

> 그리스도의 마지막 큰 명령은 구원의 복음, 거역한 우리를 위한 하나님의 용서의 선사를 전하는 것이 그리스도인의 책무라는 것이다. 영원한 구원은 이생에서 그 어떤 것보다 더 중요하다. 하지만 우리가 살고 있는 사회는 죄를 믿지 않고, 따라서 구원의 필요를 전혀 깨닫지 못한다. 세상은 교회를 기껏해야 뜻이 맞는 사람들의 친교 클럽 [혹은] 최악의 경우 위험한 분파라고 여긴다. 말만으로는 충분하지 않다.³

우리는 이 세상에서 상처와 불의를 치유하기 위해 최선을 다해야 한다. 그것은 모든 인간이 하나님의 형상으로 만들어졌기 때문이고, 예수님이 이웃을 사랑하라고 요청하시기 때문이다. 캐서우드는 이렇게 말을 잇는다.

> 우리의 말이 행동으로, 특히 네 이웃을 네 자신같이 사랑하라는 두

번째 큰 계명에 대한 순종으로 뒷받침되지 않는다면, 나는 우리가 이 공적인 논쟁에서 승리할 것이라고 믿지 않는다. 그리스도는 사람들을 가르치셨지만, 그분은 사람들을 치유하고 먹이기도 하셨다. 그분은 사람들이 가장 첨예하게 느끼던 필요를 채우는 보살핌을 통해 사랑을 보여 주셨기 때문에, 많은 사람들이 아직 깨닫지 못한 영적인 필요에 대해 말씀하셨을 때 사람들은 그분을 믿을 준비가 되어 있었다. 마침내 예수님이 자신의 생명을 주셨을 때, 수천 명이 회심했다. 그리스도인은 그리스도의 본보기를 따라야 한다.[4]

따라서 우리의 부르심은 복음을 드러내면서 동시에 선포하는 것이다. 우리 주위 사람들에게 또한 그들과 함께 하나님 나라를 보여 주면서 동시에 전하는 것이다. 둘 다 중요하고 둘 다 같이 실천되어야 한다. 사람들이 그리스도를 신뢰해야 한다는 것이 우리가 주로 호소하는 메시지이지만, 그것은 우리의 행동으로 뒷받침되어야 한다.

땅의 갱신

그리스도가 돌아오실 때 하늘과 땅이 갱신될 것이라고 성경은 말한다. 이것은 이 세상을 없애 버린다는 의미가 아니다. 이 세상이 치유되고 회복된다는 의미다! 그리스도가 돌아오실 때 하늘이 우리에게 올 것이다! 하늘과 땅은 다시 하나가 될 것이고, 지금과 달리 더 이상 분리되지 않고 하나가 될 것이다. '새 것'이 '옛 것'을 대체한다고 말할 수 있을 정도로 세상은 변혁될 것이다. 그리스도께서 이 땅에 하나님 나라를 세우실 것이다.

> 하나님의 장막이 사람들과 함께 있으매 하나님이 그들과 함께 계시리니 그들은 하나님의 백성이 되고 하나님은 친히 그들과 함께 계셔서.
> (계 21:3)

이 갱신은 엄청난 희망과 기쁨으로 우리를 채운다. 우리는 악이 최종 결정권을 갖고 있지 않음을 알기 때문이다. 최종 결정권은 하나님께 있다! 사탄은 자신의 운명으로 인도될 것이고, 하나님의 백성은 하나님과 연합하고, 또 서로와 연합할 것이다. 옛 것은 사라지고 새 것이 올 것이다.

새 땅은 왜 그토록 좋은 소식인가

비신자에게 하늘과 땅을 갱신하실 그리스도의 적실성을 전달하고 보여 줄 수 있는 몇 가지 방법이 있지만, 우리는 특히 두 가지 사실을 보여 주어야 한다.

하나님 세계의 선함

우리는 이 세상이 존재하는 전부가 아니고, 우리가 완전히 갱신된 다른 세상을 위해 만들어졌음을 알고 있다. 언젠가 우리는 진짜 집,

즉 우리가 그것을 위해 창조되었고 우리를 완전히 만족시켜 줄 그 집에서 살 것이다. 그런데 바로 이런 인식은 실제로 이 세상이 지금 선사하는 선善을 누리는 자유를 준다. 우리가 누리는 이 세상의 선은 미래 집의 전조다. 이 세상의 선이 전부라고, 그래서 그것이 줄 수 없는 의미와 안전을 준다고 여기거나 아무것도 아니라고, 그래서 외면하고 묵살해야 한다고 여기지 않을 자유가 우리에게 있다.

C. S. 루이스의 『스크루테이프의 편지』*The Screwtape Letters*, 홍성사에서 악마 선배 스크루테이프는 훈련생 악마 웜우드를 꾸짖는다. "환자"(웜우드가 하나님에게서 멀어지게 하려고 유혹하기 위해 고군분투하는 남성)가 순수한 인간의 쾌락을 즐기도록 허용한다는 이유에서다. 스크루테이프는 염려한다.

> 너는 환자가 진짜 좋아하는 책을 읽도록 허용했다.…오래된 물방앗간까지 산책을 나가 그곳에서 차를 마시도록 [또한] 환자가 진심으로 좋아하는 시골길을 걸어가도록 허용했다.…너는 이런 일이 얼마나 위험한지 알아채지 못할 만큼 무지하단 말이냐?[5]

스크루테이프를 통해 루이스가 내놓는 주장은, 이생에서 경험하는 현실의 즐거움과 현실의 고통이 사람들에게 하나님을 가리키는 실재의 시금석을 제공한다는 것이다. 우리가 이 세상을 즐기면서 이 세상의 선함이 가리키는 영원한 집을 바라볼 때, 그것은 그 집을 향해 걸어가는 동안 우리의 믿음을 북돋아 줄 것이다.

다시 말해, 다음 세상을 향해 여행하면서 동시에 이 세상을 즐기고 음미하는 순례자가 되는 것에는 모순이 전혀 없다. 이것을 삶으로 살아낼 때 우리의 전도는 큰 힘을 얻을 것이다. 이 세상에서 우리의 관심과 기쁨의 폭이 넓을수록, 비신자와 자연스럽게 연결되고 공통의 토대를 발견할 수 있는 더 큰 기회가 주어질 것이기 때문이다. 그리스도인이 비신자와 어떻게 관계를 맺어야 할지 모르겠다고 말할 때, 나는 대개 이렇게 말한다. "당신의 타고난 관심사에서 시작해 보세요! 미술반이나 요리반에 가입해 보세요. 테니스 클럽이나 골프팀에 합류해 보세요. 이웃과 북클럽을 시작해 보세요. 언어 수업을 듣거나 당신이 관심을 갖고 있는 강의 시리즈에 참석해 보세요. 그런 활동을 즐기면서 거기 참여하는 이들과 사귀어 보세요!" 이 세상에서 의미와 아름다움을 발견하는 것은 좋은 일일 뿐만 아니라 많은 영적인 기회로 인도할 수 있다.

고난 중 희망

우리는 그리스도인이 약함을 드러내고 진실해야 한다는 말을 많이 듣는데, 맞는 말이다. 진실한 증인이 된다는 것은 어려움을 겪고 있을 때 우리의 눈물과 어려움을 드러낼 수 있다는 뜻이다. 다만 세상은 우리의 약함보다 더 많은 것을 보아야 한다. 사람들은 하나님에 대한 우리의 확신과 믿음이 현재의 상황이 아니라 예수 그리스도를 통해 나타난 하나님의 아름다움과 능력, 진리, 한결같은 성품에 근거해 있음을 알아야 한다. 어려운 시기에 드러나는 우리의 인내와 회복력이 살아 계신 하나님에 대한 신뢰에서 비롯된 것임을 사람들이 보아야 한다.

바비 올게무스는 맹렬한 기세로 암이 재발한 유방암 생존자였다. 딕과 내가 올란도에 있는 바비와 그녀의 남편 로버트를 방문했을 때, 그녀는 재발한 암과 거의 2년간 싸우고 있었다. 바비는 체력을 아끼기 위해 안락의자에 앉은 채, 젊은 엄마들을 위한 사역과 어린이들을 위한 티파티에서, 비신자들과 나누던 의미심장한 대화에서 하나님이 어떻게 일하고 계신지 한껏 들떠 이야기했다.

부엌에 우리 둘만 남았을 때, 나는 바비의 평화와 기쁨에 감동을 받았다고 말해 주었다. 바비는 이렇게 말했다.

"사랑하는 남편과 소중한 두 딸, 어여쁜 손주들을 떠나야 한다고 생각할 때, 당연히 슬픔이 찾아오는 순간이 있어요. 그런데 최근에 나는 예수님께서 이 땅에서의 시간이 거의 끝났다고 말씀하시는 것을 감지했습니다. 생각해 보세요, 베키! 평생 동안 나는 예수님께 마음을 쏟았고 그분을 사랑했습니다. 나는 곧 얼굴과 얼굴을 맞대고 그분을 볼 거예요! 더 이상 장애물은 없어요. 믿음으로 기대하던 것을 마침내 보게 될 거예요. 또한 예수님이 이 땅에 돌아오시는 그날, 그분은 만물을 새롭게 하실 겁니다! 더 이상 질병도, 슬픔도, 고통도 없어요. 구속된 하나님의 백성은 그분의 영광스러운 임재 속에서 영원히 살 거예요. 더는 기다릴 수 없어요!"

우리 부부에게 가장 인상적이었던 점은, 천국과 주님의 미래의 귀환에 대한 바비의 확신이 전적으로 현재의 고난에 의해 형성되었다는 사실이었다. 이 확신은 고난을 소화하고 인내할 능력을 강하게 해 주었을 뿐 아니라, 그녀를 그리스도의 열정적인 증인으로 만들었다. 바비를 만난 모든 사람은, 신자든 회의론자든 똑같이 그녀에게 미래의 소망이 있기 때문에 환경이 그녀를 짓누르지 못했음을 보았다. 그 소망을 알 때 우리는 참되게 살아가는 법을 배운다. 우리가 떠나올 때 나는 딕에게 말했다. "방금 전 우리는 암으로 죽어 가는 한 여성과 함께 있었는데, 바비보다 생기 넘치는 사람을 만나 본 적 있어요?"

바비가 나에게 해 준 마지막 말은 이렇다.

"놀랍게도, 우리가 죽음에 가까이 갈 때 모든 것이 명확해집니다. 당신도 알다시피, 예수님은 견고하고 참되고 영원한 것을 주세요. 악은 사라집니다. 나의 삶이 경이로웠던 만큼, 나는 장차 올 삶도 그동안 내가 알았던 어떤 것보다 훨씬 더 영광스럽고 진실할 것이라고 전적으로 확신합니다."

C. S. 루이스는 나니아 시리즈의 마지막 책, 『최후의 대결』*The Last Battle*, 열린책들에서 등장인물들에 대해 이렇게 적었다.

이 세상에서 그들의 모든 삶과 나니아에서의 모든 모험은 표지와 제목 페이지였을 뿐이다. 이제 마침내 그들은 지상에 있는 어느 누구도 읽어 본 적 없는 위대한 이야기의 제1장을 시작하고 있었다. 이 이야기는 영원히 이어진다. 이 이야기의 모든 장은 이전 장에 비해 훨씬 좋다.⁶

2014년 10월 28일, 향년 62세에 바비 올게무스는 그 위대한 이야기의 제1장을 살기 시작했다.

그리스도의 귀환은 우리를 소망으로 채우고, 고통이나 고난, 슬픔에 의해 사그라질 수 없는 기쁨을 가져다준다. 이것은 강력한 증언이고, 고난은 재난일 수밖에 없다고 믿는 주위 사람들에게 심원한 희망을 선사한다. 우리는 그리스도를 따르는 이들에게 언젠가 물리적인 온전함이 있을 것이라고 말할 수 있다. 어느 날 공의가 있을 것이다. 어느 날 갱신이 있을 것이다. 우리는 이 이야기가 어떻게 끝나는지 알기 때문에, 희망을 가질 수 있다!

그뿐 아니라 그리스도의 귀환은 우리에게 살아갈 대의명분, 곧 그것을 위해 살아갈 만한 가치를 지닌 목적을 선사한다. 세대를 통틀어, 특히 밀레니얼 세대와 Z세대 중 많은 사람들이 자신들의 삶을 이해하기 위해 정의를 찾고 자기 자신보다 훨씬 큰 대의명분을 추구한다. 돌아오실 그리스도에 관해 말하면서 그분을 위해 살아가는 것은 이 세상에 존재하는 가장 중요한 대의명분이고, 영원까지 결정할 유일한 대의명분이다. 대주교 벤자민 콰시는 아내 글로리아와 함께, 나이지리아에서 믿음을 지키기 위해 엄청난 박해를 견뎌 냈다. 언젠가 그는 이렇게 말했다. "이것은 그것을 위해 살 만한 가치가 있는 복음이고, 그것을 위해 죽을 만한 가치가 있는 복음이다!"

우리가 어느 때든 어느 곳에서든, 어떤 사람에게 줄 수 있는 가장 큰 격려의 원천은 예수님의 복음이다. 곧 그리스도가 죽으셨고, 그리스도가 부활하셨고, 그리스도가 다시 오실 것이라는 진리 말이다. 우리는 이 복음을 위해 살면서 이 복음을 좋은 소식으로 전하는 법을 배워야 한다. 우리는 자기 자신을 위해 성경의 마지막 기도로 기도하면서 살아야 한다(계 22:20). **주 예수여, 오시옵소서!**

묵상과 나눔을 위한 질문

* "[인간의 죄와 관련해서] 분개하지 않는 하나님은 불의, 기만, 폭력의 공범일 것이다." 죄에 대한 예수님의 미래의 신적인 심판이 실제로 오늘날 사람들에게 어떻게 좋은 소식으로 비쳐질 수 있겠는가?

* "다음 세상을 향해 여행하면서 동시에 이 세상을 즐기고 음미하는 순례자가 되는 것에는 모순이 전혀 없다." 당신은 순례자라는 사실을 잊거나 우리가 이 세상을 즐겨도 된다는 사실을 잊는 경향이 있지 않은가? 다른 진리를 희생하면서 한 가지 진리를 강조할 때, 우리가 살고 일하고 증거하는 방식에 어떤 불리한 영향을 미치겠는가?

* 누군가에게 복음 이야기를 전할 시간 3분이 있다면, 당신은 무엇을 말하겠는가? 복음 이야기를 전달하기 위해 포함시킬 핵심 요소는 무엇인가? 당신의 문화에서는 복음 메시지를 구미에 더 잘 맞도록 바꾸기 위해 어떤 방법으로 당신을 유혹하는가?

3부

방법

11장

왜, 무엇을, 누가

"'전도자'라는 단어를 들을 때 마음속에 어떤 이미지가 떠오르나요?"

몇 해 전, 나는 미국 수련회 참석자들에게 이런 질문을 던진 뒤 그 질문에 답해 달라고 요청했다. 나는 화이트보드 한쪽 면에 그들의 대답을 적었다. "밀어붙인다, 무례하다, 강요한다, 경청하지 않는다, 자기 말만 한다…"

뒤이어 두 번째 질문을 던졌다. "당신이 그리스도인이 될 때 가장 많은 영향을 준 사람을 몇 마디로 설명할 수 있을까요?" 나는 반대쪽 면에 그들의 대답을 적었다. "사랑한다, 내 말을 경청했다, 판단하지 않았다, 나를 진지하게 받아 주었다, 내 안에서 좋은 점을 찾아냈다, 내 질문을 이해했다, 시간을 내준다, 환대한다…"

화이트보드 위에 적힌 대조적인 특성이 인상적이었다. 대체 왜 전도자에 대한 인상은 이토록 부정적인데, 전도자에 대한 그들 자신의 경험은 정반대였을까?

'전도자'와 '전도'라는 단어는 강한 반감을 일으킨다. 일반 문화에서만이 아니라 교회에서도 마찬가지다. 거리 한쪽 구석에서 피켓을 들고 소리치는 사람의 풍자화는, 믿음을 전하려고 할 때 자신들이 어떻게 인식될지 많은 그리스도인들이 두려워하고 있음을 보여 준다. 사실 "전도"라는 말만 꺼내도 그리스도인들은 종종 '희생양'에게 사용할 기술을 암기한다는 의미로 받아들인다. 하지만 기술은 우리의 마음을 움직이거나 감동을 주지 못하고, 다른 사람들과 진실한 관계를 형성하지도 못한다.

이것은 전도가 진정 무엇인지 우리가 잊었음을 보여 준다. 전도라는 단어 자체가 '좋은 소식! 기쁜 전갈!'을 의미하는 헬라어 단어에서 유래했다. 사도행전과 모든 복음서에는 감동적인 전도의 사례로 가득하다. 그 가운데 어떤 것도 우리 중 너무나 많은 사람들이 안고 다니는 이런 부정적인 풍자화를 내비치지 않는다.

우리는 이 책에서 이미 개인 전도에 참여하는 방법에 관한 여러 사례를 보았지만, 이 마지막 부에서 우리는 전도의 '방법'에 전적으로 초점을 맞출 것이다. 구체적으로, 그리스도의 사랑을 보여 줌으로써, (특히 영적으로 닫힌 이들에게) 그리스도의 진리를 선포함으로써, (특히 하나님의 말씀을 통해) 하나님의 능력에 의지함으로써 좋은 소식을 전하는 것이다.

시작하기에 앞서 당연히 왜, 무엇을, 누가 전도하는지 간략히 살펴보자. 더불어 우리가 믿음을 전하면서 힘들어하는 이유들도 검토할 것이다.

왜 전도하는가

부활하신 그리스도는 제자들에게 "너희는 가서 모든 민족을 제자로 삼으라"고 명령하셨다(마 28:19). 예수님이 무엇을 말씀하지 않았는지 눈여겨보라! 그분은 이렇게 말씀하지 않으셨다. "그러므로 너희 모든 외향적인 이들, 활발한 소통 기술을 갖춘 너희 모두, 전도자의 은사를 받은 너희 모두는 가서 제자를 삼으라. 너희 중에 나머지는 편안하게 지내라. 내가 돌아갈 때까지 찬양이나 부르면서 기다리라."

아니다. 대위임령은 우리 각자에게 주는 명령이다. 예수님은 우리의 은사나 성격 유형과 상관없이, 지상의 모든 문화와 모든 민족에서 자란 모든 그리스도인에게 증인이 되라고 명령하고 그들을 부르신다. 이 명령은 더 이상 명확할 수 없다. 그런 이유로 초기 제자들은 가는 곳마다 복음을 삶으로 살아내면서 전했다. 박해로 인해 예루살렘에 있는 자신들의 집에서 쫓겨났을 때도, "그 흩어진 사람들이 두루 다니며 복음의 말씀을 전"했다(행 8:4). 전도는 성직자와 전도자, 선교사에게만 국한된 활동이 아니다. 상당 기간 그리스도인이었던 사람들에게 국한된 것도 아니었다. 하나님은 모든 시대의 모든 그리스도인에게 하나님의 증인으로 파송받는 놀라운 특권과 지속적인 도전을 주셨다.

복음을 증거할 때, 우리는 예수님이 오신 전체 목적에 동참하는 것이다! 예수님은 이 땅에 오신 목적을 이렇게 설명하셨다. "인자가 온 것은 잃어버린 자를 찾아 구원하려 함이니라"(눅 19:10). 예수님은 온 세상이 구원을 받아, 자기에게 믿음으로 나오는 모든 사람이 하나님의 임재 안에서 영원히 살게 하기 위해 죽으셨다. 이것은 어떤 의미인가? 하나님이 우리를 깊이 열정적으로 사랑하신다는 뜻이고, "우리가 아직 죄인 되었을 때에" 우리를 사랑하셨다는 뜻이다(롬 5:8). 이 사랑이 가장 좋은 것, 자신의 친아들을 주시도록 성부 하나님을 몰아갔다. 이 사랑이 절망적인 어려움 가운데 있던 행성으로 와서 구원하도록 예수님을 몰아갔다. 성부와 성자, 성령의 사랑이 우리를 선교로 내보낸다. 따라서 다른 사람을 향해 다가가도록 우리를 몰아가는 것도 사랑이어야 한다. 하나님이 세상과 창조 세계를 이처럼 사랑하신다면, 우리도 그렇게 해야 한다!

하지만 우리가 가지고 있지 않은 것을 다른 사람에게 줄 수는 없다. 예수님을 우리 행성과 십자가로 보낸 사랑이 우리가 효과적으로 전도하기 위해 이미 이해하고 지금 누리고 있어야 할 사랑이다. 우리는 첫사랑이 되살아나도록 하나님께 간구함으로써 처음부터 다시 예수님과 사랑에 빠져야 한다. 우리는 날마다 성경을 읽고 하나님이 우리에게 말씀하시도록 해야 한다. 만약 예수님의 삶을 드러내기를 열망한다면, 우리는 신선한 눈으로 예수님을 볼 수 있도록 도와달라고 하나님께 간구하면서 복음서에 깊이 몰입해야 한다. 우리는 용기와 지혜, 하나님 및 다른 사람을 향한 더 깊은 사랑을 주시도록 성령을 통해 하나님께 기도하고 요청해야 한다. 전도의 부르심은 안으로 강인해지고 밖으로 목적에 집중하라는 부르심이다. 그리스도의 사랑으로 불타는 사람을 통해 하나님이 무엇을 하실 수 있을지 상상해 보라!

무엇을 전도하는가

전도란 무엇인가? 어떤 의미에서 우리는 이 책 전반에 걸쳐 이 질문을 살펴 왔다. J. I. 패커Packer는 자신의 중요한 저작 『복음 전도와 하나님의 주권』Evangelism and the Sovereignty of God, 생명의말씀사에서 전도의 본질이 "전도는 사람의 일이지만 믿음을 주는 것은 하나님의 일이다"[1]라는 한 가지 핵심적 진리를 잊지 않고서 복음을 전달하는 것임을 강조한다. 하나님이 위대한 전도자이시고, 거룩한 성령만이 죄에 대해 유죄를 선고하고 사람을 하나님께 이끄실 수 있다.

성경에서 신자들이 어떻게 전도에 참여했는지 볼 때, 우리는 그것이 세 가지 사항으로 구성되는 것을 본다. 전도란 말(선포)과 행동(행위)과 초대(그리스도 예수를 주님과 구주로 믿으라고 사람들에게 요청하는 것)를 통해 예수님의 좋은 소식을 전하는 행위다. 좋은 소식을 말하고, 좋은 소식을 살아내고, 예수님을 따르도록 다른 사람들을 초대하는 이 세 가지 행위가 성경의 전도에서 본질적이다.

달라스주 교구의 자문 전도위원인 캐리 헤딩턴Carrie Boren Headington의 말에 의하면, 전도는 예수님의 방식대로 선포와 사회적 행동, 초대를 기쁨으로 통합하는 것이다. 다음과 같은 좋은 소식을 전하는 것이다.

> 하나님은 실재하시고, 하나님은 살아 계신다. 하나님은 모든 사람과 삶을 변화시키는 영원한 관계 속에 있기를 원하신다. 이 관계는 예수 그리스도의 화해 행위를 통해 가능해졌다.[2]

누가 전도하는가

이 인용문은 하나님이 당연히 가장 위대한 전도자이심을 상기시킨다. 하나님만이 마음을 바꾸고, 보지 못하는 눈을 뜨게 하며, 회심으로 이끄실 수 있다. 사도행전 16장에서 빌립보에 도착했을 때, 바울은 성문 밖 강가로 나가서 앉았고 그곳에 모여 있던 여성들과 대화를 나누기 시작했다. 그들 중에 자주색 옷감 장사를 하는 루디아가 있었는데, 이는 그녀가 분명 성공한 부자 상인이었음을 암시했다. 빌립보에서 지내는 동안 자기 집에 머물도록 바울과 그의 일행을 설득한 것을 볼 때, 루디아는 확실히 자신감이 부족한 여성은 아니었다. 누가가 우리에게 전하는 말에 의하면, 바울은 그녀에게 복음을 전했고, "주께서 그 마음을 열어 바울의 말을 따르게" 하셨다(행 16:14). 다시 말해, 말을 하는 것은 바울의 몫이었지만, 결과는 하나님의 몫이었다. 사람들을 아들을 믿는 믿음으로 이끄는 분은 하나님, 오직 하나님이시다. 놀랍게도, 대개 하나님은 삶을 바꾸어 놓는 이 일을 자기 백성을 통해 하신다. 우리는 하나님이 사람들을 영원히 구원하시는 과정의 일부가 되는 특권을 누린다!

여기에는 두 가지 의미가 있다. 먼저, 전도의 성공은 우리가 얼마나 많은 사람을 회심시키는지와 관련이 없다. 우리 중에 누군가를 회심시킨 사람은 아무도 없기 때문이다! 성공은 우리의 삶으로, 우리의 말로 사람들을 사랑하는 것과 관련이 있다. 사람들에게 예수님을 보여 주고, 그 뒤에 우리가 할 수 있는 한 성실하고 매력적이고 사랑스러운 방법으로 예수님의 복음을 그들에게 말하는 것과 관련이 있다. 이 메시지에 대해 어떤 사람이 보이는 반응은 우리의 책임이 아니지만, 그 메시지를 전하는 것은 우리의 책임이다. 기억하라. 그 결과가 회심이든 거절이든, 하나님은 우리가 아들을 증거할 때 기뻐하신다. 리코 타이스는 그것을 이렇게 표현한다.

> 무엇이 성공적인 복음 증거인가? 어떤 사람이 그리스도인이 되는 것이 아니라, 어떤 사람이 그리스도에 대해 듣는 것이다.…복음을 설명했지만 거절당한다 하더라도, 당신은 실패한 것이 아니다. 시도하지 않는다면, 당신은 실패한 것이다.³

둘째, 우리는 자기 확신이 아니라 하나님 확신이 필요하다는 사실을 기억해야 한다. 우리가 복음을 증거하는 동안 하나님이 보지 못하는 눈과 마음을 열어 복음 메시지에 반응하도록 역사하실 수 있음을 알 때, 우리는 담대하게 기도하지 않을 수 없다. 우리가 말할 때 하나님은 우리와 함께하시고 우리를 지지하신다. 하나님이 우리의 말을 어떻게 사용하실지 누가 알겠는가?

따라서 담대한 기도에서 시작하라. 당신의 주변 세계에서 하나님이 이미 일하고 계신 곳이 어디인지 보여 주시도록 간구하라. 당신의 가족, 당신의 이웃, 당신의 직장, 당신의 지역 사회, 당신의 도시에서, 복음을 듣도록 하나님이 준비하고 계신 사람들이 누구인지 가리켜 주시도록 간구하라. 거기서 시작하라. 하나님은 우리 중 어떤 사람들을 땅끝으로 보내실 수 있음을 기억하라.

그렇다면 왜 우리는 힘들어하는가?

세계 곳곳의 그리스도인들을 전도에 무장시키면서 보낸 모든 세월을 통해 우리는 그리스도인들이 힘들어하는 가장 큰 쟁점이 두려움임을 깨달았다.

"기분을 상하게 하면 어떡하죠?"

믿음을 전하려고 하다가 그 뒤에 혹시 기분을 상하게 할까 봐 두려워 주저했던 적이 얼마나 많았는지 생각해 보라. 그렇다면 당신의 두려움을 왜 회의론자들과 나누지 않는가? 왜 이렇게 말하지 않는가? "당신도 알겠지만, 나는 믿음에 대해 자부심을 갖고 있고, 당신과 믿음을 나누고 싶어요. 하지만 내가 머뭇거리다가 흥미를 잃게 만들지 않을까 너무 두렵군요." 이런 말은 회의적인 친구들에게 무엇을 전달할까? 우리는 공격적이지 않고, 위압적이지 않으며, 전도에 빠진 광신도가 아니라는 것이다. 사실 우리는 평범하다! 우리는 그들에게 메시지를 쏟아 낸 뒤 달아나고 싶지 않다. 우리는 그들과의 관계를 소중히 여기고, 그들이 얼마나 민감한지 알고 있다. 실은 우리도 그들과 똑같다! 믿음을 나누는 것에 대해 갖는 두려움을 포함하여, 우리 자신의 두려움에 대해 관심자들과 회의론자들에게 솔직히 표현할 때, 우리는 놀라운 자유를 경험한다.

"거절당하면 어떡하죠?"

간혹 사람들이 우리를 거절하는 이유는, 그들이 유죄 선고 아래 있기 때문이다. 그들은 사실 하나님을 거절하는 것이지만, 총탄을 맞는 것은 우리다. 이런 상황에서 우리가 할 수 있는 일은 많지 않다. 하지만 가끔 그리스도인들이 지나치게 공격적이어서 거절당하는 때도 있다. 이것은 세심하게 경청함으로써, 예수님을 따르지 않는 사람이 어디서 유래하는지 이해함으로써, 복음을 섣불리 불쑥 들이대지 않음으로써 우리가 바꿀 수 있는 것이다. 하지만 거절에 대한 두려움과 관련하여 또 다른 쟁점이 있다. 우리는 자신에게 굉장히 집착하는 시대를 살고 있다. 우리는 거절당하는 두려움 같은 우리의 감정에 대해 과도하게 염려한다.

천국에서 사도 바울 같은 사람을 만날 때 우리는 어떤 말을 할까? 매질당하고, 늘씬 두들겨 맞고, 죽도록 내팽개쳐지고, 뱀에게 물리고, 미움받고, 비방당하고, 거짓으로 중상모략당한 한 남자가 여기 있다(고후 11:23-28). 우리의 반응은 어떤 것일까? "바울, 이런 적대적인 대응에 정말 기분이 상하지 않았나요? 두렵지 않았나요? 나는 두려웠어요. 그래서 침묵했고요."

바울의 이야기와 관련해서 경이로운 한 가지 사실은, 그가 심지어 두 번째 선교 여행 중에도 실은 두려워했다는 것이다. 그런데 부활하신 하늘의 그리스도께서 바울에게 다가와 말씀하셨다. "두려워하지 말며 침묵하지 말고 말하라. 내가 너와 함께 있다"(행 18:9-10). 이 만남 뒤에 바울은 "우리는 주님이 두려운 분이심을 알기에 사람들을 설득하려고" 한다고 적었다(고후 5:11, 새번역).

바울은 이제 무엇을 깨달았는가? 두려움을 느끼는 것은 당연하다. 문제는 우리가 두려움에 순종할 것이냐 아니면 주님께 순종할 것이냐다. 달리 표현해 보면, 기막히게 좋으신 하나님의 관계보다 두려움에 의해 좌우될 것이냐 여부다.

바울이 이해한 바는 두려움을 극복하는 열쇠가 올바른 것에 대한 두려움이라는 점이다. 우리는 자신이 가장 두려워하는 것을 섬기기 때문이다. 따라서 우리는 당연하고 자연스러운 모든 두려움을 그 어떤 것보다 중요한 한 가지, 곧 하나님에 대한 두려움 아래 두어야 한다. 우리는 다른 사람의 인정보다 하나님의 인정을 존중하고, 경외하고, 신경 써야 한다. 마지막 날에 인생에서 단 하나의 판결, 곧 하나님의 판결이 중요하기 때문이다!

"답변할 수 없는 질문을 물어오면 어떡하죠?"

사람들은 우리가 답변할 수 없는 질문을 던질 것이다. 그렇게 확신해도 좋다! 우리는 사람들이 그리스도인에게 자주 던지는 기초적인 질문을 배우고 여러 견고한 변증적 답변을 익혀야 한다. 하지만 대답을 알지 못할 때 우리는 어떻게 해야 할까?

먼저, 항상 그들의 질문을 인정하라! "좋은 질문이군요." "그런 질문을 해 주니 너무 기쁘네요." "정말 해결하기 힘든 질문이지만, 아주 중요하죠."

둘째, 배경에 대해 좀더 물어보라. 그러면 우리에게 생각할 시간이 생길 것이다. "그 질문에 대해 좀더 설명해 줄 수 있나요? 그 질문이 왜 당신에게 중요한가요?"

셋째, 그 질문과 연관된 감정이 있는지에 관심을 가지라. 한 여성은 가까스로 분노를 억누르며 물었다. "세상에 이렇게 많은 고통이 있는데 어떻게 하나님이 계실 수 있나요?" 내가 말했다. "아마 이건 그 어떤 것보다 가장 심오하고 가장 까다로운 질문일 거예요. 그런데 뭐 하나 물어봐도 될까요? 당신의 질문에 무언가 사연이 있는 것 같은데, 내 말이 맞나요?" 그녀가 대답했다. "그래요. 맞아요! 내가 열 살 때 엄마가 돌아가셨어요. 그런데 그때 하나님은 어디 계셨죠?" 그제야 나는 이것이 이론적인 질문이 아님을 알았다. 그 질문은 깊은 고통의 상처에서 나온 것이었다. 이로써 내가 대답하는 방식에 큰 차이가 생겼다.

사람들은 정직을 높이 평가한다. 그들은 우리가 모든 질문에 대답할 수 있을 것이라고 기대하지 않는다. "엄청나게 중요한 질문인데, 나는 대답을 잘 몰라요. 하지만 내가 좀더 조사해 본 뒤에 당신에게 알려 주고 싶어요. 그래도 괜찮죠?" 이렇게 말한다면, 그들은 우리가 진실하고 정직하다는 것을 깨달을 것이다. 모든 질문에 대답할 수 없다고 해서 우리의 믿음이 줄어드는 것은 아니다. 대개 이런 말은 우리를 묵살하기보다 우리를 존중하는 계기가 된다.

오늘날 복음을 전하는 것이 도전인가? 물론이다! 하지만 동시에 기회이기도 하다! 관건은 이것이다. 오늘 우리가 맞닥뜨린 도전에도 불구하고, 하나님은 모든 그리스도인을 증인으로 사용하실 수 있을까? 사람들이 영적으로 열려 있든 닫혀 있든, 우리는 행동과 말과 초대라는 성경적인 방법을 구사할 수 있을까? 우리는 급변하는 세상에서 복음 메시지를 성실하게 고수하면서도 설득력 있고 효과적인 방법을 사용할 수 있을까? **그렇다. 그렇다. 정말 그렇다!** 이것이 다음 세 장에서 우리가 살펴볼 내용이다.

묵상과 나눔을 위한 질문

* '누가' 전도하는가에 관한 내용은 어떻게 당신의 용기를 북돋아 주는가?

* 211-214쪽의 질문 중에 당신이 가장 공감하는 것은 어떤 것인가? 그 대답은 어떤 도움이 되었는가?

* '전도'에 대해 생각할 때 당신의 마음에 무엇이 떠오르는가? 이것은 당신의 복음 증거에 어떤 영향을 주는가? 그 이유는 무엇인가?

12장

그리스도의 사랑을 보여 주기

이 책 서론에서 나는 전도에 관한 인터뷰를 위해 미국의 전국 라디오 프로그램에 출연했던 경험을 나누었다. 그 뒤에 전국 곳곳에서 많은 청취자들이 전화를 걸었는데, 그리스도인이 되는 것을 간절히 보고 싶은 가족과 친구들이 자기들에게 있다고 이구동성으로 말했다. 하지만 그들은 회의적인 친구들과 친족들이 영적인 대화에 참여하는 데 관심이 없을 것이라고 확신했다. 사실, 자기들이 복음을 전하는 데 굉장히 서툴기 때문에, 대신 복음을 전할 수 있는 누군가를 보내 주시도록 하나님께 간절히 기도했다고 많은 사람들이 말했다!

특히 유럽에서 생활하다 돌아온 직후였기 때문에, 이 인터뷰는 나를 낙담하게 만들었다. 유럽은 미국에 비해 훨씬 세속적인 대륙이지만 거기서 우리는 엄청난 열매를 보았다. 그래서 나는 이렇게 기도했다. "주님, 미국의 비그리스도인들이 신자들이 생각하는 것보다 믿음에 더 열려 있는지 보여 주세요."

이 인터뷰 직후, 나는 미국의 한 큰 대학교에서 전도 활동을 앞두고 있으니 전도 훈련을 실시해 달라는 초대를 받았다. 이어지는 이야기는 그 행사를 위해 비행기를 타고 떠나면서 일어났던 일이다. (돌아오는 비행기에서 일어난 일에 대해서는 다음 장에서 이야기하겠다!)

비행기에 올라 좌석에 앉았을 때 옆자리에 앉은 수를 만났다. 처리해야겠다고 마음먹은 업무가 있었지만, 수는 꽤 수다스럽고 이야기를 나누고 싶어 하는 것 같아서, 나는 자료를 옆으로 치우고 하나님께 우리의 대화를 인도해 주시도록 조용히 간구했다.

나는 처음에 수가 어떤 사람인지 알고 우리의 공통 관심사가 어디에 있는지 파악할 수 있는 질문을 던졌다. 두 사람 모두 여행하면서 다른 문화에 대해 배우는 것을 좋아하고, 책, 재즈, 영화를 좋아한다는 것을 알기까지 오랜 시간이 걸리지 않았다.

그 뒤에 수는 자신의 여러 생각을 나누기 시작했고, 나는 우리가 매우 다른 세계관을 갖고 있음을 얼른 감지했다. (물론 여기서 우리는 종종 그리스도인으로서 발을 헛디딘다. 누군가 우리가 동의하지 않는 말을 할 때 어떤 말을 해야 할지 자신이 없기 때문이다.)

대화를 나누던 중 어느 시점에 수가 말했다. "나는 사람의 본성이 본질적으로 선하다고 믿어요."

내가 수에게 물었다. "그냥 궁금해서 하는 말인데, 당신은 세상의 상태에 대해 어떻게 생각하나요? 사회는 어떻다고 생각하나요?"

"아, 세상은 무너지고 있어요. 엉망진창이죠!"

"좋아요. 그렇다면 세상에 전부 선한 사람들로 가득한데 어떻게 엉망진창일 수 있는지 납득할 수 있도록 도와줄래요?"

"아주 좋은 질문이네요!" 수가 말했다. 그 뒤에 그녀는 이런 분석을 제시했다. "나는 우리의 문제가 두 가지 원인에서 기인한다고 생각해요. 사람들에게는 중독 문제가 있어서 회복 프로그램이 필요하거나 심리적으로 상처를 입어서 치료가 필요해요. 그렇지 않나요?"

"나도 이런 것들이 실제적인 문제이고 그런 해결책이 사람들에게 도움이 되었다는 데 동의해요." 내가 대답했다. "그런데 긴급한 중독에서 회복되며 살아가는 법을 배우다가 우리의 문제가 훨씬 더 깊은 데 있다는 것만 깨닫게 된다면 어떨까요? 우리의 궁극적인 중독이 우리 자신에 대한 중독이라면요? 우리의 마음에, 뼛속까지 문제가 있다면요?"

"나도 실은 당신과 생각이 같아요." 수가 대답했다. "하지만 대체 누가 우리 자신에 대한 중독을 치료할 수 있는 힘을 갖고 있을까요? 또 마음의 중독을 치료하기 위해 우리는 어디로 가야 할까요?"

"솔직히, 하나님 외에 그 누구도, 그 어떤 것도 치료할 수 없다고 생각해요." 내가 말했다. "실은 그래서 나도 결국 불가지론자에서 그리스도인이 되었고요. 하지만 그것은 긴 이야기죠."

"당신의 이야기를 정말 듣고 싶어요!" 수가 말했다. 이때부터 남은 비행 시간 동안 우리는 기독교 신앙에 대해 의미 있는 대화를 나누었다.

비행기가 착륙한 뒤 수화물을 찾아 작별 인사를 나눌 때, 갑자기 수가 말했다. "베키, 이런 말을 하는 게 조금 부끄럽지만, 우리의 대화를 이어 가고 싶어요. 이메일을 보내면 답장을 해 주시겠어요?"

나는 기꺼이 그러겠다고 대답했다.

수는 이메일을 보냈고, 나는 답장을 보내면서 마지막에 이렇게 말했다. "내가 그리스도인이라는 말은 했지만, 작가라는 말은 안 했더군요. 하나님 혹은 정확히 명명할 수 없는 무언가를 찾고 있는 사람들을 위해 『토마토와 빨간사과』Hope Has Its Reasons, 사랑플러스라는 책을 쓴 적이 있어요. 이 책을 보내 줘도 될까요?"

수가 즉각 답장을 보내왔다. "당신 초능력자군요!? 내가 하나님을 찾고 있다는 걸 어떻게 아셨어요? 책을 보내 주세요!" 우리는 지금도 기독교에 관한 대화를 이메일로 계속 주고받고 있다.

예수님은 모든 그리스도인을 증인으로 부르신다. 그래서 우리는 모두 믿음을 효과적으로 전하는 법을 배워야 한다. 또 예수님은 자신의 명령을 실천하는 법을 보여 주신다. "아버지께서 나를 보내신 것같이 나도 너희를 보내노라"(요 20:21). 다시 말해, 예수님이 보냄받은 그 방식이 우리가 가는 방식을 결정해야 한다. 예수님은 믿음의 메시지만 우리에게 주시지 않고, 그것을 전하는 방법도 보여 주신다.

이 말은 예수님이 사람들과 관계를 맺으신 방식과 믿음에 대해 이야기하신 방식에 우리가 주목해야 한다는 의미다. 이렇게 생각해 보자. 성부 하나님이 우리 행성에 복음을 전달하기로 결정하셨을 때, "웃으세요, 하나님이 당신을 사랑합니다!"라고 적힌 전단지를 하늘에서 떨어뜨리지 않으셨다. 그분은 자기 아들, 곧 한 인격을 보내셨다. 그분의 전략은 변하지 않았다. 하나님은 공식이나 기법에 앞서 우리를 사용하기 원하신다. 전도의 방법은 그 무엇보다 여전히 그분의 백성이다. 전도의 동기는 그 어떤 것보다 피조물을 향한 하나님의 사랑에 뿌리를 두고 있다. "하나님이 세상을 이처럼 사랑하사 독생자를 주셨으니 이는 그를 믿는 자마다 멸망하지 않고 영생을 얻게 하려 하심이라"(요 3:16). 전도와 제자도의 주요한 동기는 매우 간단하다. 바로 사랑이다.

한 율법 교사가 "모든 계명 중에 첫째가 무엇이니이까"라고 물었을 때, 예수님은 망설이지 않고 이렇게 말씀하셨다.

이스라엘아, 들으라. 주 곧 우리 하나님은 유일한 주시라. 네 마음을 다하고 목숨을 다하고 뜻을 다하고 힘을 다하여 주 너의 하나님을 사랑하라 하신 것이요 둘째는 이것이니 네 이웃을 네 자신과 같이 사랑하라 하신 것이라. 이보다 더 큰 계명이 없느니라.

(막 12:29-31)

우리의 삶에 이런 사랑의 표식, 먼저 하나님에 대한 사랑의 표식, 뒤이어 다른 사람에 대한 사랑의 표식이 찍혀 있을 때, 우리는 모든 존재의 가장 심오한 실재, 곧 하나님의 삼위일체 본성을 내비친다. 하나님은 아버지와 아들, 성령의 관계적인 존재이시다. 세 위격이 서로 완전한 사랑의 조화 속에서 살고 계신다. 우리는 하나님의 형상으로 만들어졌고, 이는 우리가 사랑하도록 창조되었다는 뜻이다. 사랑은 개인적인 증거가 시작되는 곳이다. 자기에게 복음을 들려주는 그 사람이 자기에게 관심 있다고 믿지 않는다면, 복음을 들을 때 적극적으로 반응할 사람은 거의 없다. 다시 말해, 그리스도의 사랑에 대해 듣는 사람이 자신에게 이야기하는 그 사람 안에서 그 사랑의 조짐을 볼 때라야 효과적인 개인 전도가 일어난다. 그렇다면 예수님처럼 사람을 사랑한다는 것은 어떤 모습일까?

예수님은 세상과 어떻게 관계를 맺으셨는가

예수님이 보여 주신 모습은, 우리가 사람들과 제대로 관계를 맺기 위해 사랑 가운데 사람들과 본질적으로 동일시해야 하지만 거룩함 가운데 본질적으로 달라야 한다는 것이다. 사람들과 동일시하는 것은, 예수님이 그러셨듯이 연대와 긍휼 가운데 그들과 나란히 걷는 것이다. 예수님 시대의 사람들은 거룩한 사람은 회당에서만 찾을 수 있다고 생각했지만, 예수님의 사역은 종종 시장이나 식탁에서 벌어졌다. 그분은 "내게 오라"가 아니라 "그들에게 가라"는 접근 방법을 취하셨다. 예수님은 결혼식과 잔치에 참석하셨다. 그분은 너저분한 죄인으로 여겨지던 사람과 음식을 드셨다. 예수님은 사람들의 말을 주의 깊게 경청하고, 질문을 던지고, 치유를 바라는 그들의 필요에 응답하고, 자신이 이야기하고 있는 그 사람을 이해하려고 항상 노력하심으로써 긍휼을 표현하셨다.

하지만 다른 사람들과 동일시identify하는 것은 그들과 동화identical 되는 것과는 다르다. 우리가 동화된다면, 어떻든 우리가 다르다는 것을 사람들이 분간할 수 없다면, 우리의 증거를 구별해 주는 요소는 사라질 것이다. 예수님의 차이점은 기적과 그분 자신의 거룩함과 타협할 수 없는 진리를 기꺼이 이야기하신 방식에 의해 입증되었다. 그분의 동일시는 잊힌 자들, 무시받던 자들, 가망 없다고 여겨지던 자들을 향한 사랑과 긍휼에서 드러났다. 우리에게 주는 도전은 예수님처럼 세상 속으로 들어가는 것이다. 즉 하나님 백성의 정체성을 지킨 채 사람들과 동일시하는 것이다.

더군다나 예수님은 두 가지 사실을 아셨기 때문에 큰 기대를 품고 생활하셨다. 먼저, 예수님은 하나님이 자신을 알리기 위해 항상 일하신다는 것을 아셨다. 둘째, 예수님은 사람들이 하나님으로부터 얼마나 멀리 떨어져 있든, 모든 인간은 하나님을 알고 사랑하기 위해 창조되었음을 아셨다.

하나님은 우리가 길에서 마주치는 사람들을 적극적으로 찾으시고, 그분은 우리를 통해 말씀하기를 열망하시고, 사람들은 보기보다 영적으로 더 열려 있는 경우가 많다는 것을 기억할 때, 우리의 기대감은 크게 높아질 것이다. 믿음이 어떻게 우리의 태도를 형성하는지 그 중요성을 과대평가하기 힘들다. 만약 우리가 사람들이 영적인 대화를 나누는 데 흥미를 보일 것이라고 여긴다면, 사람들은 으레 흥미를 보일 것이다. 반대로, 우리가 당황하면서 변명하고 우리의 태도가 (전혀 말하지 않더라도) "내 생각에 아마 당신은 이게 흥미롭거나 적실성이 있다고 여기지 않겠지만" 정도라면, 당연히 사람들은 번번이 비슷한 태도를 보일 것이다.

당신에게 흥미로운 과제 하나를 내 주고 싶다. 날마다 하나님께 이렇게 간구하라. "주님, 오늘 주님이 어디서 일하는지 보여 주세요. 내 삶에서 주님이 찾고 계신 사람과 주님에 관한 대화를 나누게 해 주세요. 성령이 하고 계신 일을 놓치지 않게 해 주세요!" 이런 기도는 흥미진진한 생활 방식일 뿐만 아니라 당신의 믿음과 영적 감수성을 형성해 줄 것이다. 일상생활을 하면서 하나님과 사람들의 말에 귀를 기울이고 그들에게 주목하게 해 줄 것이기 때문이다.

예수님은 어떻게 사랑하셨나

사랑은 진실하고 조종하지 않는다

예수님은 제자들과 함께 있을 때와 회의론자들이나 비판자들과 대화할 때 표리부동하지 않으셨다. 시쳇말로 표현해서, 예수님은 진실하셨다. 그분은 이른바 '신앙 용어'God-talk를 구사하지 않으셨다. 예수님은 대화를 나누는 사람의 경험 및 관심사와 관련된 언어를 사용하셨다. 그분은 호객용 문구나 공식을 갖고 있지 않았고, 자신이 만난 모든 비신자들에게 똑같은 내용을 말하지도 않으셨다. 사실 예수님은 자신의 메시지를 표현하실 때 똑같은 방식으로 두 번 말씀하신 적이 결코 없었다. 복음 메시지의 본질은 동일했지만(동일하지만), 사람들에게 다가가신 방법은 한 인격으로서 그들이 어떤 사람인지에 의해 결정되었다.

이 말은 예수님이 변화를 요청하지 않으셨다는 의미는 아니다. 가끔 어린 신자들은 이렇게 말한다. "나는 사람들을 예수님처럼 사랑하려고 노력하지만, 그들을 회심시키려고 하거나 A지점에서 B지점으로 이동시키려 하지 않아요. 그런 일은 나에게 어떤 속셈이나 숨은 의도가 있다는 뜻이기 때문이죠. 예수님은 결코 그러지 않으셨어요."

하지만 예수님은 이렇게 말씀하셨다. "인자가 온 것은 잃어버린 자를 찾아 구원하려 함이니라"(눅 19:10). 예수님은 뚜렷한 목적을 갖고 계셨고, 그것을 희생을 통해 성취하기 위해 십자가로 가셨다. 예수님은 결코 그 목적을 숨긴 적이 없었기 때문에, 그것은 '속셈'이 아니었다. 예수님의 목적은 사람들이 하나님과 화해하는 것을 보고 싶은 열망에서 나왔다. 어떤 목적을 갖는다고 해서 예수님이 어떤 사람의 고결함을 훼손하는 것은 아니었고, 우리에게도 마찬가지다. 사랑이 담긴 경건한 목적을 품고 사는 것은 어떤 사람을 조종하거나 사람을 단순히 전도 프로젝트의 일환으로 보는 것과는 판이하게 다르다. 우리는 사람들이 그리스도께 가는 것을 간절히 보기 원하고, 신앙에 대한 그들의 호기심을 일깨울 기회를 찾고, 기회가 생길 때 믿음을 전한다. 이렇게 하는 이유는, 그리스도가 우리에게 명령하셨기 때문만이 아니라, 하나님이 사람들을 사랑하시고 우리도 그들을 사랑하기 때문이다. 바울이 데살로니가의 신생 교회에게 이렇게 말했듯이 말이다. "우리가 이같이 너희를 사모하여 하나님의 복음뿐 아니라 우리의 목숨까지도 너희에게 주기를 기뻐함은 너희가 우리의 사랑하는 자 됨이라"(살전 2:8). 하나님의 사랑 때문에 우리는 사람들을 고결하고 존엄하게 대하며, 그런 이유로 우리는 복음 메시지를 그들에게 전한다.

사랑은 모든 사람이 소중한 존재임을 안다

창세기는 모든 인간이 하나님의 형상으로 만들어졌다고 말한다. 이는 모든 생명이 소중하고 신성하다는 뜻이다. 이것을 아는 것은 우리가 증거하는 방식에 영향을 주어야 한다. 주 예수님이 그러셨기 때문이다.

어느 날 여리고를 지나고 계셨을 때, 예수님은 머지않아 모든 인류의 죄를 위해 십자가에 달려 돌아가실 줄을 아셨다. 예수님이 길을 걸어가시는 동안, 앞을 보지 못하는 거지 바디메오가 한 번이 아니라 두 번 예수님께 크게 소리치면서, 자비를 베풀어 먼 눈을 고쳐 달라고 예수님께 간청했다. 누가의 전언에 의하면, "앞서 가는 자들"(제자들)이 매우 거친 말로 바디메오를 꾸짖으면서, 사실상 닥치라고 말했다(눅 18:39). 그들의 책망에 담긴 숨은 뜻은 이것이다. "예수님이 어떤 분인지 모르시오? 대체 당신이 누구기에 이렇게 중요한 분의 길을 가로막는 거요?"

하지만 예수님은 걸음을 멈추고 제자들에게 바디메오를 데려오라고 말씀하셨다. 제자들에게는 상당히 당혹스러운 순간이었음에 틀림없다! 그 뒤에 예수님은 그 남자의 눈을 치유하셨고, 시력을 되찾은 그는 하나님을 찬양하며 예수님을 따랐다(42-43절). 예수님은 제자들이 무엇을 이해하기를 바라셨을까? 분명 그분은 제자들 자신의 눈먼 상태를 깨닫기를 바라셨다. 곧 하나님께 하찮은 사람은 아무도 없음을 깨닫기를 바라셨다. 제자들은 바디메오가 예수님의 시간을 허비할 만큼 가치 있는 사람이라고 여기지 않았지만, 예수님은 이렇게 말씀하려고 하셨던 것 같다. "너희는 내가 며칠 안에 이 사람과 온 세상을 위해 죽을 것임을 이해하지 못하느냐? 모든 사람이 내게 소중하다는 걸 깨닫지 못하느냐?" 이것이 제자들이 배워야 할 교훈이었다. 우리도 마찬가지다!

사랑은 겉모습 너머를 본다

예수님은 항상 겉모습 너머를 보셨다. 그분은 가장 그럴 것 같지 않은 사람 안에서도 영적으로 열려 있는 표식을 보셨다. 이런 모습은 종종 제자들과 종교 공동체를 충격에 빠뜨렸다. 예수님은 어떤 사람의 부도덕한 생활 방식이 그가 영적으로 열려 있지 않다는 의미라고 단정하지 않으셨다(요 4:18). 마찬가지로, 우리도 표면 아래를 보면서 사람들의 필요와 갈망을 발견해야 한다. 그들이 왜 그런 식으로 보고 말하고 믿고 행동하는지 말이다.

요한복음 4장에서 예수님이 만난 사마리아 여인이 좋은 본보기다. 우물로 돌아온 제자들은 예수님께서 그녀와 대화를 나누고 있는 모습을 보고 충격을 받았다. 아마 그녀의 겉모습이 생활 방식을 대략 암시해 주었을 테지만, 그 문화에서는 공개된 장소에서 여성과 이야기를 나누는 것만도 매우 부적절한 행동으로 간주되었다. 제자들은 그녀를 한 번 쳐다보고 결론을 내렸던 것 같다. "저런 여자가? **예수님의 제자가 된다고? 말도 안 돼!**" 하지만 예수님은 그녀를 보고 정반대 결론에 도달하셨다. 이 남자, 저 남자를 전전하는 그녀 안에서 예수님이 보신 것은, 그녀가 단지 도덕적으로 문란한 여성이 아니라는 것이었다. 그녀의 행동은 하나님을 향한 굶주림을 암시했다. 예수님은 제자들에게 이렇게 말씀하고 계신 것 같았다. "그녀가 하나님께 얼마나 열려 있는지 보아라. 자신의 갈증을 해소할 답을 찾기 위해 얼마나 힘들게 노력하고 있는지 보아라. 그렇다. 전부 엉뚱한 곳이긴 했지만, 그녀는 지금 찾고 있다!"

스티브 카터Steve Carter는 그리스도인이 "설명을 요하는 삶을 살아야 한다"고 말한다.1 사람들은 우리에게서 발산되는 사랑과 자비, 기쁨을 보고 더 많이 알고 싶어 해야 한다. 우리는 예수님의 모델을 따르면서 우리가 만나는 사람들의 필요와 생활 방식을 어떻게 해석해야 할지 스스로 질문해야 한다. 우리는 뒤죽박죽이 된 그들의 삶을 보고 "그건 틀렸어요"라고 말한 뒤에 발걸음을 돌리는가? 아니면 그들의 이야기를 경청함으로써 가면 뒤에 가려진 실체를 보고 그들이 누구인지 발견할 시간을 갖는가?

우리는 하나님의 무조건적인 은혜로 구원받지 못할 사람은 아무도 없다는 것을 결코 잊지 않아야 한다! 내면의 빈 공간을 채우기 원하는 갈망이 옳다는 것을 사람들에게 보여 줌으로써, 내면의 공허함이 하나님이 만드신 공백이라는 놀라운 진리를 전할 수 있는 참 좋은 기회가 우리에게 있다.

사랑은 다른 사람들 안에서 선함을 인정한다

예수님이 그 사마리아 여자에게 말씀하셨을 때, 그분은 가서 남편을 데려오라고 요청하셨다.

여자가 대답하여 이르되 나는 남편이 없나이다. 예수께서 이르시되 네가 남편이 없다 하는 말이 옳도다. 너에게 남편 다섯이 있었고 지금 있는 자도 네 남편이 아니니 네 말이 참되도다.

(요 4:17-18)

예수님은 자신이 사마리아 여인의 비밀, 그녀의 깊은 수치심의 원인을 알고 있음을 알려 주셨다. 그 과정에서 예수님은 자신의 신적 본성을 계시하셨을 뿐만 아니라, 예수님이 주시는 것이 그녀에게 왜 절실히 필요한지 그 이유를 이해하도록 도와주셨다. 예수님은 진실을 말씀하셨지만, 사마리아 여인을 질책하거나 비하하지 않으셨다. 대신에 "나는 남편이 없나이다"라고 모든 것을 말했을 때 그녀가 솔직하다고 두 번이나 인정하셨다. 예수님은 사람들에게 희망을 주기 위해 항상 사람들, 특히 혹사당한 죄인들을 세워 줄 합당한 방법을 찾고 계셨다. 우리도 마땅히 그렇게 해야 한다.

한 교회에서 강의하는데, 한 중년 여성이 다가와 말했다. "당신의 강의를 들은 뒤, 내가 잘못된 일만 해 왔다는 걸 깨달았어요. 비신자들을 위해 기도하지 않거든요. 비신자들의 행동을 인정할 수 없기 때문에, 그들을 좋아하지도 않았죠. 그런데 잃어버린 자들을 위한 예수님의 사랑을 깨닫고 나서 아주 깊은 양심의 가책을 받았답니다. 그래서 하나님께 나를 용서해 달라고 기도했어요. 내가 비신자들을 너무 쉽게 판단하지 않고, 예수님이 행하신 대로 그들 안에서 선함을 보고 인정하게 도와달라고 간구했어요."

수련회 다음 날 우연히 만났을 때, 그녀가 이렇게 말했다. "베키, 무슨 일이 있었는지 아마 믿지 못할 거예요! 오늘 아침 버스에 앉아 있었는데, 한 히피 사내가 올라탔어요. 그는 모호크식 헤어스타일에, 타투가 온몸을 덮고 있었죠. 그런데 그가 내 옆자리에 앉는 겁니다! 겁이 났지만, 나와는 다른 사람들과 대화를 나누고, 솔직하면서도 칭찬이 섞인 말을 하겠다는 약속이 기억났어요. 그 남자를 한번 바라보았지만 할 말이 전혀 없다고 느꼈죠. 그러다가 갑자기 어떤 생각이 떠올라서 말했어요. '이봐요. 그냥 축하한다는 말을 하고 싶네요. 당신 몸에 새겨진 타투의 철자가 전부 정확하거든요. 예수님 믿으세요!"

아무튼, 적어도 출발은 한 셈이다!

'예수 방식'을 실천으로 옮기는 법

예수님의 증인이 되기 위해 우리는 어디서 시작해야 할까? 먼저, 이웃, 식장 농료, 체육관의 사람들, 자녀 친구의 부모 등등 하나님이 당신의 삶에 데려다주신 사람들을 보라. 그런 다음 그들과 어떻게 진정한 우정을 쌓을지 생각해 보라.

증인이 되어 이웃을 사랑하라는 예수님의 명령을 진지하게 여기는 젊은 친구 미시가 있다. 어느 날 미시에게 큰 깨달음이 임했다. "갑자기, 내가 진심으로 좋아하는 일을 하면서, 그저 나와 함께해 보자고 다른 사람들을 초대함으로써 그들에게 다가가기 시작할 수 있다는 생각이 떠올랐어요!" 환대는 미시와 그녀의 남편이 기쁘게 하는 일이기 때문에, 두 사람은 거기서 시작했다.

그들은 자연스럽게 이웃에게 가까이 갔다. 두 사람 모두 영화를 좋아했던 까닭에, 이웃집 문에 전단지를 넣고 자기 집 앞마당에 함께 모이자고 모든 사람들을 초대했다. 이 모임은 이제 이웃들 사이에서 정기적인 활동이 되었다. 미시는 이렇게 말한다. "이 한밤의 영화 모임은 울타리를 낮추고 함께 즐거움을 나누기 위해 사람들을 모으고 서로를 알 수 있도록 도와준답니다. 지난 번 영화 모임에는 사람들이 여든아홉 명이나 모였어요(그녀의 집에는 커다란 앞마당이 있었다!). 즐겁고 유익한 시간이라는 소식은 빨리 퍼지기 마련이죠. 특히 누구에게나 자유롭고 개방되어 있을 때는 더 그래요!" 영화 모임은 관계를 형성하는 효과적인 방법임이 입증되었다. 영화 모임이 끝난 뒤, 그들은 늘 함께 모여 이야기를 나누고 싶어 하는 사람들과 전화 통화를 시작한다. 이 전화 통화는 대개 의미 있는 영적인 대화로 이어졌다.

새 학년이 시작될 때, 두 사람은 집 앞 현관에 스낵과 음료를 준비해 놓고 먹으러 오라고 아이들 반의 부모들을 모두 초대한다. 그들은 부모를 '안전한 장소'로 초대하는 것이 모든 일의 시작임을 깨닫는다. 이내 사람들은 자신들의 어려움을 나누기 시작한다. 그 뒤에는 뒤풀이로 차를 마시기 위해 다른 사람을 초대하여 더 깊은 이야기를 나누기가 쉽다. 이런 대화를 나눈 뒤 새로운 친구들을 나중에 교회나 식사로 초대하거나 복음서 가운데 하나를 공부하는 '북클럽'으로 한두 사람을 초대한다. 그런데 열쇠는 이것이다. 사람들이 오는 이유는, 미시와 그녀의 남편이 자신들에 대해 진정한 관심을 갖고 있음을 알기 때문이라는 것이다. 이것이 그들의 모든 개인 전도의 토대다. 당신이 살고 있는 집이 얼마나 크든, 하나님이 당신을 두신 지역이 어디든 당신도 이와 같이 할 수 있는 방법이 있을 것이다.

믿음의 주제를 꺼내는 법

이렇듯 당신은 주위 사람들을 위해 그리스도를 닮은 진실한 사랑을 간구했고, 하나님은 당신의 기도에 응답하셨다. 당신은 주위 사람들을 알아가기 위해 노력했고, 진실한 관계를 만들어 내기 위해 무진 애를 썼다. 그렇다면 이제 무엇을 해야 할까? 우리가 가장 빈번하게 던지는 질문 중 하나는 이것이다. "'일상적' 대화에서 어떻게 영적 대화로 옮겨 갈 수 있을까? 믿음이라는 주제를 어떻게 자연스럽게 꺼낼 수 있을까?" 우리는 다음 장에서, 특히 영적으로 닫혀 있는 듯 보이는 사람과 관련해서 이 문제를 좀더 살펴볼 것이다. 이제 수의 이야기로 돌아가 대화를 검토한 뒤 분석해 보자. 이를 통해 자연스럽게 어우러지면서 어색하지 않게 대화 주제를 믿음으로 돌릴 수 있는 방법을 깨닫는 데 도움이 될 것이다.

기도하라. 누군가에게 이야기할 때, 항상 잊지 말고 얼른 침묵 기도를 드리라. 하나님이 임재하셔서 당신의 대화를 인도해 주시도록 초청하라.

공통 관심사를 찾으라. 좋은 대화를 나눈다는 것은 당신이 공유하고 있는 영역을 찾는다는 뜻이다. 분명 더 많은 관심을 가질수록, 공통 관심사를 찾기가 훨씬 쉬울 것이다! 더 나아가, 누군가 나중에 당신이 그리스도인임을 알게 되더라도, 사람들이 당신을 틀에 가두고 당신을 무시하기가 훨씬 힘들 것이다. 당신은 이미 그들과 인간적으로 연결되어 있기 때문이다.

좋은 질문을 던지라. 질문은 엄청난 힘을 갖고 있다. 질문은 우리가 설교하려 들지 않고, 누군가에게 관심을 갖고 그들의 말을 진심으로 경청하고 있음을 드러내고, 사람들의 주의를 끌어 그들로 생각하게 만들기 때문이다. 복음서를 보라. 예수님은 질문을 던지는 데 탁월하셨다. 질문은 공격적으로 들리거나 방어적이라고 느끼게 하지 않으면서 어떤 사람의 생각에 이의를 제기할 수 있다. 예컨대, 자기는 사람들이 선하다고 믿는다고 수가 말했을 때 나는 "세상이 이렇게 엉망진창인데 어떻게 그렇게 믿을 수 있나요?"라고 대답하지 않았다. 대신에 나는 세상의 상태에 대해 어떻게 생각하느냐고 물었다. 내가 이렇게 물은 이유는, 사람들은 대부분 세상에 문제가 있다고 인정하지만 왜 그런지는 모르기 때문이다.

더 진전된 질문으로 다른 사람의 세계관에 부드럽게 이의를 제기하라. 세상이 무너지고 있다고 수가 대답했을 때, 나는 처음 진술에 부드럽게 이의를 제기하며 물었다. "하지만 사람들이 모두 선하다면, 어떻게 세상이 엉망진창일 수 있을까요?" 수는 방어적으로 응수하지 않았다. 아마 내가 공손하게 그녀의 말을 경청했고, 성급하게 나의 견해를 밝히거나 그녀가 어디서 잘못되었다고 생각하는지 보여 주기보다는 그녀의 말을 진지하게 받아들였기 때문일 것이다.

가능한 곳에서 동의하라. 수가 우리는 심리적으로 상처를 입었거나 중독 문제를 갖고 있다는 새로운 분석을 제시했을 때, 나는 수의 말에 동의했다. 내가 보기에 이것이 대화의 결정적 요소였다. 만약 내가 "아니에요. 사실 문제는 너무 분명해요. 우리는 회개해야 할 죄인이에요!" 하고 말했다면, 장담하건대, 대화의 문은 쾅 닫히고 말았을 것이다! 우리는 타당한 내용을 인정하고, 공감하면서 경청하고, 대화를 하나님의 진리로 유도하려고 애써야 한다. 우리가 다음과 같이 할 때 가능하다.

사람들이 대화에서 이미 언급한 용어를 사용하여, 더 깊은 문제를 지적하라. 나는 수에게 이렇게 물었다. "만약 우리가 긴급한 중독에서 회복되며 살아가는 법을 배우다가 우리의 문제가 훨씬 더 깊은 데 있다는 것만 깨닫게 된다면 어떨까요? 우리의 궁극적인 중독이 우리 자신에 대한 중독이라면요?" 다시 말해, 수가 죄라는 말의 성경적 의미를 이해하지 못할 줄을 알았기 때문에, 나는 수가 사용한 단어를 통해 죄 개념을 표현했다.

그 뒤에 수가 던진 질문이 복음으로 이어지는 문을 열었다. "맞아요. 하지만 대체 누가 마음을 치료할 수 있는 힘을 갖고 있을까요? 누가 그런 중독 치료를 제시할까요?" 우리 대화에서 나는 처음으로 하나님을 언급했다. 나는 이것이 불가지론에서 마침내 그리스도를 믿는 믿음으로 나를 이끌었던 바로 그 문제라고 말해 주었다. 하지만 복음에 관한 논의를 시작할 수는 없었다. 나는 단지 긴 이야기라고만 말해 주었다. 이는 그녀가 원할 경우 대화의 방향을 바꿀 수 있도록 허용한 것이지만, 더 듣고 싶어 할 때를 대비한 초대이기도 했다.

이 대화에서 나중에 확인되었듯이 수는 내 이야기를 듣고 싶어 했을 뿐만 아니라, 남은 비행 시간 동안 기쁘게 믿음에 관해 토론했다(물론 매번 이런 일이 일어나는 건 아니다!). 대화가 이어지면서 그녀의 질문은 자연스럽게 복음을 전할 수 있는 기회를 주었다. 어느 시점에 수가 물었다. "성경은 우리가 왜 자기 자신에게 중독되어 있다고 말하나요?" 내가 말했다. "맞아요. 성경은 여러 구절에서 우리에게 '하나님 콤플렉스'가 있다고 말해요. 우리는 하나님이 되려고 노력하면서 그렇게 행세하죠. 하지만 우리는 하나님 노릇에 서툴러요. 사실 이 '하나님 콤플렉스'는 실제로 성경이 사용하는 '죄'라는 말의 의미죠. 우리는 하나님을 하나님으로 인정하기를 거부했고, 우리 안에서와 우리 행성에서 잘못된 모든 것의 중심에 우리의 거부가 자리잡고 있어요."

따라서 나는 이 단계에 이르러서야 성경의 용어를 사용하기 시작했다. 물론 일상의 용어로 설명한 뒤이긴 했지만 말이다. 이 말에 대해 수가 말했다. "맞아요, 내게는 하나님 콤플렉스가 있고, 그래서 이렇게 지쳐 있어요! 내가 형편없는 신을 만든다는 말에도 동의해요! 내 인생의 주인이 되는 것이 나쁘다고 하지만, 솔직히 다른 삶의 방식을 상상할 수 없네요."

하나님 콤플렉스에 대해 이야기할 때 대개 회의론자들로부터 거의 반발을 사지 않는다는 사실이 놀랍다. 또한 수가 또 다른 삶의 방식을 상상할 수 없다고 말했을 때 나는 낙심하지 않았다. 사람들이 그리스도께 나아오는 시간이 과거에 비해 훨씬 길 수 있다. 하지만 처음에는 '구제불능 사례'처럼 보였던 지인들이 나중에 누그러져 진실한 관심자가 된 사람들이 얼마나 많은지 헤아릴 수 없다. 물론 몇 사람은 그 뒤에 그리스도인이 되었다.

대화가 시작되다

수년 동안 반복해서 내가 목격한 바는 많은 비그리스도인들이 사실 영적인 대화를 즐거워한다는 것이다. 이것이 바로 바나와 알파Barna and Alpha의 연구, 전도에 관한 릭 리처드슨Rick Richardson의 탁월한 책 『당신이 나를 찾았습니다』You Found Me가 밝혀 준 사실이었다. 오늘의 문화에서 전도의 난제가 산적해 있지만, 내가 보기에 사람들은 우리가 인식하는 것보다 영적 대화에 더 열려 있다. 우리가 사람들에 대해 진정한 관심을 갖고, 그들을 전도 프로젝트의 일환으로 다루지 않고, 깊이 경청하고, 우리가 몸부림칠 때 하나님이 어떻게 도와주셨는지 나누고, 비신자들과 논쟁하기보다 그들에게 질문을 던진다면 말이다. 오늘의 문화에서 정보는 전혀 부족하지 않지만, 의미는 절실하게 부족한 상태다. 특히 젊은 세대는 연결을 갈망하면서 자기 사신을 넘어서는 무언가(혹은 누군가)를 찾고 있는 듯 보인다. 자기 자신보다 훨씬 큰 경험이나 대의명분 말이다.

하나님이 찾고 계시는 사람에게 우리를 인도해 주시도록 간구하면서 우리의 대화 속에 하나님이 들어오시도록 초대할 때, 우리가 다른 사람과 진정성 있게 연결되고 그의 말을 진실하게 경청하면서 좋은 질문을 던질 때, 긍정적이고 효과적인 영적 대화는 가능하다. 무엇보다 우리가 하는 행동과 말이 그리스도의 사랑을 반영할 때 충분히 가능하다.

묵상과 나눔을 위한 질문

* "우리에게 주는 도전은 예수님처럼 세상 속으로 들어가는 것이다. 즉 하나님 백성의 정체성을 지킨 채 사람들과 동일시하는 것이다." 이 장에 서술된 대로 예수님처럼 행동하기 위해 다음 주에 당신은 어떻게 노력하겠는가? 이것을 위해 당신은 어떻게 하겠는가? 당신의 모습이 어때야 할지 가능한 한 실제적으로 생각해 보라.

* 당신은 매일 이렇게 기도하겠는가? "주님, 오늘 주님이 어디서 일하는지 보여 주세요. 내 삶에서 주님이 찾고 계신 사람과 주님에 관한 대화를 나누게 해 주세요. 성령이 하고 계신 일을 놓치지 않게 해 주세요!"

* 이 장은 진실하고 효과적으로 증거하는 데 어떤 도움이 되는가? 우리는 어떻게 전도를 프로젝트가 아닌 삶의 방식으로 바꿀 수 있겠는가?

13장

하나님의 진리를 선포하기

복음은 모든 사람을 위한 하나님의 진리라고 선포하기 쉬웠던 적은 한 번도 없었다. 모두가 이 진리에 응답해야 하지만, 아마 오늘의 분위기에서 진리를 거론하기는 특별히 어려운 것 같다. 특히 서구에서 절대적 진리에 대한 모든 진술은 대개 오만하고, 편협하고, 정치적으로 올바르지 못한 행동으로 간주된다. 따라서 우리가 좋은 소식이라고 전하는 내용은 우리 문화에서 인플루언서들influencers에 의해 나쁜 소식 혹은 편협한 소식으로 치부된다. 게다가 어떤 일이 힘들 때, 우리는 대체로 시도해 보기조차 두려워한다.

그런 이유로 우리에게 세계적인 시각이 필요하다. 딕과 나에게 주신 하나님의 큰 선물 중 하나는 세계 곳곳에서 사역하는 특권이었다. 우리는 그리스도인들이 맞닥뜨린 거대하고 다양한 도전을 직접 경험했다. 복음의 진리를 선포하면서 복음의 의미를 진실과 사랑으로 살아내는 것이야말로 전 세계 그리스도인들에게 가장 큰 도전임을 목도했다.

우리 형제자매들 중에는 폭압적인 정권이나 억압적인 정부 아래 믿음을 선포하는 이들이 있다. 말레이시아나 인도 같은 오래된 다종교 문화에서 그리스도의 절대적 유일성을 전파하는 이들도 있다. '번영'이나 '만사형통'의 비복음으로 인한 위험한 왜곡이 자행된 곳에서 참된 복음을 전하는 이들이 있다. 고국에서 벌어진 그리스도인들에 대한 언어도단의 만행을 목격한 두 명의 나이지리아 목회자들이 미국에서 열린 수련회에서 최근에 했던 말을 나는 결코 잊지 못할 것이다. "여러분에게 당부합니다. 우리가 아프리카에서 믿음 때문에 순교하고 있는 이때에, 여러분의 믿음을 타협하지 마십시오."

서구에서의 도전은 실제적이지만 차이가 있다. 하나님의 말씀은 위를 바라보고 그분의 명령을 따르라고 말하는 반면, 세상은 내면을 바라보고 우리의 마음을 따르라고 부추긴다. 자유와 행복에 관한 우리의 전제는 자유를 억누를지 모른다고 걱정하는 모든 것에 저항하도록 부추긴다. 특히 우리의 삶을 다스리고, 우리가 누구이고 어떻게 살아야 하는지 지시할 정당한 권위가 하나님께 있다는 주장 말이다. 우리는 절대적인 진리의 가능성을 부정하는 시대를 살고 있다. 모든 잠재적 진리가 의심받고, 복음 진리의 타당성이 거부당하거나 무시당하는 시대다. 하지만 진리는 그리스도인 삶의 핵심에 있고, 그리스도인의 삶에 대한 유일한 설명이기도 하다. 선교사이자 주교인 스티븐 닐Stephen Neill이 적었듯이, "그리스도인이 되는 유일한 이유는 기독교 신앙이 진리라는 강한 확신이다."[1]

이 책 전반에서 나는 회의론자들과 나눈 많은 긍정적인 대화에 대해 이야기했지만, 모든 경험이 긍정적이었던 것은 아니다! 몇 해 전 미국 동부 해안에서 열린 수련회에서 강의한 뒤 우리 부부는 비행기를 타고 집으로 돌아가는 중이었다. 나는 옆자리에 앉은 한 여성과 대화를 시작했다. 그녀는 과학 컨퍼런스에서 돌아가고 있다고 말했고, 그래서 나는 그녀의 전문 분야에 대해 물어보았고 어떻게 과학에 관심을 갖게 되었는지 질문했다. 대화가 무르익을 즈음, 그녀는 나에게 여행의 목적을 물었다. 내가 기독교 수련회에 참석한 강사라고 말했을 때, 그녀의 얼굴에 어두운 표정이 드리워졌다.

"글쎄요, 나는 기독교에 대해 아무것도 믿지 않아요. 모든 종교가 그렇지만, 기독교도 바보 같은 종교죠!"

그녀의 적개심은 명백했다. 그래서 내가 말했다. "글쎄요, 나는 당신 같은 과학자들과 이야기를 나누는 게 정말 좋아요. 당신도 나처럼 진리가 중요하다고 믿기 때문이죠. 당신은 무엇이든 증거에 의해 뒷받침되지 않는 것은 거부하겠죠. 나도 전적으로 동의합니다."

"그래요. 하지만 기독교를 뒷받침할 증거가 전혀 없어요!" 그녀가 공격적으로 말했다.

내가 말했다. "기독교 신앙을 뒷받침할 증거는 아무것도 없다고 확신하는 이유가 무엇인지 알고 싶군요. 나도 한때는 불가지론자였고 합리적인 증거는 전혀 없다고 생각했거든요. 본격적인 연구를 시작하기 전까지는 말이죠."

"이보세요." 그녀가 말했다. "나는 무신론자고, 기독교처럼 내 지성에 미치지 못하는 것을 조사할 필요가 없어요! 당신은 분명 리처드 도킨스 같은 학자들의 책을 전혀 읽어 보지 않았을 테죠? 그렇지 않다면야 그런 쓰레기를 믿을 리 없었겠죠!"

"사실 나는 도킨스의 책을 읽었고, 한 토론회에서 그를 직접 보기도 했어요. 괜찮다면 그가 왜 믿음에 대해 반대하는지 이야기를 나누어도 될까요?"

그녀는 단호했다.

대화를 이어 가기 위해 몇 번 더 시도해 보았지만, 그녀는 더 짜증을 내며 격분했을 뿐이다. 마지막에 처참하게 흘러간 대화를 만회해 보려고 시도하면서 나는 화제를 바꾸었다. 하지만 너무 늦었다. 그녀는 대부분의 승객들이 들을 수 있을 만큼 크게 소리쳤다. "맙소사, 이런 예수쟁이 옆에 앉아 있어야 한다니!"

나는 남편 딕이 우리의 대화를 위해 기도하고 있다는 걸 알았다. 그래서 비행기에서 내린 뒤, 내가 어디서 잘못되었는지 남편에게 물었다. 그가 말했다. "여보. 우리가 그렇게 즐거워하며 비행기에 올랐는데, 너무 안타까운 일이 벌어졌네요. 하지만 두 사람의 대화가 진행되면서, 그녀가 영적으로 완전히 닫혀 있을 뿐만 아니라 뭔가 문제가 있는 사람 같다고 느꼈어요. 당신은 애정을 갖고 경청했고, 전혀 설교조로 말하지 않았어요. 사실 설교조로 말하는 건 그녀였죠! 다만 질문을 멈출 필요는 있었어요. 적어도 지금은, 그녀가 모든 영적 대화를 완전히 거부했다는 사실을 그냥 받아들여야 해요." 딕의 지적은 정확했다.

진리를 전할 때, 당신은 가끔 이런 사람을 만날 것이다. 당신이 나와 비슷하다면, 밀어붙이기를 멈추어야 할 때가 언제인지 배워야 할 것이다. 하지만 동시에 반대 방향으로 달려가, '탈진리' 세계에서 모든 사람이 진리에 공격적으로 반응할 것이고, 따라서 아무도 경청하고 싶어 하지 않을 것이라고 짐작하면서 진리를 전하려고 노력할 필요가 없다고 속단하지 않아야 한다. 올바른 방법으로 접근할 때, 많은 사람들이 마음을 열고 영적인 대화를 나눈다. 물론 사람들이 열려 있지 않을 때, 우리는 언제 멈추어야 하는지 알아야 한다.

적대적인 사람도 있지만 여전히 굶주린 사람도 있는 세상에서, 대화를 시작하기 전에 누가 누구인지 알 수 없는 세상에서, 우리는 어떻게 예수님에 관해 효과적인 대화를 나눌 수 있을까?

영적으로 닫혀 있는 사람에게 다가가기

사도 바울은 지금 우리가 살고 있는 문화와 매우 비슷한 이교적이고, 상대주의적이고, 다원적인 기독교 이전pre-Christian의 유럽을 마주했다. 우리는 흔히 우리 문화가 그 누구도 목도한 적 없는 가장 힘든 문화라 생각한다. 그 당시에는 복음 증거가 훨씬 쉬웠기 때문에 성경은 오늘의 복음 증거와 관련해서 별로 할 말이 없을 것이라고 속단한다. 하지만 현재의 탈기독교적 서구 문화는 실제로 "기독교 세계"Christendom, 가령 영국의 빅토리아 시대나 미국의 독립 혁명 시대보다는 바울이 경험했던 기독교 이전 사회에 훨씬 가깝다.

바울은 성경적 세계관을 가지고 성장한 이들과 그렇지 않은 이들에게 복음을 전파할 때의 차이를 알았다. 가령 데살로니가의 유대인들에게 복음을 변호할 때, 그는 치열한 논리와 합리적 논증으로 그들의 흥미를 자극했고, 구약성경에서 가져온 그들의 논거에 근거하여 주장을 펼쳤다(행 17:1-8). 하지만 이교적인 아테네에서 바울의 접근 방법은 사뭇 달랐다. 바울은 그들의 관심을 사로잡기 위해 이 교도 예언자들의 말을 인용했다. "너희 시인 중 어떤 사람들의 말과 같이 우리가 그의 소생이라"(행 17:28).

우리도 똑같이 행하는 법을 배워야 한다. 우리는 종종 기독교적인 배경이 전혀 없는 사람들에게 다가가면서 공통의 성경적 틀 안에서만 작용하는 주장으로 그들을 공략하려고 애쓴다. 그런 다음 사람들이 왜 이해심이나 관심을 갖고 응답하지 않는지 의아해한다.

우리는 예수님에게서 계속 배워야 한다. 우리는 이 내용을 앞서 보았지만, 반복할 가치가 있다. 예수님은 통상 답을 주기보다는 질문을 던지셨고, 장황한 설교 대신 이야기를 들려주셨다. 이로써 예수님은 회의론자들에게 놀라움을 안겨 주어 자신들의 입장을 재고하고 재평가하는 계기가 될 수 있게 하셨다. 예를 들어, 한 "율법 교사"가 "시험"하기 위해—예수님의 정통성을 시험하고, 예수님이 아니고 자기가 성경을 더 잘 파악하고 있음을 보여 주기 위해—예수님과 이야기했을 때, 예수님은 '복음을 주지' 않으셨다(눅 10:25-37). 먼저, 예수님은 늘 하던 대로 행동하셨다. 즉 질문을 던지셨다. 그런 다음 예수님은 유명한 선한 사마리아인의 비유를 담은 이야기를 들려주셨고, 이로써 자신의 진리 기준인 율법에 따라 살지 못하는 이 "율법학자"의 실패를 비난의 기색 없이 드러내셨다.

질문과 이야기는 설명에 비해 훨씬 전복적이다. 이 율법학자의 경우처럼, 질문과 이야기는 자기만족으로 가득한 오만한 이들의 허점을 찌를 수 있기 때문이다. 좋은 질문은 사람들이 몰입하고 생각하도록 만든다. 좋은 질문은 그들에게 책임을 지우고, 방어하거나 논쟁에 휘말리지 않도록 우리를(바라기는, 그들을) 막아 주는 동시에, 다른 사람들의 신념을 이해할 수 있게 해 준다. 이 남자에게 던진 예수님의 질문은 전도 전 단계pre-evangelism의 전형적인 본보기였다. 우리 편에서 볼 때, 좋은 질문은 예수님에 대한 생각에 열려 있는 사람들을 식별하고, 영적으로 닫혀 있는 사람들 안에 도발적인 의심의 씨앗을 심는 효과적인 방법이다. 이 말은 우리의 대화가 계속 흘러갈 수도 있고, 상대방이 자기를 괴롭히는 어떤 문제에 대해 털어놓을 수도 있고, 그냥 화제를 돌릴 수도 있다는 의미일 것이다. 우리는 개의치 말고, 그들이 다음번에 이야기할 그리스도인에게 더 열린 마음을 갖도록 기도할 수 있다.

어떤 사람이 영적으로 열려 있는지, 아니면 닫혀 있는지 우리는 어떻게 분간할 수 있을까? 여기 도움이 될 만한 세 단계가 있다.

1. 질문하라

우리와 대화하는 그 사람이 영적으로 닫혀 있는지, 아니면 열려 있는지를 판단하려고 할 때, 우리는 이렇게 자문해야 한다. "그들은 자신들의 삶에 만족하는 것 같은가? 그렇다면 그 이유는 무엇인가? 그들은 (다른 종교나 무신론, 마르크스주의 등과 같이) 이미 믿고 있는 어떤 것 때문에 믿음을 거부하는가? 그들은 기독교에 대한 특별한 반대 때문에 믿을 수 없다고 여기는가? 곧 믿음의 합리적인 증거가 전혀 없기 때문인가? 그리스도인이 된다는 것은 반지성주의자, 인종 차별론자, 동성애 혐오자 등이 된다는 뜻이기 때문인가?" 다시 말해, 우리는 그들의 반대가 어디서 유래하는지를 이해하기 위해 질문을 던져야 한다.

2. 자극하라

우리와 대화하는 사람이 누구인지 파악했다면, 믿음에 대한 호기심을 더 잘 불러일으킬 수 있다. 믿음에 대해 호기심을 불러일으키는 것은 전도에서 아주 소홀히 여겨지는 측면이지만, 실제로는 대단히 유용하다. 한 가지 방법이 흥미를 유발하는 기술을 활용하는 것이다. 예수님이 주는 "생수"를 받아들이면 그분이 주는 물이 "영생하도록 솟아나는 샘물이" 될 것이기 때문에 다시는 목마르지 않을 것이라고 예수님이 사마리아 여인에게 말씀하셨을 때처럼 말이다(요 4:14).

호기심을 자극하는 또 하나의 방법은 특정한 관심사의 증거를 제시하는 것이다. 어떤 회의론자가 기독교 신앙을 뒷받침할 수 있는 합리적인 증거가 전혀 없다고 말한다면, 여러 역사적·철학적 변증—변증이란 믿음을 옹호하는 여러 방법이다—을 아는 것이 믿음에 대한 그들의 호기심을 자극하는 데 필수적일 것이다. 어떤 사람이 삶의 의미에 대해 관심을 갖거나 믿음이 삶을 헤쳐 나가는 데 어떤 차이를 가져다주는지에 대해 더 관심을 갖고 있다면, 당신 자신의 믿음의 여정을 나누는 편이 유용할 수 있겠다. 요컨대, 우리는 특정한 사람에게 알맞은 증거를 사용해야 한다. 즉 우리의 영토가 아닌 그들의 영토에서 출발해야 한다.

3. 관계를 맺으라

질문과 자극은 대개 그리스도와 그분의 메시지를 효과적으로 전달하게 해 주는 데 필요한 전도의 전 단계다. 이 말은 우리가 모든 대화에서 항상 복음을 전할 기회를 가질 것이라는 의미는 아니다. 대체로 우리와 대화를 나누는 사람의 마음 상태와 우리와 맺은 관계의 특성, 대화를 나눈 시간에 의해 좌우된다.

기억하라. 특히 영적으로 닫힌 사람들과 나누는 대화에서, 하나님의 복석은 단지 그들로 불신앙을 재고하게 하거나, 그들이 전에 생각했던 것보다 믿음을 뒷받침하는 증거들이 더 많음을 깨닫거나, 그들이 전보다 기독교를 훨씬 긍정적으로 이해하고 떠나는 것일 수 있다. 즉 하나님이 다음번에 그들의 길에서 만나게 하실 신자에게 더 열린 마음을 갖게 되는 것이다!

아들의 질문이 나를 떠나지 않는다

앞 장에서 나는 라디오 인터뷰 후에 미국의 회의론자들이 여전히 복음에 열려 있음을 보여 주시도록 하나님께 간구한 적이 있다고 말했다. 일주일가량 지난 뒤 애리조나에서 학생들에게 전도 훈련을 하기 위해 떠나던 비행기에서 수를 만났고, 돌아오던 비행기에서 트레버를 만났다. 그는 책을 읽고 있었기 때문에 점심 식사가 나올 때까지 그와 대화를 나누지 못했다. 트레버가 승무원에게 하는 말을 듣고 나는 이렇게 말했다. "런던 사람이 말하는 영어를 듣는 것은 항상 즐겁죠!"

"내가 런던에서 온 걸 어떻게 아셨어요?" 트레버가 물었다.

나는 우리 부부가 영국에서 7년간 살았다고 말해 주었고, 우리는 각자 상대방의 문화에서 생활했던 경험을 비교하는 흥미로운 대화를 시작했다. 꽤 오랫동안 이야기를 나눈 뒤 트레버가 물었다. "애리조나에게는 왜 가셨나요?"

"기독교 수련회에서 강의가 있었거든요." 내가 말했다.

"아, 나는 불가지론자예요. 영적인 일에 관한 이야기에는 전혀 관심이 없지요." 그가 대답했다.

"그거 흥미롭군요. 나도 한때는 불가지론자였거든요!" 내가 말했다. "영적인 일에 관해 이야기하고 싶지 않은 이유가 전에 내가 그랬던 것과 똑같은지 궁금하네요."

"글쎄요, 무례하게 보이고 싶지 않지만, 예수님이 정말 존재하셨는지 어떻게 알 수 있죠?" 그가 물었다.

"정말 훌륭한 질문이네요!" 나는 미소를 지었다. "기독교에 대해 조사하기 시작했을 때, 나는 유대인 역사가 요세푸스Josephus와 로마인 역사가 타키투스Tacitus 같은 존경받는 1세기 역사가들이 예수님의 추종자가 아니었는데도, 예수님의 생애에 관한 여러 기본적 사실을 입증해 준다는 걸 알고 깜짝 놀랐어요."

"좋아요. 아주 흥미로운 사실이라는 건 나도 인정해야겠네요." 트레버가 대답했다. "하지만, 베키, 당신의 믿음은 여전히 성경에 근거해 있어요. 신약성경이 역사적으로 신뢰할 만한 것인지 어떻게 알 수 있죠?"

나는 그 질문의 중요성을 인정하면서 내가 직접 조사해야 했던 내용이라고 말해 주었다. 나는 한 고대 문헌이 역사적으로 신뢰할 만한 것인지 평가하기 위해 역사가들이 세운 일반적인 기준에 대해 말해 주었다. 그런 다음 복음서가 왜 받아들여진 기준에 부합한다고 느꼈는지, 또 복음서가 고대의 다른 자료들과 비교할 때 얼마나 뛰어난지 이야기했다.

경험상 사람들은 대부분 이 분야의 학자나 전문가가 아니라면 증서의 바다에 붙히고 싶어 하지 않지만, 그들은 타당한 대답을 원한다.

그러자 트레버가 말했다. "우리가 실제로 기독교의 증거에 관한 합리적 대화를 나누고 있다는 것을 부정할 수 없군요. 전에도 나에게 믿음에 관해 이야기한 그리스도인들이 있었지만, 증거를 요구했을 때 그들은 십중팔구 경험적 차원에서만 주장을 펼쳤고, 나는 그들의 말을 일축했거든요. 그렇다면, 베키, 기독교 메시지의 핵심을 요약해 줄 수 있을까요? 당신은 어떻게 믿게 되었나요?"

우리가 곧 착륙할 것을 알았기 때문에 나는 짧은 형태의 복음과 내 자신의 회심 이야기만 전할 수 있었다. 트레버는 아주 주의 깊게 경청한 뒤에 말했다. "당신에게 해야 할 말이 있어요. 아내가 최근에 그리스도인이 되었답니다. 아내는 요즘 아이들을 교회에 데려가고 식사 시간에 기도하는데, 나도 딱히 반대하지는 않아요. 어젯밤 여섯 살짜리 아들이 물었어요. '아빠, 아빠는 왜 기도하거나 교회에 가지 않아요?'

베키, 어젯밤 침대에 누워 있는데, 아들의 질문이 계속 떠나지 않더군요."

트레버는 자신의 의문들에 대해 다루는 책을 보내 줄 수 있는지 물었다. 우리는 비행기에서 내려 작별 인사를 나누었지만, 그는 돌아서서 말했다. "베키, 부탁이에요. 잊지 말고 그 책들을 보내 주세요."

기억하라. 이것이 처음에 "영적인 일들에 관한 이야기에는 전혀 관심이 없어요!"라고 말한 남자의 말이었다. 겉보기야 어떻든, 그는 그리스도께서 떠나지 않은 남성이었다. 그래서 그는 전날 밤 침대에 누우면서 대체 아들에게 어떻게 대답할지 고민했던 것이다!

나는 그에게 책 몇 권을 보내 주었고, 한 달 뒤 그는 답장을 보냈다. "방금 전 당신의 책 『토마토와 빨간사과』를 전부 읽었고, 당신이 추천한 책들도 읽었습니다. 이제 좀더 깊은 차원에서 기독교 신앙에 대해 이야기를 나누고 싶습니다. 그건 그렇고, 우리가 만났다는 사실을 아내가 매우 기뻐하더군요!"

트레버는 나의 경험이 아니라 합리적인 증거와 설명을 듣기 원했던 논리적 사상가였다. 그는 자신의 삶에 꽤 만족하는 것 같았다. 궁핍해 보이거나 영적으로 열린 것처럼 보이지 않았다. 우리가 나눈 대화 막바지에서야 그는 아들의 질문이 자기를 떠나지 않는다는 폭탄선언을 했다. 이 모든 점에서 그는 수와 매우 달랐다. 수는 성경의 역사성과 같은 증거에는 관심이 없었고, 왜 우리 행성이 이렇게 엉망진창이고, 인간이 된다는 것이 어떤 의미인지와 같은 의미 문제에 관해 이야기하고 싶어 했다. 또한 그녀는 트레버에 비해 경험적인 증거를 듣는 데 더 관심이 있었다.

사람들은 각각 다르다. 따라서 우리가 그들에게 말하는 방식 역시 달라야 한다. 우리는 특히 탈기독교적인 다원주의 사회에서, 특별한 기술 혹은 만능 해결책이 될 수 있는 일련의 질문 목록을 기대할 수 없다. 성경이 말하듯이, 우리는 "소망에 관한 이유를 묻는 자에게…대답"하기 위해 준비를 갖추어야 한다. 그들이 화를 내거나 우리의 말에 관심을 갖지 않는 위험을 기꺼이 감수할 때에만, 그들이 누구이고 그들이 진정 무엇을 묻는지 알 수 있을 만큼 충분히 경청할 때에만, 우리는 준비를 갖추게 될 것이다.

물고기 낚는 법

우리는 예수님이 우리를 제자, "사람을 낚는 어부"가 되도록 부르셨음을 기억해야 한다. 전도는 부가적인 선택 사항이 아니다. 물론 우리는 예수님이 우리를 '사람을 잡는 사냥꾼'이 되도록 부르시지 않았음을 이해해야 한다. 전도는 공격적인 활동이 아니다! 낚시에는 미끼가 필요하다. 이 말은 우리의 믿음이나 하나님에 관한 흥미 있고 도발적인 설명을 던져 주어 사람들의 호기심을 불러일으키는지 살필 필요가 있다는 뜻이다. 이렇게 할 때, 가끔 화제는 아주 자연스럽게 믿음으로 바뀐다. 물론 그렇지 않을 때도 있다. 믿음이란 주제를 꺼내는 일이 버겁게 느껴진다면, 걱정할 필요가 없다. 우리 대부분이 그렇다. 우리는 강요받거나 연기한다는 기색 없이 그렇게 하지 못할까 걱정한다. 나는 세 가지 다른 유형의 대화형 질문에 대해 생각하는 것이 유익함을 깨달았다.

관심사 질문을 던지라

사람들과 대화할 때, 먼저 그들의 관심사를 발견하라. 그들은 정치, 스포츠, 음악, 자신들의 직업과 관련된 이슈에 관심을 갖고 있는가? 그들이 은퇴했다면, 정원 가꾸기, 손주들과 더 많은 시간을 보내거나 늘 보고 싶었던 곳을 여행하는 데서 기쁨을 찾는가? 이것은 그들의 관심사가 무엇인지만이 아니라 이런 활동이 왜 그런 행복을 가져다 주는지도 발견하는 것이다. 이 두 종류의 질문(무엇과 왜)은 아주 자연스러워서 우리는 종종 의식하지도 못한 채 질문한다.

견해 질문을 던지고 그 뒤에 이슈 질문을 던지라

사람들은 종종 어떻게 피상적인 대화를 넘어 좀더 의미 있는 토론으로 발전할 수 있는지 모르겠다고 말한다. 예컨대 이런 질문이다. "스포츠에 관한 대화에서 어떻게 하나님에 관한 대화로 넘어갈 수 있을까요?"

우리가 물어보아야 하지만 종종 놓쳐 버리는 두 유형의 질문이 있다. 먼저, 특정 주제에 관한 사람들의 견해가 무엇인지 물을 수 있다. 누구나 신념을 갖고 있다. 정치든 좋아하는 스포츠팀이든 인생의 의미든 관계없다! 아마 당신은 사람들이 자신들의 견해나 의견을 쉽게 나누지 못하는 경향을 보이는 문화에서 성장했을 수 있다. 그런데 이런 상황에서 어떤 사람에게 자신의 견해에 대해 진실하게 물을 때, 존경심이 전해진다. 따라서 처음에는 불편하게 느껴지더라도, 이 방법은 시도해 볼 가치가 있다.

미국의 현재 이슈들을 반영하는 질문의 몇 가지 예가 여기 있다.

다만 그 원리는 어떠한 문화적 상황에도 적용될 수 있다. "스포츠를 좋아하시죠? 그럼 도핑 테스트에 걸린 그 스포츠 영웅에 대해 어떻게 생각하는지 궁금해요." 혹은 "자녀들/손주들이 대학교에 진학할 참이라고 하던데, 자신들의 신념이나 이데올로기를 공유하지 않는 대중 강사의 초청을 취소하라고 행정 당국에 저항하는 학생들에 대해 어떻게 생각하세요?" 혹은 "모든 증거를 볼 때 범죄자라는 사실이 명백한데도 재판을 받으러 가지 않는 그 유명 인사에 대해, 변호사로서 당신의 의견은 어떤가요?"

이런 신념의 영역에서 대화는 결렬될 수 있다. 우리의 의견이 공유되지 않을 때 의미 있는 상호 작용이 힘들 수 있다. 대화는 논쟁으로 치달을 수도 있다!(물론 우리가 방심할 때에만 말이다. 손바닥도 마주쳐야 소리가 난다) 이 단계에서 우리가 받는 유혹은 질문하기보다는 말하는 것이다. 우리는 어떻게 이런 교착 상태를 피할 수 있을까? 두 번째 질문, 이슈 질문을 던지는 것이다.

예를 들어, 젊은 세대가 누구든 자신들과 의견이 다른 사람들을 상대하지 못해서 "눈송이"(snowflake, 이전 세대보다 유약하고 방어적인 청년 세대를 가리키는 말—옮긴이)가 되어 가고 있어 걱정스럽다고 사람들이 불평할 때, 우리는 이렇게 질문할 수 있다. "이렇듯 자신들과 다른 의견을 가진 사람들에게 대처하지 못하는 유약함이 어디서 유래한다고 생각하세요? 우리는 어떻게 가장 근원적인 차이를 안고 살아가는 법을 배울 수 있을까요?" 혹은 "정의"는 대개 가난한 사람들에게 닥치지만 부자들은 자신들의 악행에서 교묘하게 빠져나가는 경향이 있다고 사람들이 불평할 때, 우리는 이렇게 질문할 수 있다. "'뿌린 대로 거둔다'는 옛 속담이 여전히 사실이라고 생각하나요? 정의를 영원히 피할 수 있는 사람이 있다고 생각하세요?"

남편 딕은 최근에 골프에 대한 사랑을 열정적으로 표현한 한 남성과 이야기를 나누고 있었다. 두 사람 모두 골프 게임에 대한 사랑을 이야기하면서, 그 남자는 이렇게 말했다. "내 직업은 압박감이 아주 심하지만, 골프는 나에게 엄청난 배출구가 되어 주었답니다." 딕이 물었다. "그렇다면 골프가 압박감을 줄여 주지 못할 때는 어떻게 하세요?" 그 남자는 쾌활한 기색을 보이려고 애쓰면서 대답했다. "아, 내 생각에 너무 취하지 않을 만큼 술을 마시려고 하죠." 딕이 말했다. "핵심을 제대로 짚으셨네요. 압박감을 줄여 주면서 한 가지 문제를 더 심각한 문제와 맞바꾸지 않는 방법을 찾을 수 있을까요?" 그러자 그 남자는 "당신은 어떤 효과적인 방법을 찾으셨나요?"라고 말했다.

'하나님' 질문을 던지라

일단 우리가 이런 식의 대화에 참여했다면, 하나님 질문을 던지는 것이 생각보다 훨씬 쉬워지는 경우가 많다. 하나님 질문이란, 사람들로 하여금 자신들의 세계관을 직시하면서 하나님이 이 주제에 대해 어떤 차이를 가져다주실지 생각하게 만드는 질문이다.

한 가지 예를 들어 보겠다. 조는 그리스도인 외과 전문의다. 신앙생활을 하지 않는 또 다른 외과 전문의 샘과 대화하면서 조는 자신들의 공통 관심사에 대해 이야기했다. 애초에 무엇이 그들을 의학으로 이끌었는가? 두 사람은 의료계에서 논의되고 있는 다양한 쟁점에 관해 자신들의 의견을 주고받았다. 그 뒤에 조는 이슈 질문을 던졌다. "너는 어떨지 모르겠지만, 내가 보기에 우리 직업에서 가장 어려운 상황은 죽어 가는 환자를 다루는 거야. 혹시 말기 환자에게 희망을 주는 방법을 찾았어?"

샘은 이 문제가 지금까지 가장 어려운 도전이었다고 대답했다. 그 뒤에 샘은 조에게 무언가 도움이 되는 것을 찾았느냐고 물었고, 이 질문은 하나님에 관한 논의로 이어졌다. 조가 대답했다. "여러 환자들이 죽어 가는 것을 본 뒤, 여러 환자들이 죽음을 대하는 방식에서 믿음이 어떤 차이를 주는지 깨달았어. 그래서 나 자신에게 이렇게 묻기 시작했어. '이생이 유일한 삶이 아니라 또 다른 삶이 우리를 기다리고 있다면 어떨까? 가장 비참한 상황에서도 희망을 선사할 수 있는 하나님이 계신다는 것을 안다면, 어떤 차이가 생길까?'"

"그래서 무엇을 발견했어?" 샘이 물었고, 이어서 조는 자신의 영적인 여정과 자신이 어떻게 결국 그리스도인이 되었는지 나누었다. 며칠 후, 샘은 조에게 전화를 걸어 같이 만나 차를 마시면서 대화를 이어 갈 수 있겠느냐고 물었다. 더 많은 대화를 나눈 뒤 그들은 예수님의 인격에 관한 성경 공부를 위해 만났고, 마침내 샘은 그리스도인이 되었다.

전도 훈련 수련회에서 우리는 종종 사람들을 둘씩 혹은 소그룹으로 나눈 뒤, 그리스도를 전하기 위해 다가가고 싶은 사람의 이름과 그 사람의 특별한 관심 영역이 무엇인지 안다면 적으라고 요청한다. 그 뒤에 우리는 세 가지 질문을 적어 보라고 부탁한다. 곧 사람들의 관심사와 그들이 그런 관심사를 즐거워하는 이유를 찾기 위한 '관심사' 질문, 그들의 관심사와 밀접하게 연결된 이슈 질문, 마지막에 하나님 질문이다.

우리가 인도하는 수련회에 참석했거나 우리가 만든 전도 영상, 〈능력 부여〉*Empowered*를 시청한 사람들로부터 우리는 종종 이런 말을 듣는다.

"나는 항상 믿음이란 주제를 꺼내는 데 너무 서툴다고 느껴 왔습니다. 하지만 이제 나는 대화의 기술을 이해하기 시작했습니다. 회의적인 친구의 진짜 관심사 밑에 있는 더 깊은 질문을 던질 때 하나님에 관한 대화로 훨씬 자연스럽게 이어질 수 있음을 깨달았습니다. 이것은 '자, 아무튼, 예수님에 대해 어떻게 생각하세요?'라고 묻는 인위적인 질문보다 훨씬 자연스럽고 유기적인 방법입니다."

이것은 새로 암기한 기술을 제시하거나 완벽한 질문을 생각해 내는 일과는 관련 없다. 이것은 대화를 더 깊은 차원으로 이끄는 질문의 유형을 배우는 것이다. 핵심은 우리의 질문이 그 사람에 대한 진실한 관심에서 나와야 한다는 것이다. 이것은 기술이나 눈속임이 아니다. 우리가 한 번의 대화 동안 관심사 질문에서 이슈 질문으로, 하나님 질문으로 단번에 산뜻하게 진행할 것이라는 의미도 아니다. 우리는 친구의 관심사에 대해 듣기만 하면서 몇 번의 대화를 나눌 수도 있다! 관계와 마찬가지로, 대화는 자동차의 변속 기어처럼 작동하지 않는다. 우리가 전반적인 방향을 유지하려고 애쓸 때, 대화는 고유한 속도로 진행된다.

논리 밀어붙이기

영적으로 닫혀 있는 듯 보이는(혹은 나중에 보니 그런) 사람들과 관계를 맺는 또 다른 방법은 자신들의 견해가 낳는 결과를 숙고해 보도록 밀어붙이는 것이다. 이것은 그들이 틀렸음을 입증하여 우리가 논쟁에서 승리를 거두는 것과 관련 없다. [우리가 가진 소망의 이유를 제시할 준비를 갖추라고 그리스도인들에게 말한 직후 베드로가 "온유와 두려움으로 하[라]"고 말하는 데는 이유가 있다(벧전 3:15)]. 이 방법은 사람들로 하여금 말하는 것과 믿는 것을 진지하게 받아들이고, 그런 다음 그들의 말과 신념이 어디까지 인도하는지 밀어붙이는 것을 의미한다. 다시 말해, 그들은 머릿속에서만이 아니라 실제 삶 속에서 자신들의 신념대로 살고 있는가? 오스 기니스는 탁월한 책 『풀'스 톡』*Fool's Talk*, 복있는사람에서 우리가 사람들의 신념만이 아니라 "마음의 보화", 즉 사람들의 삶의 중심에 깊이 자리잡고 있어서 그들이 아주 소중히 아끼는 것들을 바라보아야 한다는 예리한 논점을 제시한다.[2] 우리의 머리가 믿는 바는 종종 우리의 마음이 소중히 여기는 것과 상충된다.

몇 년 전, 스페인에서 공부를 마치고 돌아오던 중 나는 고향에 있는 일리노이 대학교에서 마지막 학년을 끝마치기로 결정했다. 어쩌다가 놓치고 말았던 1학년 생물학 과정을 들어야 한다는 통지를 받았다. 생물학 교수는 캠퍼스에서 거침없는 무신론자로 유명했다. 내가 그리스도인이라는 것을 알고, 생물학 교수는 나를 골리기 좋아했다. 그는 모든 강의를 이렇게 시작했다. "인간은 무의미한 원형질 조각에 지나지 않아요. 우연이 지배하는 우주에서 원자의 우발적인 집

합에 지나지 않죠." 어느 날 그는 이런 주장을 내놓은 뒤 이렇게 말했다. "그렇다면 내 주장에 대해 어떻게 생각하는지 우리 안에 계신 그리스도인 베키에게 물어봅시다!" 나는 그와 똑같이 친밀한 농담으로 대답했다. "글쎄요, 사모님께 약간 미안한 생각이 드네요!" 그가 대답했다. "아, 여러분. 베키가 묻는 질문은, 내 신념을 아내에게 적용할 수 있느냐는 거군요. 대답은 분명합니다. 네! 물론이죠."

수업 마지막 날, 교수님은 평소답지 않게 풀이 죽어 보였고 평상시의 활기도 전혀 찾아볼 수 없었다. 그는 보드에 무언가 적기 시작했지만, 갑자기 펜을 내려놓으며 말했다. "오늘 수업은 할 수 없을 것 같습니다. 열여섯 살짜리 딸이 어젯밤에 사라졌어요. 딸아이는 훨씬 나이 많은 남자와 불륜 관계를 맺었고 둘이 함께 도망치기로 결심했다는 메모를 남기고 떠났어요. 경찰은 딸을 다시 데려오기 위해 두 사람을 찾고 있어요. 하지만 마음이 너무 아프네요. 얼마나 소중한 딸인데…. 이번 일은 딸아이에게 평생 상처를 남길 거예요."

그 뒤에 교수님이 했던 말에 모두가 놀랐다. "그렇다면, 베키, 지금 이 순간에 그리스도인은 나에게 무슨 말을 할까요?"

"괜찮으시다면 교수님과 개인적으로 이야기하고 싶습니다." 내가 대답했다. "하지만 학생들 앞에서는 아닙니다."

교수님이 대답했다. "아니오! 나는 내 신념이 무엇인지 솔직하게 밝혀 왔고, 따라서 당신도 내 신념이 어디서 잘못되었는지 말해 줘야 해요."

그래서 나는 눈물을 머금고 부드럽게 대답했다. "교수님의 고통에 말로 표현할 수 없을 만큼 안타까움을 느낍니다. 하지만 교수님의 신념이 사실이라면, 한 가지는 확실합니다. 무의미한 원형질 조각은 상처를 입지 않아요."

교수님은 서글프게 대답했다. "내가 졌네요! 여러분, 베키가 무슨 말을 하고 있는지 알지요? 만약 내 신념이 사실이라면, 나는 그 신념대로 살아낼 수 있어야 한다는 말이지요. 하지만 나는 그럴 수 없군요. 사랑하는 딸과 관련해서는 더 그렇지요. 딸은 나에게 무의미한 원형질 소각이 아니거든요. 절대로요! 수업 마칠게요!"

나중에 나는 교수님의 연구실로 올라갔고, 그는 내가 승리에 도취되지 않고 깊은 슬픔 가운데 왔음을 알았다. 그는 이례적으로 솔직하게 말했다. "베키, 내가 살아낼 수 없음을 깨닫고서도 내 신념을 고수하는 것은 내가 가짜라는 뜻이죠. 하지만 변하기엔 너무 늦었어요. 나는 돌이킬 수 없어요."

"하지만 너무 늦지 않았어요!" 내가 말했다. "교수님은 제가 만나 본 사람들 중에 가장 지적으로 정직한 분이에요. 교수님은 자신의 신념에 따라 살 수 없다는 것을 용기 있게 인정하셨어요. 그렇다면 최소한 다른 견해를 살펴보는 것이 타당하지 않을까요?"

"설사 하나님이 있더라도, 그분은 나에게 아무 관심이 없을 겁니다." 교수님이 말했다.

"그렇지 않아요! 하나님은 교수님을 사랑하세요!" 내가 대답했다. "하나님이 나를 이 수업에 넣으신 이유가 그 때문이에요. 그래야 내가 교수님께 이 말을 할 수 있거든요. 하나님께 돌아가지 못할 만큼 늦은 때는 결코 없어요!"

이것이 우리의 마지막 대화였다. 나는 몇 년 동안 그와 그의 딸을 위해 기도했지만, 그를 다시 보지 못했다.

사람들이 믿지 않기로 선택할 때 그것은 엄청나게 고통스럽다. 우리는 이런 일이 일어날 수 있고, 또 그럴 때 아플 수 있다는 것을 받아들여야 한다. 하지만 복음이 생사가 달린 문제라고 할 때 우리는 침묵할 수 없다. 거절한 사람을 위한 기도도 결코 멈추어서는 안 된다. '거절'이 반드시 '절대적인 거절'을 의미하지 않기 때문이다. 결국에 우리는 구원을 본래 있어야 할 곳, 곧 하나님의 손에 맡기고 그분이 우리의 신실함과 사랑을 기뻐하신다는 것을 기억할 수밖에 없다.

사람들의 삶이 변하는 모습을 볼 때, 전도는 당연히 영광스럽다. 우리는 대화 속에서 믿음을 소개하는 몇 가지 방법을 살펴보았고, 트레버가 그랬듯이 긍정적이고 사려 깊게 반응할 사람들이 있을 것임을 보았다. 그렇다면 앞선 두 장에서 살펴본 방법 가운데 하나를 시험 삼아 시도해 보면 어떻겠는가? 내가 자주 목격한 바에 따르면, 사람들이 우리의 진정성과 사랑을 느끼고, 우리의 믿음을 뒷받침하는 견실한 증거가 있음을 볼 때, 그들은 영적인 대화에 적극적으로 참여하려고 한다. 우리의 진정성은 사람들로 하여금 우리의 어색함과 실수까지도 기꺼이 간과하게 만든다.

앞선 두 장에서 우리는 효과적인 성경적 전도에는 반드시 그리스도의 사랑을 보여 주고 하나님의 진리를 표현하는 일이 따른다는 것을 보았다. 거기에 반드시 수반되어야 할 것이 하나 더 있다. 바로 성령의 능력이다.

묵상과 나눔을 위한 질문

* "예수님은 통상 답을 주기보다는 질문을 던지셨고, 장황한 설교 대신 이야기를 들려주셨다." 이것은 왜 영적인 차원에서 사람들과 관계를 맺기 시작하는 데 있어 효과적인 방법인가? 다음번에 예수님에 대해 이야기할 때 당신은 이 방법을 어떻게 적용할 수 있겠는가?

* 당신이 자주 대화하는 사람들 중에 그리스도인이 아닌 사람에 대해 생각해 보라. 당신은 어떻게 250-254쪽에 나온 질문의 유형을 그들에게 묻기 시작할 수 있겠는가? 그들에게는 어떤 필요가 있고, 복음은 어떻게 그들의 삶에서 부족하다고 느끼는 것을 충족시킬 수 있는가?

* 이 장은 진실하고 효과적인 방법으로 복음을 증거하는 데 어떤 도움이 되었는가?

14장

성령의 능력에 의지하기

복음을 전달할 때 최신 문화의 흐름을 반영하고 적실성을 가져야 한다는 데에 대해 요즘 많은 이야기가 오가고 있다. 하지만 복음에 변화를 주어야 한다는 의미는 아니다. 프랑스 철학자 시몬 베유Simone Weil가 지적하여 유명해졌듯이, 적실성을 갖고 계속 그것을 유지하기 위해 우리는 영원한 것을 말해야 한다. 따라서 우리는 두 가지 유혹을 피해야 한다. 우리의 능력 혹은 능력 부족에 초점을 맞추거나 복음을 우리 문화의 구미에 지나치게 맞추다가 우리가 가진 메시지의 차별성을 잃어버리는 것이다. 그 대신 우리는 영원한 것을 말하고 전해야 한다. 그곳에서 하나님의 능력이 발견되기 때문이다.

바울은 데살로니가인들에게 "우리 복음이 너희에게 말로만 이른 것이 아니라 또한 능력과 성령과 큰 확신으로" 되었음을 상기시켰다(살전 1:5). 바울은 우리의 증언을 효과적으로 만드는 것이 하나님 말씀의 능력에 대한 확신이라고 말한다. 곧 복음 메시지에 담긴 하나님의 아들에 관한 소식을 통해 하나님의 성령이 강하게 역사하신다는 확신을 갖는 것이다.

말씀의 능력

그런데 어떻게 하나님의 말씀이 성경의 권위를 받아들이지 않는 회의주의자들에게 복음을 증거하는 방법이 될 수 있을까? 내 자신의 경험을 되짚어 보겠다. 불가지론자 시절에 예수님에 대해 어떻게 생각하느냐고 누군가 묻는다면, 나는 예수님은 친절하고, 온화하고, 모든 사람, 특히 할머니가 좋아했을 그런 인물이라고 말했을 것이다. 내가 이런 인상을 받은 이유는, 내가 성경을 한 장도 읽어 보지 않았기 때문이고, 이것이 내가 보기에 할리우드 영화와 종교 예술에서 묘사한 예수님의 모습이었기 때문이다.

그러던 어느 날 성경책을 사서 복음서를 읽어 나가기 시작했다. 내가 기대했던 악의 없고 상냥한 예수님 대신, "나는 귀신을 내쫓고 나는 땅에 불을 던지러 왔다!"는 등의 말을 하면서 돌아다니는 뜨거운 열정의 남자를 발견했다. 그분은 종교적 위선에 대한 의분 때문에 예루살렘 성전 계단에 성전 기물을 내던진 전무후무한 존재였다. 불가지론자로서 요한복음 2장에서 그 이야기를 처음 읽었을 때, 나는 이렇게 생각했던 것으로 기억한다. "예수님이 나만큼 종교적 위선에 화를 내셨다는 게 믿기지 않아. 우리에게 이렇게 많은 공통점이 있으리라고는 상상도 해 본 적 없어!"

그 사람을 누가 좋아하고 누가 좋아하지 않는지 알 때 우리는 그 사람에 대해 많은 것을 알게 된다. 예수님을 주로 비난한 사람들이 의롭고 존경할 만한 종교 지배층이었던 반면, 창기와 나병환자를 비롯한 다른 낙오자들은 그분을 사랑하는 것을 보고 나는 깜짝 놀랐다.

복음서를 통해 예수님을 만난 경험은 나를 회심으로 인도했다. 그뿐 아니라 효과적인 전도에 도움이 되는 것이 무엇인지에 대해 내가 확실히 이해할 수 있게 해 주었다. 나는 불가지론자로서 내가 읽고 있던 것이 하나님의 말씀이라고는 믿지 않았다. 그렇기는 하나 나는 말씀의 능력을 경험했다. 이로 인해 나는 회의론자들과 함께 예수님의 인격을 살피는 일이 중요하다는 것을 깨닫게 되었다. 다른 말로 표현해서, 예수님과 만나게 하고 싶은 사람들에게 그분이 자신을 직접 소개하시도록 해야 한다.

모임을 열라

오랜 세월 동안 내가 목격한 바가 있다. 그것은 비신자들과의 우정 관계가 형성되고 영적인 쟁점을 자유롭게 논의할 수 있게 되면, 예수님을 더 깊이 볼 수 있도록 그들을 초대하는 것이 중요한 다음 단계라는 점이다. 이렇게 하는 한 가지 방법이 이른바 '관심자 성경 공부'다(당신이 초대하는 사람에게 적절하다면 무엇이라고 부르든 상관없다). 이것은 그리스도인을 위한 공부가 아니다. 무신론자나 불가지론자, 또는 다른 종교를 믿는 사람, 혹은 교회 배경에서 성장한 사람을 위한 모임이다. 예수님에 대해 어떻게 생각하는지 확신하지 못하는 사람은 누구라도 좋다.

복음서 중 한 권을 보면서 예수님의 생애를 살펴보기 위해 일상의 장소(우리 집, 학교 기숙사, 레스토랑 뒤쪽)로 오도록 사람들을 초대한다. 하나님을 믿어야 하거나 성경이 하나님의 말씀이라고 믿을 필요가 없다고 그들에게 말한다. 우리는 그저 이 모임을 북클럽과 같다고 여기고 "와 보라"고 초대한다. 교회 배경에서 자란 사람들에게, 이것은 예수님을 성인의 시각에서 새롭게 바라볼 수 있는 기회라고 말할 수도 있다. 분위기는 재미있고 편안하다. 친교 시간을 조금 갖고 약간 기분 전환을 한 뒤, 우리는 (아마 관심자 성경 공부 가이드를 사용하여) 성경 본문에 관한 질문을 던짐으로써 토론을 촉진하고, 이로써 본격적인 대화가 시작된다.

나는 이것이 전 세계 어디서나 효과적인 도구임을 깨달았다. 이 도구가 매끄러운 프로그램이나 술책이 아니라 관계에 근거해 있기 때문이다. 우리는 낯선 사람이 아니라 친구를 초대한다. 교회에 발을 들여놓지 않던 사람도 친구 집에 와서 자기와 비슷한 사람들, 곧 해답 없는 숱한 의문을 갖고 있는 사람들과 시간을 보낼 때 훨씬 편안함을 느낀다. 우리는 성경을 한 번도 읽어 보지 않은 사람 혹은 기독교에 대한 이해가 빈약하거나 혼란스러워하는 사람에게 안전한 공간을 제공한다. 이 모임은 일대일이나 소그룹으로 이루어질 수 있다(모임 규모는 어느 정도든 좋지만, 여덟 명을 넘지 않아야 한다). 모임의 대다수가 반드시 관심자나 회의론자여야 하는 이유는, 그리스도인이 너무 많으면 '관심자 공부'는 금세 망가지기 때문이다! 내가 세운 경험상의 원칙은, 그리스도인이 참석을 원할 경우 반드시 비그리스도인을 데려오는 것이다.

우리가 초대하는 사람들이 이런 환경에서 효과적으로 반응하는 또 하나의 이유는, 복음이 일방적으로 가르쳐지기보다 질문을 통해 탐구되기 때문이다. 형태는 직설적이기보다 대화 중심적이다. 진리는 설교가 아니라 이야기를 통해 제시된다.

사실 교회 같은 종교 기관 탓에 관심을 잃어버린 사람도 있지만, 많은 사람들이 여전히 예수님에 대해 흥미를 느낀다. 그분은 누구이셨는가? 그분은 어떤 모습이셨는가? 그분은 무엇을 말하고 행하셨는가? 진실한 우정과 기도 외에, 전도의 가장 탁월한 지름길은 예수님의 인격에 초점을 맞추는 것이라고 나는 믿는다. 예수님은 거부할 수 없는 분이기 때문이다! 사람들이 그리스도의 제자가 되든 되지 않든, 나는 가장 냉소적인 사람조차 예수님께 끌림으로써 장래의 논의를 위한 여지가 마련되는 것을 보았다.

예수님을 보는 것이 강력한 이유가 무엇일까? 예수님은 네 가지 항목의 복음 요약보다 훨씬 크신 분이기 때문이다! 예수님은 유쾌하시고, 화도 내시고, 대다수 사람들이 짐작하는 것과는 너무 다른 분이시다. 생각해 보라. 예수님 시대에 평범한 사람들이 예수님을 만났을 때, 그들은 그분의 기적에 깜짝 놀랐고, 그분의 가르침에 경탄했고, 그분의 주장에 경악했으며, 낙오자와 버림받은 자에 대한 그분의 다정함에 감동받았고, 그분의 종교 비판에 아연실색했다. 예수님은 항상 사람들의 고정관념을 깨면서 놀라게 하셨고, 지금도 여전히 그렇게 하신다. 그런 이유로 전도의 핵심은 기술이나 공식과 관련이 없다. 전도의 핵심은 사람들을 예수님 앞으로 데려가는 것이다.

우리는 우리가 사역한 거의 모든 나라에서 관심자 성경 공부가 시작되는 것을 보았다. 그 나라들을 방문한 뒤 우리는 종종 사람들로부터 편지를 받는다. 한 중국인 여성은 전문직 동료들과 누가 복음을 살펴보는 관심자 성경 공부 교재인 『예수님의 생애 발견』 Uncovering the Life of Jesus을 사용하고 있다는 편지를 보냈다.

"사람들이 오는 이유는 나를 신뢰하기 때문입니다. 우리는 이미 친구가 되었고, 그들은 나의 믿음에 호기심을 갖게 되었습니다. 이들은 성경의 단어 하나도 읽어 본 적이 없는 사람들이고 예수님에 대해 거의 아무것도 몰랐던 사람들입니다. 그런데 우리 중국인들은 좋은 이야기를 좋아합니다! 나를 가장 매료시킨 것은 예수님이 그들에게 살아 계신 분이 되셨다는 점입니다. 그들은 이러한 성경 이야기가 자신들의 삶에 얼마나 적실한지 깨닫고 놀랐다고 알려 주었습니다. 그 모임의 몇 사람은 이제 자신들의 삶을 그리스도께 바쳤답니다."

이탈리아의 한 미생물학자는 요한복음을 살펴보는 관심자 성경 공부 교재, 『진짜 예수님 발견』 Discovering the Real Jesus을 사용하여 "예수님은 정말 어떤 분인가?"라는 성경 공부를 하고 파스타를 먹으러 자기 아파트로 오라고 동료 연구자들을 초대했다. 그들은 대부분 무신론자이지만 과학자였기 때문에, 그녀는 과학 대 믿음, '새로운 무신론', 진화 등에 관해 그들과 많은 대화를 나누기 시작했다. 그녀에 대한 존경심, 동료를 향한 그녀의 분명한 사랑, 그들의 의문에 대한 그녀의 진지한 태도, 그녀가 발산하는 억누를 수 없는 기쁨 등이 모임에 오도록 그들을 이끌었다. 그녀는 첫 번째 시리즈를 마친 뒤 우리에게 편지를 보내 그 모임에서 가장 목소리가 컸던 무신론자가 방금 전 그리스도께 자신의 삶을 헌신했다고 말했다.

영국에 살면서 유럽 전역을 돌며 사역했을 때, 우리 부부는 교회 사역과 대학생 사역으로 시간을 양분했다. UCCF라는 학생 단체가 후원하여 영국 전역에서 1,200명의 대학생들이 참석했던 한 수련회를 나는 결코 잊지 못할 것이다. 나는 학생들이 관심자 성경 공부를 시작하는 데 주저할 것이라고 예상했다. 이런 성경 공부 모임은 그들 대부분에게 생소한 아이디어였기 때문이다. 나는 누가복음을 살펴보는 관심자 성경 공부를 막 완성했고(그 시점에는 『발견』 Uncover이라고만 칭했다), 놀랍게도 그들은 이 아이디어를 좋아했다. 학기가 끝마칠 무렵, 영국 곳곳에서 천 개가 넘는 관심자 성경 공부 모임이 생겨났고, 고무적일 만큼 엄청나게 많은 학생들이 자신들의 삶을 그리스도께 바쳤다. 관심자 성경 공부가 이제 그 학생 운동 전체 DNA의 일부가 되었다는 사실에 우리는 흥분을 느낀다!

노숙인 생활을 했거나 교도소에서 막 출소한 남성들을 위한 또 하나의 관심자 성경 공부 모임이 시카고 도심지의 갱생 시설에서 개설되었다. 그들은 내가 쓴 『예수님의 생애 발견』을 사용했고, 나는 무엇이 그들을 예수님께 이끌었는지 듣고 매료되었다. "그들은 예수님에게서 자신들이 동일시할 수 있는 어떤 사람을 보고 있습니다." 학생 리더가 내게 말했다. "권위자들은 예수님을 좋아하지 않아요. 종교 지도자들은 사생아라고 그분을 조롱합니다. 그분은 밤에 머리 둘 곳조차 없고, 창기와 나병환자의 친구가 되어 주지요. 소외된 사람들이 그분을 사랑하고, 예수님도 그들을 사랑하세요."

2천 년 전에 살았던 한 사람에 관한 성경 이야기가 어떻게 오늘날 이렇게 아주 다른 세계의 문화와 지역에서 살고 있는 사람들에게 적실성을 가질 수 있을까? 진정한 영적 능력은 하나님의 자원, 곧 그분의 말씀과 성령을 활용하는 데 있기 때문이다. 하나님의 성령은 하나님의 말씀을 통해 역사하여 하나님의 아들을 계시하신다. 관심자 성경 공부가 효과적인 이유가 그 때문이다. 이 모임이 진실한 관계를 중심에 두고 있지만, 동시에 하나님의 말씀이 펼쳐질 때 역사하는 성령의 능력을 활용한다.

나의 두려움 중 하나는, 세상이 그리스도인들을 멀찍이 바라보면서 예수님의 일차적 임무가 우리가 경건하게 살도록 돕고 욕하지 않도록 하는 것이라고 결론을 내리는 것이다. 하지만 성경의 예수님을 만날 때, 그들은 이 예수님이 음란물 중독, 약물 남용, 섭식 장애로 힘들어하는 사람을 결코 회피하지 않으실 것임을 깨닫는다. 또한 예수님은 성공한 사람이나 만족하는 듯 보이는 사람에게도 무언가 하실 말씀을 갖고 있다. 니고데모 같은 유대인 종교 지도자든(요 3장) 루디아 같은 성공한 여성 사업가든(행 16장), 그들도 대개 의미를 찾고 있기 때문이다.

성경은 사람들에게 문제가 있다고 해서 예수님이 그들을 외면하시지 않는다는 것을 보여 준다. 가끔 예수님은 사람들이 부자 청년처럼 자신의 문제를 직면하고 싶어 하지 않을 때 깊이 숙고하도록 도전하지만, 언제나 그들을 사랑하신다(막 10:21). 예수님은 우리가 있는 곳에 기꺼이 뛰어들어 우리를 사랑하신다. 사람들은 대부분 하나님이 우리의 뒤엉킨 삶에 기꺼이 깊이 관여하시리라고 상상하지 못한다. 따라서 우리의 임무는 그리스도를 본받고, 성경을 통해 예수님이 어떤 분인지 주변 사람들에게 보여 주고, 복음을 나누어 주며 그분이 어떻게 우리 자신의 깨어짐을 고치셨고 우리의 죄를 용서하셨는지 드러내는 것이다.

하나님의 말씀에는 우리의 변호가 필요하지 않다

성령이 하나님의 말씀을 통해 역사하실 때 그 말씀은 강력하다. 따라서 우리는 성경 변호에 뛰어들 필요가 없다. 언젠가 한 그리스도인이 관심자 성경 공부 모임에서, 함께 공부하던 본문에 대해 큰 소리로 의문을 표하던 그룹 사람에게 대답하면서 '이걸로 토론을 끝냅시다'라는 식의 어조로 말하는 것을 들은 적이 있다. "성경은 신적이고, 무오하고, 권위 있는 하나님의 말씀입니다." 하지만 관심자 성경 공부에 오는 사람들이 모임에 참석하기 위해 무언가를 믿을 필요는 없다. 일단 모임에 참석한 뒤에는 질문을 던지고, 큰 소리로 의문을 표하고, 자유롭게 반대 의사를 표명할 수 있도록 해야 한다. (또한 여담이지만, 이런 상황에서 '신앙 용어'를 사용하는 것은 도움이 되지 않는다. 관심자들은 어쨌든 이런 용어를 이해하지 못할 것이기 때문이다.) 찰스 스펄전이 이에 대해 놀라울 만큼 제대로 지적했다.

장성한 동물의 왕인 사자를 보호해야 한다는 생각을 많은 사람들의 머릿속에 집어넣어야 한다고 해 봅시다! 사자는 저기 우리 안에 있고, 군대의 모든 병사들이 사자와 싸우기 위해 여기 오고 있습니다. 자, 나는 그들에게 이렇게 제안해야 합니다.…그들은 차분하게 뒤로 물러서서, 문을 열고, 사자를 풀어 주어야 한다고 말입니다! 나는 이것이 사자를 보호하는 최상의 방법이라고 믿습니다. 사자는 자기 자신을 보살필 것이기 때문입니다. 마찬가지로, 복음을 위한 최고의 '변호'는 그냥 복음을 풀어 주는 것입니다.[1]

그의 말이 맞다. 이제까지 나는 관심자 성경 공부에 참석해 오면서, 성경을 공부하기 위해 모인 모든 사람에게 성경이 얼마나 신비롭고 강력하게 말씀하는지 목격했다. 성경에는 부정할 수 없는 권위가 있다.

예수님이 생생하게 살아나다

우리는 아시아와 호주, 남미와 북미, 중동, 인도, 유럽, 아프리카에서 훈련을 실시했다. 관심자 성경 공부를 인도한 사람들에게서 항상 듣는 말은, 예수님에 관한 진리가 책장을 뛰쳐나와 살아나는 듯하다는 것이다! 비신자들은 이런 옛 이야기들이 자신들의 삶에서 갖는 적실성에 깜짝 놀란다. 그리스도인들은 종종 우리에게 "마치 예수님이 우리를 위해 이 모든 일을 하고 계신 것 같아요!"라고 말한다.

이 말은 누구든 관심자 성경 공부를 모집한 사람이 안심할 수 있다는 뜻이다. 그들은 대개 모임에 오는 사람들이 열을 올리며 마구 화를 내지 않을까 두려워한다. 사실 그들은 대개 예수님의 인격에 매료되고 이 이야기들의 적실성과 인간다움에 깜짝 놀라는데 말이다.

이런 환경에서 관심자들이 효과적으로 반응하는 또 하나의 이유는, 예수님에 관한 진리가 일방적으로 가르쳐지지 않고 질문을 통해 탐구되기 때문이다. 이런 조사는 직설적이기보다는 대화 중심적이다. 진리는 설교가 아니라 이야기를 통해 제시된다.

또한 이런 환경에서는 신자들을 포함하여 모든 사람이 말씀을 통해, 말씀에서 얻은 다른 모든 사람의 통찰을 통해 배움을 얻기 때문이다. 여성들을 위한 성경 공부를 인도하고 있었을 때 한 관심자가 물었다. "예수님이 왜 나병환자들을 안으셨다고 생각하세요?" 함께 참석했던 몇몇 그리스도인들 중 한 사람(그는 틀림없이 모임의 기본 정신을 파악하지 못한 사람이었다)이 대답했다. "아, 예수님은 걱정이 없으셨어요! 그분은 하나님의 아들이시기 때문에 나병에 걸릴 수 없거든요." 그때 관심자가 말했다. "글쎄요, 나는 마흔 살인데, 이번에 처음으로 성경을 읽고 있어요. 예수님이 하나님의 아들이신지는 모르겠지만, 지금까지 내가 살펴본 바로는 그 불쌍한 사람을 도울 수 있다고 생각했다면 예수님은 나병에 걸리는 위험을 기꺼이 감수하셨을 거예요."

두 사람 중 누가 예수님의 참된 본성을 더 잘 이해했을까? 예수님께는 어떤 위험도 없다고 말한 신앙인일까? 아니면 자신도 의식하지 못한 채 속죄 교리에 가까운 내용을 진술한 관심자일까? 즉 예수님은 우리 대신 죄가 되심으로써, 우리의 죄를 위한 값을 치르고 우리에게 용서와 새 생명을 선사하실 수 있었다는 것 말이다(고후 5:21).

나는 나중에 그리스도인 여성이 했던 말에 깊은 감동을 받았다.

"하나님은 오늘 성경 공부를 통해 저의 허물을 깨닫게 하셨어요. 내가 그 여성의 질문을 얼마나 빨리 묵살했는지 알았거든요. 예수님은 한 번도 그렇게 하지 않으셨는데 말이죠. 또 그녀의 대답이 내 대답보다 진리에 훨씬 가까울 수 있다는 것도 깨달았어요! 내가 배워야 할 게 아주 많네요."

다른 사람들과 함께 하나님의 말씀을 공부할 때 놀라운 일이 일어난다. 하나님의 말씀은 모든 사람의 허물을 깨닫게 하시기 때문에 우리 모두 변화된다! 말씀의 능력과 성령의 능력은 새로운 실재, 즉 하나님을 보는 새로운 방식과 우리 자신을 보는 새로운 방식을 낳는다. 펼쳐진 하나님의 말씀과 함께, 성령의 능력의 통해, 예수님은 생생하게 살아나신다.

집을 떠났다가 집으로 돌아오기

예수님과 관련된 놀라운 사실은 그분이 아주 다양한 부류의 많은 사람들에게 다가가셨다는 것이다. 복음서를 주의 깊게 읽을 때, 예수님과 대화하는 사람들이 다양한 성품과 사연을 갖고 있었기 때문에 우리는 예수님이 아주 다양한 여러 방법으로 자신을 나타내시는 것을 본다. 사마리아 여자에게 예수님은 "생수"를 선사하셨다. 니고데모에게 예수님은 "거듭나야" 한다고 말씀하셨다. 기적을 통해 보리떡 몇 개와 물고기 몇 마리로 먹이셨던 사람들에게 그분은 자기 자신을 "생명의 떡"이라고 부르셨다.

예수님의 본을 따른다는 것은, 우리의 삶에서 관심자들이 찾고 있는 것에 주목하고 그들이 찾고 있는 것을 예수님이 어떻게 다루시는지 보여 준다는 의미다. 우리는 자기 자신에게 질문해야 한다.

* 비그리스도인 친구들은 자신들의 삶에서 무엇이 부족하다고 느끼는가? 그들이 찾고 있는 것은 무엇인가?
* 그들이 특별히 적실성을 갖는다고 여길 성경의 이야기가 있는가?
* 예수님에 관한 성경의 그림이나 묘사 중에 그들과 특별히 관련 있는 것은 무엇인가?

예수님이 이 땅에 오신 목적에 관한 한 가지 그림을 떠올려 보자. 곧 집을 잃어버린 이들에게 집을 선사하시는 것이다. 돌아가시기 전날 밤, 예수님은 제자들에게 말씀하셨다.

> 내 아버지 집에 거할 곳이 많도다. 그렇지 않으면 너희에게 일렀으리라. 내가 너희를 위하여 거처를 예비하러 가노니 가서 너희를 위하여 거처를 예비하면 내가 다시 와서 너희를 내게로 영접하여 나 있는 곳에 너희도 있게 하리라.
>
> (요 14:2-3)

성경에 의하면, 그리스도께 갈 때 "너희는 외인도 아니요 나그네도 아니요 오직 성도들과 동일한 시민이요 하나님의 권속[가족]"이 된다(엡 2:19). 나는 어린 시절에 겪은 버림받음과 분노 문제로 힘들어

하는 사람들을 많이 만났다. 인생에서 아무리 많은 선善을 경험하더라도, 그들은 항상 언제 일어날지 모를 나쁜 일을 기다린다. 그들은 안전하지 않은 세상에서 고아와 같다고 느낀다. 누가복음 15장에 나오는 성경의 탕자 이야기는 화해와 관계를 바라는 하나님의 사랑과 열망을 드러낸다.

또한 성경에서 이 경이로운 주제는 버림받음의 문제를 안고 있는 사람에게 복음의 희망과 능력을 설득력 있게 전달한다.

앞서 적었듯이, 우리가 프랑스에서 보낸 첫날, 라파엘과 딕, 나는 하나님이 찾고 계신 사람들에게 우리를 인도해 주시도록 간구했다. 바로 다음 날, 우리가 첫 주 동안 빌린 아파트의 관리자가 모든 게 만족스러운지 살펴보려고 왔다.

마사는 세련되고, 밝고, 똑 부러지고, 장난기가 가득했다. 몇 분간 대화를 나눈 뒤 그녀가 물었다. "그런데 당신들은 여기 프랑스에 왜 오셨나요? 휴가를 위해서인가요? 일 때문인가요?" 내가 말했다. "잠시 차 한 잔 마시면서 이야기해도 될까요?" 우리가 앉아서 커피를 마시는 동안 나는 그녀의 삶에 관해 묻기 시작했다. 우리의 여행 목적을 설명하기에는 시기상조라고 느꼈기 때문이다.

마사의 삶은 흥미로웠다. 그녀는 전 세계 곳곳에서 사람들을 접대하면서 생활했다. 어느 순간에 마사는 목 주위에 걸고 있던 십자가를 무심코 꺼냈다. 내가 정말 아름다운 십자가라고 말하자 마사가 대답했다. "있잖아요, 나는 평생 십자가를 걸어 본 적이 한 번도 없었어요. 최근에 십자가를 구입했는데, 십자가를 걸 때마다, 뭐라고 표현해야 할지 모르겠지만, 어떤 평화 같은 게 임하는 걸 느껴요. 아마 보호받는다는 느낌이겠죠. 어떻게 설명해야 할지 모르겠네요."

잠시 후 마사가 말했다. "오, 베키, 방금 전 만난 사람에게 나에 관해 이렇게 많이 이야기한 적이 없었거든요! 그런데 나에게 정말 관심을 갖고 아주 편안하게 해 주는 사람을 만나기란 흔한 일이 아니죠. 자, 이제 당신과 딕이 무슨 일로 프랑스에 왔는지 말해 주세요."

우리가 프로방스 전역의 교회를 위해 강의하러 여기 왔다고 말했을 때, 마사는 눈이 휘둥그레지면서 말했다. "당신은 결혼했으니 수녀일 리는 없겠네요. 당신은 대체 어떻게 이런 일을 하게 되었나요?" 이어서 나는 내 이야기 중 일부와 내가 어떻게 예수님을 믿게 되었는지 나눴다.

마사는 한동안 아무 말도 하지 않고 앉아 있다가 말했다. "어제 한 친구의 장례식에 갔었는데, 이런 말을 듣게 되다니 어리둥절하네요. 나는 언제 마지막으로 교회에 갔었는지 기억이 안 나요. 하지만 장례식이 진행되는 동안 나는 조용히 말했어요. '내가 하나님께 이야기하는지 아니면 벽에다 대고 이야기하는지 모르겠지만, 당신이 거기 계신다면, 묻고 싶은 질문이 있습니다. 내가 갈구하는 평화를 찾을 수 있을까요? 진짜 나의 집으로 돌아온 것 같은 느낌을 가질 수 있을까요?' 그런데 이제 24시간이 지나지 않아 당신을 만난 겁니다! 부탁이에요, 베키, 나와 같이 식사하면서 이 문제에 대해 조금 더 이야기를 나눌 수 있을까요?"

다음 주에 우리는 레스토랑에서 만나 점심을 먹었다. 마사의 말에 의하면, 십대 때 양친이 모두 돌아가셨고, 그 뒤로 그녀는 버림받아 우주에서 혼자가 되었다고 느꼈다. "세상이 내게 안전한 곳이라고 느낀 적은 한 번도 없었어요. 그런데 거의 일종의 기도처럼 교회에서 이런 말을 했는데, 다음 날 당신을 만난 겁니다.…우리가 만난 것은 우연이 아닐 거라고 생각해요."

"그럼요, 이건 우연이 아니지요." 내가 말했다. "하나님이 당신의 기도를 들으셨어요, 마사. 우리가 바로 다음 날 만난 이유가 그 때문이죠. 이것은 하나님이 하신 일이에요." 대화를 나누는 동안, 나는 복음을 전할 수 있었다. 우리를 창조하신 하나님의 경이로운 목적이 무엇인지, 무엇이 그렇게 끔찍하게 잘못되었는지, 우리의 죄 때문에 돌아가시기 위해 예수님이 어떻게 하늘에서 오셨는지, 또 예수님이 어떻게 살아나셔서 우리에게 새로운 생명을 주셨고 하나님과 함께하는 새로운 시작을 주실 수 있었는지를 전해 주었다.

뒤이어 마사가 말했다. "집을 떠나 있던 모든 세월 동안, 나는 남은 가족들의 마음을 아프게 했어요. 하지만 나는 너무 화가 났고 상처를 받았어요. 하나님이 나를 버리셨다고 확신했죠. 나는 평생 진짜 집에서 단절되었다고 느꼈어요."

"마사," 내가 대답했다. "그래서 예수님이 오셨어요. 하나님 안에서 진짜 우리 집으로 데려가기 위해서요. 성경에서 예수님은 당신처럼 화가 나 집을 떠난 한 아들에 관한 이야기를 들려주세요. 극심한 곤경을 겪은 뒤 그는 마침내 집으로 돌아왔죠. 하지만 그는 아버지가 어떻게 반응하실지 두려웠어요. 당신은 아버지가 아들을 보았을 때 어떻게 반응했을 거라고 생각하나요?"

"글쎄요, 아들은 틀림없이 아버지의 마음을 아프게 했어요." 마사가 대답했다. "그래서 아들이 정말 뉘우치는지 보기 위해, 아마 아버지는 처음에 멀리서 그를 지켜보았을 거예요."

"그게 바로 아들이 생각했던 아버지의 행동이었어요!" 내가 그녀에게 말했다. "그런데 아들이 집으로 걸어오고 있는 모습을 보았을 때, 아버지는 아들을 만나기 위해 달려가서 그를 안아 주었지요. 아버지는 아들에게 새 옷을 입혀 주었고 그를 위해 성대한 '환영' 파티를 열었어요. 하나님이 바로 그와 같으세요, 마사. 하나님은 당신을 사랑하고, 그동안 당신을 찾고 계셨어요."

"하나님과의 관계에서 다음 단계가 뭐예요? 당신은 그리스도인이 되기 위해 무엇을 했나요?" 마사가 물었다.

"예수님이 나의 죄를 위해 십자가에서 돌아가신 하나님의 아들이심을 믿는다고 고백했어요." 내가 대답했다. "또한 마음에서 우러나오는 감사를 드렸고, 그런 다음 '죄송해요'라고 말하면서 내 죄를 고백했죠. 특히 내 인생의 주인이 되려고 했던 죄에 대해서요. 그러면서 나를 용서해 달라고 그분께 간구했고, 이어서 이렇게 기도했어요. '예수님, 나의 구주와 주인으로 내 삶에 들어와 주세요.' 아주 간단했지만, 그 뒤에 내 삶은 영원히 바뀌었어요."

이제 마사의 눈에 눈물이 가득 고여 있었다.

"그동안 이렇게 많은 사랑을 느껴 본 적이 없었어요. 그런데 이제 조금 더 생각해 보고 성경을 읽기 시작해야겠어요." 그녀가 말했다. "당신이 이야기해 준 것과 비슷한 이야기가 성경에 더 많이 있을까요?"

나는 당연히 있다고 장담했다! 작별 인사를 나눌 때 그녀가 말했다. "베키, 이번 여행을 하는 동안 나와 계속 연락을 주고받을 수 있을까요?" 나는 그렇게 하겠다고 약속했다. 우리는 그 뒤로도 계속 연락을 주고받았고, 다음번 유럽 여행에서 다시 만나기로 했다.

우리에게는 아무것도 부족하지 않다

세상에는 두 부류의 사람이 있다. 곧 집을 발견한 사람the Found과 아직 집으로 돌아오지 않은 사람이다. 사도 베드로는 주 예수님이 역사를 종결하기 위해 아직 돌아오시지 않은 이유에 대해 심사숙고하면서 이렇게 말했다.

> 주의 약속은 어떤 이들이 더디다고 생각하는 것같이 더딘 것이 아니라. 오직 주께서는 너희를 대하여 오래 참으사 아무도 멸망하지 아니하고 다 회개하기에 이르기를 원하시느니라.
> (벧후 3:9)

하나님의 열망은 어느 누구도 그 은혜의 제안을 거절하지 않는 것이다. 물론 비극적으로 거절할 사람들도 있을 테지만 말이다. 그런데 이 구절은 역사 속에서 우리의 위치를 이해할 수 있게 해 준다. 우리는 우리 행성에서 일어난 삶을 변화시킨 가장 큰 두 사건 사이에서 살고 있다. 우리는 예수님이 하늘에서 땅으로 오신 이후와 예수님이 다시 돌아와 하늘을 땅으로 가져오시기 이전을 살고 있다. 역사에서 이 특정한 시점에 하나님이 우리를 여기에 두신 의미가 무엇이겠는가? 그것은 하나님의 집으로 돌아오도록 사람들을 사랑하고, 찾고, 초대하는 하나님의 여정에 우리가 동참할 수 있게 하기 위해서다! 하나님은 우리에게 필요한 모든 것을 주셨다. 곧 우리의 삶에서 거룩한 성령을 통해 나타나는 하나님의 능력, 하나님의 말씀을 통해 나타나는 그분의 진리, 예수님을 통해 나타나는 그분의 사랑이다.

오늘 우리가 절실하게 회복해야 하는 것이 있다. 바로 하나님에 대한 새로운 확신과 세상에 다가가기 위해 우리에게 필요한 것을 전부 주셨다는 사실에 대한 감사다. 우리는 초라하고 연약하지만, 우리에게는 아무것도 부족하지 않다. 주의 주요 왕의 왕께서 우리의 약함을 통해 영광스러운 힘을 발휘하기를 기뻐하시기 때문이다!

우리는 주님께 진실해야 하고, 탈기독교 세대의 마음과 생각에 다가가기 위해 헌신해야 한다. 우리는 전에도 계셨고, 지금도 계시고, 장차 오실 주님께 합당한 방식으로 우리의 모든 말과 행동에서 증인이 되어야 한다.

예수님을 이 세상에 알리는 영광스러운 기회가 우리에게 있다. 예수님의 사랑과 은혜가 우리가 걷는 모든 발걸음에 함께하신다는 것을 기억하면서 두 팔을 벌리고 마음을 열고 앞으로 나아가자. 우리가 무엇을 더 기다리겠는가?

묵상과 나눔을 위한 질문

* 당신과 같이 모여 복음서를 펴고 예수님에 대해 함께 살펴보자고 초대할 수 있는, 혹은 초대하기 위해 기도할 수 있는 사람(혹은 몇 명의 그룹)이 있는가? 당신이 망설이는 이유는 무엇인가?

* 당신이 잘 알고 있는 관심자에 대해 생각해 보라. 그런 다음 그들을 염두에 두고 272쪽의 질문에 대답해 보라. 이것은 그들에게 예수님에 대해 어떻게 이야기할지 깊이 생각하는 데 어떤 도움이 되는가?

* "볼지어다. 내가 세상 끝날까지 너희와 항상 함께 있으리라"(마 28:20). 하나님은 효과적인 증인이 되기 위해 필요한 모든 것을 당신에게 주셨다(성령을 통한 하나님의 능력, 하나님의 말씀을 통한 그분의 진리, 예수님의 인격을 통한 하나님의 사랑과 복음, 당신이 결코 혼자가 아니라는 약속). 이 진리는 당신이 전도할 때 어떤 도움이 되겠는가?

결론: 결정적인 순간

우리는 현대 기독교에서 결정적인 순간에 있다. 오늘날 우리 문화는 갈수록 더 탈기독교적인 양상을 띤다. 단지 비기독교적인 것이 아니라 **반기독교적**으로 변해 간다. 우리는 갈수록 예수님에 관한 이야기가 어떤 변화를 가져올 것이라는 개념을 확신하지 못할 위험에 처해 있다. 반면에 세속 사회는 자신들의 삶에 의미와 목적을 부여하는 어떤 것을 갈구하는 상태에 사람들을 방치한다. 지금은 짠맛을 잃지 않고 계속 증거하기에 어려운 시기다. 또한 지금은 증인이 되기에 가장 좋은 시기다. 그 필요성이 아주 크기 때문이다.

우리 앞에 놓인 도전은 이것이다. 우리는 탈진리, 탈기독교 문화에서 말씀하고 행동하시는 하나님, 곧 C. S. 루이스의 말처럼, "초월적인 개입자"transcendental Interferer이신 하나님에 대한 확신과 신념을 되찾을 것인가? 우리는 우리 문화 앞에서 소심함을 떨쳐 버리고 침묵을 거부하면서도, 우리 문화의 관심사에 민감함을 유지하고 우리와 대화하는 이들과 공감하며 그들에게 믿음을 제시할 수 있는 방법에 대해 진지하게 사고할 것인가? 우리는 세상을 향해, 승리에 도취하거나 강압적인 방식이 아니라 말과 행동을 통해, 그리스도를 주님으로 받아들이는 것이 우리 개인의 삶과 우리 도시, 우리 세계에 온갖 차이—참으로 영속적인 유일한 차이—를 가져다준다는 것을 보여 줄 것인가?

복음 증거에는 대가가 뒤따른다

예수님은 증인이 되는 일은 쉽지 않고 대가가 있을 것이라고 경고하신다. "증인"을 가리키는 헬라어 단어는 순교자이고, 복음을 전한 최초의 증인들은 신실하기 위해 자신들의 생명을 지불할 준비가 되어 있었다. 서구에서 우리는 대부분 이런 일을 직접 경험하지 못했지만, 전 세계 곳곳의 형제자매 중 많은 이들이 이런 일을 경험했다.

두 해 전쯤 나는 웨일스에서 열린 기독교 지도자들을 위한 수련회에 세 명의 강사 중 하나로 참석했다. 스리랑카에서 온 아지스 페르난도Ajith Fernando는 사도행전 6-8장에 기록된 대로 그리스도를 위한 최초의 순교자, 스데반의 삶을 통해 예수님의 제자가 되는 것의 대가와 고난에 대해 열변을 토했다. 이집트에서 온 또 다른 강사 라메즈 아탈라Ramez Atallah는 이집트 텔레비전에서 방영된 (영어 자막이 실린) 뉴스 보도를 보여 주면서 강의를 마무리했다. 이 뉴스 보도는 2015년 2월, 이집트의 그리스도인들이 믿음 때문에 리비아에서 살해당했던 끔찍한 대학살 직후 그곳에서 방영되었다. 납치된 스물한 명의 이집트 그리스도인들이 오렌지색 점프 슈트를 입고, 사슬에 묶인 채 참수당할 곳으로 줄지어 걸어가는 장면이 담겨 있었다. 현장에 도착하자, 무릎을 꿇으라는 명령이 그들에게 떨어졌다.

그들 뒤에는 검은색 옷을 입은 ISIS 납치범들이 서 있었다.

ISIS가 촬영한 이 비디오는 21세기의 유일한 순교 비디오로 추정된다. 그리스도를 믿는 믿음을 포기하지 않겠다고 거절한 이 그리스도인 청년들의 차분한 몸가짐과 처형되기 몇 초 전 아랍어로 주님께 드린 그들의 기도는 숨이 멎을 만큼 감동적이었다. 그곳에 있던 한 남성은 나중에 모든 사람이 잔인하게 살해되는 동안 각자 "예수 그리스도는 주님이시다!"라고 외쳤다고 전했다.

그들의 유언은 증인의 고백이었다.

뉴스 보도에는 순교자들의 부모, 아내, 형제자매들과의 인터뷰도 여러 건 포함되었다. 그들은 이구동성으로 자신들이 사랑하는 사람이 그리스도께 신실했다는 사실에 감사하다고 말했다. 그들은 살인자들을 이미 용서했고 살인자들이 그리스도를 통해 하나님의 사랑을 깨닫게 되도록 기도하고 있다고 말했다. 한 젊은 미망인은 이렇게 말했다. "처음 며칠은 아주 힘들었지만, 텔레비전으로 저 보도[우리가 방금 전 시청했던 바로 그 보도]를 보고, 남편이 얼마나 용감했는지 깨달았고, 남편이 참수되기 전에 그리스도를 부인하지 않아서 너무 기뻤습니다. 나는 남편이 천국에 있다고 확신하고, 하나님이 우리를—뒤에 남겨진 부인들과 고아들을—보살피겠다는 약속을 신실하게 지켜 주실 것이라고 확신합니다."

마지막 인터뷰가 끝난 뒤 유명한 이집트인 뉴스 진행자는 한동안 말을 잇지 못한 채 앉아 있다가 텔레비전 카메라를 바라보며 이렇게 말했다. "이런 능력이 어디서 나올까요? 그들은 어떻게 사랑하는 이들을 살해한 장본인을 용서할 수 있었을까요? 어떻게 이런 일이 가능할까요? 우리는 이런 믿음에 대해 더 많이 알아봐야 합니다. 나는 살면서 이런 일은 한 번도 본 적이 없습니다."

이 세상에서 짠맛을 잃지 않으려는 그리스도인들에게 세상 곳곳에서 그 대가로 그들에게 생명을 요구한다. 적어도 현 시점에는 승진이나 명예, 직업이나 안락함만 우리에게 대가로 요구할 것이다. 이것 역시 힘들지만, 그에 못지않게 필요한 일이다. 또한 힘든 상황에서 그래도 우리가 복음을 전할 때, 이로써 우리의 메시지는 훨씬 더 설득력을 갖는다. 우리를 보고 우리의 말을 듣는 사람들이 "우리는 이런 믿음에 대해 더 많이 알아봐야 합니다"라고 말하겠는가?

복음 증거는 부가적인 선택 사항이 아니다

엘리스 그리어는 남편 리와 함께 20년 전 시카고에서 열린 전도 훈련 수련회에 참석했다. 내 기억에, 그녀는 이렇게 말했다. "나는 서로를 돌보는 멋진 일을 실천하는 사랑스러운 교회 출신입니다. 우리는 환자들을 위해 기도하고 음식을 가져다줍니다. 우리는 격리된 사람들과 병원에 입원한 사람들을 방문합니다. 우리는 우리 도시의 가난한 사람들을 돌봅니다. 그런데 이런 의문이 들기 시작했습니다. '내 인생의 주된 목적이 다른 사람들에게 캐서롤(casserole, 야채 및 양념과 함께 고기를 불로 삶은 요리—옮긴이)을 가져다주기 위해 버섯 크림 스프를 박스째 사는 걸까? 그리스도를 모르는 사람들은 어떡하지? 어떻게 해야 그들에게 다가갈 수 있을까?'"

이것은 20세기의 캔터베리 대주교 윌리엄 템플William Temple이 이런 유명한 말을 남겼을 때, 그가 제시한 요점이었다. "교회는 그 구성원이 아닌 사람들의 유익을 위해 존재하는 유일한 집단이다." 성경은 교회의 초점이 조직 유지만이 아니라 선교에 있어야 하고, 교회 사역자들의 초점은 회중에 대한 목회적 돌봄만이 아니라 그 구성원들을 전도에 무장시키는 데 맞춰져야 한다고 명확히 밝힌다.

우리가 하나님의 백성으로서 할 수 있는 선한 일들이 많이 있다. 회중에게는 목양이 필요하다. 프로그램에는 자원봉사자가 있어야 하고, 계획은 실행되어야 한다. 이 세상의 깨어짐으로 인해 힘들어하는 사람들은 그들을 위한 우리의 보살핌 속에서 그리스도를 보아야 한다. 하지만…사회 정의가 엄청나게 중요하지만, 서구의 많은 그리스도인들에게 수월한 무임승차가 되었을 가능성은 없을까? 구제는 우리 문화에서 여전히 인기 있다. 반면에 전도는 이제 반직관적이고 정치적으로 올바르지 않다. 복음을 전하는 것보다 훨씬 수월하고 훨씬 인기 있는 일은 항상 있을 것이다. 하지만 복음을 전하는 것보다 더 긴요한 일은 결코 없을 것이다. 복음 증거는 우리의 믿음에서 부가적인 선택 사항이 아니다. 외향적인 사람, 열정적인 사람, 전문 사역자, 선교사가 해 나가야 할 어떤 일이 아니다. 적극적인 선택과 희생적인 헌신으로 전도의 언어적 측면을 다시 배워야 하는 것은 아닌지 의문이 든다. 그 어느 때보다 엘리스의 질문이 우리의 머릿속을 맴돌게 해야 한다. "그리스도를 모르는 사람들은 어떡하지? 어떻게 해야 그들에게 다가갈 수 있을까?"

복음 증거는 정말 중요하다

남동생 바비와 나는 '동갑 쌍둥이'다—아니 동갑 쌍둥이였다. 그는 나보다 12개월 2주 뒤에 태어났다. 남동생을 아는 사람은 누구나 그를 좋아했다. 그는 넘치는 위트와 넓은 아량을 가진 원기왕성한 사람이었다. 하지만 바비는 성인이 된 후 몇 가지 중대한 실수도 저질렀고, 그로 인해 상당히 힘든 세월을 겪었다. 우리는 항상 친하게 지냈고, 그는 내 믿음을 존중했지만 자기 스스로 믿음을 가진 적은 없었다.

딕과 내가 영국에서 살고 있었을 때, 어느 날 바비가 전화를 걸었고, 나는 동생이 평소와 달리 활기찬 상태가 아님을 즉각 알아챌 수 있었다. 나는 무언가 하고 싶은 말이 있다는 것을 알았고, 마침내 그는 "베키, 내 인생에 대해 너무 후회하고 있어"라고 말했다.

"바비, 그거 다행이다!" 내가 말했다. "복음은 후회하는 사람들에게 가장 큰 의미가 있거든."

"맞아," 그가 대답했다. "내 인생을 어떻게 살아왔는지 볼 때, 또 누나의 인생을 볼 때, 나는 너무 부끄러움을 느껴."

"좋아. 네 죄가 내 죄보다는 훨씬 화려하다는 건 나도 인정할게!" 내가 대답했다. "하지만 우리에게는 공통점이 있다는 거 알아? 우리는 모두 하나님의 용서가 절실하게 필요한 죄인이야. 예수님이 십자가에 달리신 이유가 그 때문이고. 예수님은 우리 모두를 위해 돌아가셨어. 하나님의 은혜를 받을 자격은 누구에게도 없어. 하지만 하나님의 은혜가 너를 기다리고 있어."

결론 ✱ 결정적인 순간

"맞아." 바비가 말했다. "하지만 내가 얼마나 후회하는지 하나님께 증명하기 위해 무언가 해야 해. 내가 상황을 바로잡기 위해 얼마나 열심히 노력하고 있는지 그분에게 보여 주기 위해서 말이야."

"밥." 내가 말했다. "너의 문제를 바로잡기 위해 네가 할 수 있는 일은 아무것도 없어. 하나님이 이미 전부 다 하셨거든. 네가 할 일은 하나님께 죄송하다고 말하고, 너의 죄를 인정하고, 그리스도의 죽음과 부활을 통해 주시는 은혜의 선물을 받아들이고, 네 삶에 주님이 들어오시도록 요청하는 것밖에 없어."

나는 오랜 세월 바비에게 헤아릴 수 없이 많이 내 믿음을 나누었기 때문에, 기대가 너무 큰 건 아닌지 겁이 났다. 하지만 이번에는 무언가 다른 것을 감지했다. 전화를 막 끊으려고 할 때 바비가 말했다. "베키, 진심으로 하는 말인데, 고마워."

몇 주 뒤, 우리가 휴가를 위해 미국으로 돌아왔을 때 가족 전체가 함께 모여 추수감사절을 지키도록 주님께서 넌지시 이끌고 계신다는 느낌을 받았다. 우리는 그렇게 했다.

온 가족이 도착하던 그날, 바비는 문을 열고 나왔고, 그를 한 번 쳐다본 나는 궁금했다. "밥에게 무슨 일이 있었나요? 뭔가 달라 보여요! 너무 평안하고 즐거워하는군요." 하지만 손님 접대에 매우 분주한 때라서 동생에게 물을 만한 개인적인 시간을 단둘이 갖지 못했다.

온 가족이 떠난 뒤, 우리는 밥이 무언가 두고 간 것을 알았고, 그래서 그에게 전화를 걸었다. 그는 차를 몰고 돌아왔고, 마침내 우리는 이유를 알아볼 기회를 얻었다. 밥은 마침내 자신이 일평생 하나님으로부터 달아나고 있었다는 사실을 받아들이게 되었다고 말했다.

또한 그는 매우 기뻐하며 이렇게 말했다. "결국 그렇게 됐어. 예수님께 '그렇습니다'라고 말씀드리면서 내 삶을 드렸지. 베키, 그 순간부터 예수님이 어떤 기도를 들어주셨는지 너는 상상도 못할 거야!"

바비가 떠난 뒤, 나는 억누를 수 없는 기쁨으로 남편 딕을 향해 말했다. "내 인생에서 처음으로 동생이 예수님의 사람임을 알게 되었네요."

정확히 닷새 뒤, 바비는 자동차 사고로 죽었다.

충격과 슬픔 속에 장례식을 진행하면서 깨달은 것이 있다. 어떤 일이 일어날지 아시는 하나님이 사랑과 자비 가운데, 추수감사절을 위해 온 가족을 모으도록 나를 넌지시 이끄셨다는 것이다. 이것은 우리 가족이 이 땅에서 살아서 바비를 볼 수 있는 마지막 기회가 될 것임을 하나님만은 아셨다. 그래서 하나님은 무한한 자비로 바비가 자신의 삶을 하나님께 바쳤음을 우리에게 알려 주셨다.

한 주 뒤 우리 부부는 바비의 장례식에서 추도 연설을 했다. 나중에 바비의 한 친구가 그를 추모하기 위해 자신의 레스토랑에서 파티를 열었다. 안으로 걸어 들어가면서 나는 딕에게 말했다. "이 모임은 빨리 끝내요. 진이 다 빠진 느낌이에요." 하지만 한 시간 뒤에도 우리는 외투를 벗지도 못했다! 바비의 친구들은 단 한 가지 이유로 사방에서 우리에게 접근해 왔다. 그들은 하나님에 관한 이야기를 듣기 원했다.

기쁨이 없고 쉽게 판단하는 교회에서 자라난 두 자매는 믿음에서 등을 돌리게 되었다고 말했다. 그들은 이렇게 말했다. "바비가 당신에게 후회하고 있다고 말했을 때, 우리는 그가 후회하는 이유를 두

결론 ✳ 결정적인 순간

고 당신이 호되게 꾸짖을 거라고 예상하고 있었어요. 그런데 복음은 후회하는 사람들을 위한 거라고 말했을 때, 우리는 깜짝 놀랐어요. 우리 아빠는 목사였기 때문에 우리는 항상 완벽하게 보여야 한다고 배웠죠. 당신이 하는 말이 정말 기독교의 핵심이라면, 더 많은 것을 듣고 싶어요."

바비의 친구 몇 명이 약간 초췌해진 모습으로 딕에게 다가왔다. 그들은 아주 오랫동안 딕과 이야기했다. 그들은 예수님이 정말 우리 죄를 위해 돌아가셨다가 부활하셨다고 진심으로 믿느냐고 딕에게 물었다. 딕은 "그렇고말고요!" 하고 대답했다. 그들은 꼬리에 꼬리를 물고 질문했다. 뒤이어 대화하는 동안 줄곧 침묵했던 한 남자가 진지하게 말했다. "예수님이 정말 하나님의 아들이고 죽은 자들로부터 부활하셨고 지금 천국에 계신다면, 중요한 질문은 단 하나밖에 없군요. '예수님은 우리를 어떻게 생각하실까요?'"

우리는 거의 두 시간가량 앉지 못했다. 마지막에 파티를 주최한 여성에게 감사를 표한 뒤, 나는 고등학교 시절에 알았던 한 사내를 바에서 보았다. 그의 앞에는 빈 맥주병 열 개가 널브러져 있었다. 그가 말했다. "베키, 우리 모두 바비의 삶에서 변화를 보았다고 말해 주고 싶어요. 평안과 새로운 종류의 행복이었죠. 나는 종교를 믿는 사람은 아니지만, 당신과 딕이 추도 연설에서 했던 말은 정말 일리가 있어요. 당신의 설명은 특히 내 뒤통수를 내리치는 것 같았어요. '예수님의 기사를 한 번도 읽어 보지 않은 채, 어떻게 우리가 무언가를 거부하고 우리 자신이 지적인 사람이라고 여길 수 있을까요?' 그래서 나는 당신의 도전을 받아들이기로 결심했어요. 내가 어떤 것부터 읽으면 좋을지 조언을 좀 해 주겠어요?"

냅킨 위에다 기독교 서적 몇 권을 적은 뒤 내가 말했다. "복음서를 읽는 것부터 시작해 보면 어때요?"

"좋아요!" 그가 말했다. "꼭 그렇게 할게요!"

딕과 내가 문을 나서는 동안 그가 돌연 북적대는 방 너머로 소리쳤다. "이봐요, 베키.…그런데 복음서가 뭐죠?"

그날 밤 나는 슬픔이 너무 깊었기 때문에 레스토랑에 가기가 두려웠다. 하지만 레스토랑을 떠나면서 나는 하나님께 대한 감사와 기쁨을 느꼈다. 진짜 질문에 대한 진짜 답을 원했고, 자신들의 삶에서 무언가 잃어버린 것이 있다고 느낀 바비의 친구들과 대화를 나누면서 시간을 보냈기 때문이다. 그뿐 아니라 그들은 바비의 삶에서 변화를 목격했고, 그가 왜 변했는지 알고 싶어 했다. 나는 예수님과 동행한 두 달이라는 짧은 시간 동안 바비가 친구들에게 증인이 되었다는 사실을 안다면 동생이 얼마나 감격했을지 계속 생각했다. 바비는 죽었지만, 은혜는 승리했다!

남동생의 이야기는 하나님이 결코 포기하지 않고 우리를 찾으시고 우리를 사랑하신다는 것을 보여 준다. 남동생의 장례식은 예수 그리스도의 복음이 이 세상에 절실하게 필요한 것임을 우리에게 일깨운다. 하나님은 사람들을 계속 찾으신다. 따라서 우리도 포기하지 않아야 한다. 절대로!

오늘의 분위기에서 전도가 도전이라는 데는 의문의 여지가 없다. 용기, 감수성, 인내, 참을성과 더불어, 예수 그리스도의 좋은 소식의 진리가 그분에 대한 우리의 사랑과 주변 사람들에 대한 우리의 사랑을 통해 전해져야 한다는 믿음과 확신이 우리에게 필요할 것이다.

우리가 얼마나 부족하고 주저한다고 느끼든, 예수님은 모든 그리스도인에게 그분의 대변인, 그분의 손, 그분의 발이 되어 복음을 전파하라고 요청하신다. 우리는 예수님이 이미 하고 계신 일에서 그분과 손을 잡아야 한다. 우리는 예수님이 우리를 통해 말씀하시도록 그분을 의지하면서, 그분의 성품과 그분의 사랑을 우리의 행동으로 보여 주고 우리의 말로 전해 주어야 한다. 이보다 더 큰 특권이 있겠는가?

세상은 변하고 있다. 항상 그래 왔다. 하지만 대부분의 서구 사회가 적어도 명목상 기독교적이었던 50년 전과 마찬가지로, 오늘날에도 세상에는 동일한 메시지가 필요하다. 복음이 세상을 뒤집어 놓았던 2천 년 전과 마찬가지로, 오늘날에도 세상에는 동일한 메시지가 필요하다. 우리의 삶과 우리의 행동, 우리의 말을 통해 복음을 살아내기 위해, 세상에는 당신이, 또 내가 필요하다. 하나님의 힘으로 우리는 할 수 있다.

따라서 우리의 작음을 기뻐하면서 성경의 능력으로 행하자. 전도는 하나님의 초자연적인 능력에 뿌리를 두고 있기 때문이다! 복음의 진리에 대해, 우리가 만나는 모든 사람에게 복음이 갖는 심오한 적실성에 대해 계속 배우자. 전도는 하나님의 진리에 근거해 있기 때문이다! 사랑이 다른 사람들에게 다가가는 원천이요 수단임을 기억하자. 예수님의 사랑과 긍휼을 표현하는 것 외에 어떤 것도 복음에 닫혀 있거나 복음에 저항하는 생각과 마음을 열어 젖힐 수 없음을 기억하자. 전도는 그리스도의 사랑에 뿌리를 두고 있기 때문이다!

하나님이 우리 각자에게 어떤 시대를 배정하셨든, 전에도 계셨고 지금도 계시고 장차 오실 그분, 이 땅에 오셔서 우리와 우리의 구원을 위해 모든 것을 희생하신 그분의 합당한 증인이 되기 위해, 이전 어느 때보다 분투하기를 기도한다. 전도는 여전히 우리의 생각보다 쉽고 우리의 상상보다 힘들다. 전도는 흥분되는 일인 동시에 더없이 진지한 일이다. 우리의 모든 존재와 우리의 모든 행동과 우리의 모든 말에서, 짠맛을 잃지 말자!

결론 * 결정적인 순간

맺음말: 리더에게 주는 조언

우리는 복음에 대한 중대한 도전과 엄청난 기회가 공존하는 전무후무한 시대를 살고 있다. 그리스도 예수는 세상을 위한 그분의 사명에 협력하고, 하나님의 좋은 소식의 전달자가 되라고 우리 모두를 부르신다. 우리는 그분의 복된 나라의 표징과 대리인이 되기 위해 망가진 세상으로 파송된다.

고충이 있다면, 서구에서 현대 문화에 대한 반작용으로 많은 그리스도인들이 목적의식과 전도의 부르심을 상실했다는 것이다. 신자들이 복음을 강요하지 않는 것은 옳지만, 그들은 복음을 드러내고 싶어 하지도 않는 듯 보인다! 많은 사람들이 공적인 무대에 믿음을 가져가는 것은 고사하고, 한 사람에게 성경의 이야기를 전하는 것조차 주저한다.

그런 이유로 교회, 신학교, 선교 단체가 강한 선교 의식을 유지하는 것이 결정적으로 중요하다. 지도자로서 우리가 해야 할 임무는 하나님의 백성이 하나님의 길과 하나님의 말씀을 세상 속으로 가져가도록 돕는 것이다. 우리는 그리스도인들이 그리스도를 잘 알 뿐만 아니라 그분을 잘 알리도록 도와주어야 한다!

그런데 여기에 문제가 있다. 복음을 전하는 것은 단지 "내 은사가 아니다" 혹은 "전도는 전문가가 하는 게 최선이다"라는 말이 신자들의 상투적 핑계일 때, 우리는 어떻게 해야 할까? 내가 헤아릴 수 없이 많이 들어 온 아시시의 프란체스코Francis of Assisi의 인용문이 있다. 곧 복음 증거와 관련하여 우리는 "항상 복음을 전파하되, 필요할 때만 말을 사용한다." 프란체스코와 엉뚱하게 결부된 이 말에 우리는 어떻게 대응해야 할까?

명백한 현실을 직시하자. 지역 교회는 일상생활의 전도에서 신자들을 격려하고 무장해야 한다. 이는 절실한 필요다. 마찬가지로, 신학교는 미래의 교회 지도자들에게 전도 과목을 개설해야 한다. 이는 긴급한 필요다. 지도자들에게 주어진 도전은, 우리의 문화 상황을 이해하되 지배 문화를 모방하거나 최고의 최신 기술이나 방법에 굴복하거나 문화적 압력의 요구 앞에서 위축되지 않는 것이다. 성경적으로 신실하고, 문화적으로 적실하며, 성령을 의지하고, 진실한 관계에 기초한 총체적 전도 방법이 우리에게 필요하다. 우리는 그리스도의 복음이 어떻게 영원한 생명뿐 아니라, 우리 개인의 삶과 이웃 관계, 세계 곳곳에 아름다움, 진리, 선, 창조성을 선사하는지를 한껏 드러내도록 그리스도인들을 도와야 한다.

그렇다면 교회는 어떻게 효과적으로 전도하도록 성도들을 무장하고, 신학교는 어떻게 효과적으로 전도하기를 열망하는 사역자들을 가르칠 수 있을까? 존재와 행동을 통해, 좋은 소식을 전하도록 신자들을 무장시키는 데 도움이 되었던 몇 가지 원리가 여기 있다. 나는 이 원리를 오랜 세월에 걸쳐 배웠다.

교회를 위해: 위로부터 시작하라

한 교회의 담임 목사에게 전도에 대한 비전이나 헌신이 없다면, 전도는 일어나지 않을 가능성이 높다. 전도의 비전은 온 교회에 스며들기 전에 목회자와 사역자로부터 시작된다. 교회가 크든 작든, 교회의 지도자는 자신의 특정한 사역이나 은사가, 교회 전체로 또한 개인적으로, 대위임령을 수행하는 교회의 사명과 어떻게 연결되는지 이해해야 한다.

나는 목회자들을 아주 딱하게 여긴다. 목회자들은 너무 많은 감투를 쓰도록 요구받기 때문이다. 대부분의 사역자들이 하는 말에 따르면, 그들은 전도자로서 재능도 없고, 신학교에서 전도와 관련하여 전문적인 도움을 전혀 받지 못했다. 하지만 교회 지도자가 반드시 재능 있는 전도자일 필요는 없다. 물론 전도에 특화된 전문가들의 도움을 받는 것이(또한 큰 교회에서는 한 명의 전도자 또한/혹은 변증가를 사역자로 두는 것이) 현명하겠지만 말이다. 목회자들은 단순히 본보기를 통해 이끌어야 한다. 잘될 때든 잘되지 않을 때든, 간간이 믿음을 전하는 자신들의 최근 경험을 강단에서 전해야 한다. 여러 면에서 두렵고 최선의 방법이 무엇인지 항상 완전히 확신하지 못하더라도, 회중은 목회자가 전도에 헌신된 모습을 볼 때 큰 도움을 얻는다.

효과적인 전략을 개발하라

전도 '전략'을 세우는 것은 상투적이거나 기술지향적인 접근법을 모색한다는 의미가 아니다. 우리는 사도행전에서 전도하는 방법에 대해 많은 것을 배울 수 있다. 초기 교회의 접근법은 2천 년 전과 마찬가지로 오늘날에도 적실하다. 전도에 대한 사도들의 접근법은 다음 세 가지를 통해 형성되었다. 즉 그들은 복음을 선포했고(말), 자신들의 지역 공동체를 사랑하며 섬겼고(행동), 회개하고 예수님을 믿으라고 사람들에게 요청했다(초대). 그들은 극심한 박해 한가운데서도 이렇게 했다. 똑같은 교훈은 그들이 전도의 언어적 측면에 참여했다는 것이다. 여기에는 세 가지 사항이 포함되었다.

먼저, 개인 전도다. 사도행전 8장에서 우리는 신자들이 기본적으로 복음을 "소문냈다"gossiped는 말을 듣는다. 그들은 "두루 다니며 복음의 말씀을 전"했다(행 8:4). 전도는 프로그램이 아닌 생활 방식이다. 전도는 그들의 일상생활의 자연스러운 일부였다. 몇 년 뒤에 바울이 표현하듯이, 그들은 "하나님이 우리를 통해 권면하시는 그리스도의 사신"Christ's ambassadors, as though God were making his appeal through us이 되는 것이 자신들의 사명임을 알았기 때문이다(고후 5:20).

다음은 소그룹 전도다. 초기 교회는 공동 예배를 위해 자신들의 가정을 활용했지만, 온전한 복음을 이해하는 데 도움이 필요한 사람들을 가정으로 초대하기도 했다(예를 들어, 행 18:26). 환대는 그들의 문화에서 중요한 부분이었기 때문에, 그들은 함께 식사를 나누며 훨씬 개인적인 상황에서 복음을 설명하고 손님들의 질문에 대답했을 가능성이 아주 높다.

마지막으로 선포 전도다. 사도행전은 아레오바고의 바울(행 17:22-31)이나 성전 뜰에서 설교하던 베드로(행 3:1-26)처럼, 더 큰 무리를 향해 전하던 신자들의 많은 사례를 보여 준다. 다시 말해, 그들은 공공 광장에서 복음을 선포하고 변호했다.

우리도 개인 전도, 소그룹 전도, 선포 전도 등 세 가지 방법을 모두 활용해야 한다. 나는 한 가지 방법만 사용하는 목회자들을 종종 보았지만, 그것으로는 역부족이다. 교회가 세 가지 방법을 전부 구사할 때 강력한 힘을 발휘한다.

무장은 필수다

초기 교회가 전도 훈련 수련회를 열었다는 기록은 전혀 없다! 그 이유가 무엇일까? 나는 전도자이자 옥스퍼드 학자인 마이클 그린 Michael Green 박사가 종종 이렇게 말하는 것을 들었다. 곧 그들의 믿음이 복음과 거룩한 성령의 능력으로 아주 담대해졌던 까닭에 그들이 가는 모든 곳에서 복음이 흘러넘쳤다고 말이다. 초기 교회는 예수님이 소금과 빛이 되라고 자기들을 부르셨음을 알았고, 예수님의 좋은 소식을 담대하게 전했다. 그들에게는 총체적인 증거 방법이 있었다. 그 전도의 중심에 사랑과 섬김이 있었다.

하지만 탈진리, 탈기독교적인 사회에서 평범한 그리스도인들에게는 도움이 필요하다. 그런 이유로 우리 부부는 전 세계 곳곳에서 전도 수련회를 인도해 왔고, 그것을 훈련 영상으로 제작하여 '능력 부여'라고 불리는 7개의 강좌 커리큘럼으로 발전시켰다. 우리는 효과적인 훈련이 전도의 세 가지 측면을 다룬다는 것을 깨달았다. 이 세 측면은 방금 전 사도행전의 초기 교회에서 보았던 것과 동일한 것들이다.

먼저, 개인 전도다. 믿음에 이른 대다수 사람들이 한 그리스도인 친구나 가족과의 개인적 관계를 통해 믿게 되는 것을 볼 때, 그리스도인들이 복음의 소문을 내도록 어떻게 도울 수 있을까? 오늘날 그리스도인들은 이렇게 무장되어야 한다.

* 상투적이지 않은 성경적인 동기
* 선교: 선교를 위한 하나님의 부르심은 모든 그리스도인을 향한 것임을 이해하는 것
* 자원: 하나님은 우리에게 초자연적인 자원을 주셨고, 따라서 거룩한 성령의 능력을 의지하는 법을 배우는 것
* 메시지: 신자들이 복음의 내용을 이해하고, 그것을 어떻게 설명하고, 변호하고, 그 적실성을 드러내는지 이해하도록 돕는 것
* 모델: 예수님의 복음 증거 사례를 파악하여 그분의 발자취를 따라 진실하고, 민감하고, 도발적인 방법으로 관계를 통해 복음을 전하는 것

다음은 소그룹 전도다. 앞에서 적었듯이, 매우 효과적인 전도 도구

는 거부할 수 없는 예수님의 인격에 비신자들을 노출시키는 것이다. 일단 우리가 영적인 대화에 참여하고 어느 정도 신뢰가 쌓이면, 나는 관심자 성경 공부가 비신자들과 함께 시작하기에 좋은 곳임을 깨달았다. 그 뒤에 『기독교 탐사』Christianity Explored, IVP나 '알파 코스'같이 소그룹을 위한 탁월한 전도 훈련 과정 등 후속 도구를 사용해야 한다. 우리가 어떤 도구를 사용하는지는 비신자가 영적 여정에서 어디에 있는지에 의해 결정된다. 그들이 믿음 탐구의 새내기라면, 다른 비신자 몇 사람도 참석할 수 있는 관심자 성경 공부를 통해 그들을 예수님께 소개하는 것이 아주 효과적이다. 하지만 회의론자들이 성경을 더 많이 알고 있고 영적으로 더 멀리 있는 것처럼 보인다면, 이러한 다른 도구들이 시작하기에 좋은 곳일 수 있다.

마지막으로 선포 전도다. 이것은 중요하지만, 특히 미국에서 종종 소홀히 취급되는 전도의 측면이다. 복음의 공적인 변호는 매우 중요하다. 우리가 창조적·문화적으로 섬세한 방법을 사용하여 복음을 선포하고 그 뒤에 질문을 다룰 때, 이것은 신자들의 믿음을 세울 뿐만 아니라, 하나님은 종종 이것을 통해 비신자들을 그리스도를 믿는 믿음으로 데려가신다.

한 교회의 사례

얼마 전 딕과 나는 (존 스토트가 한때 관할 사제로 섬겼던) 런던 랭엄 플레이스의 역사적인 올 소울즈 교회All Souls Church에서 전도 수련회를 인도했다. 우리는 행사가 열리기 오래전부터 사역자 스태프들과 만나 함께 전략을 개발했다.

9월 초, 올 소울즈의 관할 사제 휴 파머Hugh Palmer는 예수님을 더 깊이 사랑하는 것이 그해 가을(fall, 그는 영국인이라 autumn이라고 칭했다!)의 초점이 될 것이라고 회중에게 말했다. 즉 예수님과 처음부터 다시 사랑에 빠지는fall 것이다. 그의 말에 따르면, 그런 일이 일어날 때, 복음은 더 생생하게 살아나고, 우리는 영적으로 새로워지며, 우리가 받은 것을 비신자들에게 전해 주고 싶을 것이다. 파머 사제는 그해 가을에 소그룹에 참여하여 내가 저술한 누가복음에 관한 관심자 성경 공부 『예수님의 생애 발견』을 사용해 보라고 교회를 향해 독려했다.

일곱 번의 주일 동안 목회자들은 그 관심자 성경 공부에서 추려낸 일곱 개 본문을 놓고 설교했다. 그 뒤에 저녁 예배에서 그들은 같은 본문을 변증적 각도에서 살펴보았다. 예를 들어, 어떤 이야기가 이적을 행하시는 예수님을 다루었다면, 저녁 설교는 초자연적인 것을 믿지 않는 회의론자들에게 무엇을 말해야 하는지 다루었다.

11월 초 딕과 나는 전도 훈련 수련회를 진행했다. 목회자 스태프들의 비전과 열정이 전염력이 있었기 때문에, 참석율이 대단히 높았다. 이 수련회는 전도자가 아닌 사람들을 돕기 위한 것으로 홍보되었고 거대한 기도의 토대가 있었다.

해마다 성탄절에 교회는 성탄절 봉사 행사를 열었고, 이번에 그리스도인들은 더 큰 확신을 갖고 믿지 않는 친구들을 초대했다.

성탄절이 지난 뒤 목회자들은 친구들과 함께—그들 중 많은 사람이 그 본문에 관한 설교를 들었기 때문에 이제 친숙해진—관심자 성경 공부를 시작함으로써 후속 조치를 취하도록 교회 성도들을 격려했다.

이것은 많은 기도와 맞물린 강력한 전략이었고, 우리는 고무적인 결실을 보았다. 하지만 이것은 결코 한 가지 선택지만 있는 훈련으로 기획되지 않았다. 그리스도인들이 믿음을 전하는 데 필요한 확신과 역량을 갖추기 위해 시간이 걸리기 때문이다. 그런 이유로 교회는 해마다 전도 훈련과 더불어, 변증에 관한 세미나, 관심자 성경 공부 인도법에 관한 주말 워크숍도 실시해야 한다.

우리는 참을성을 갖고, 인내하고, 정기적으로 훈련하고, 우리 자신의 전도 본보기를 통해 인도하면서, 이 모든 일을 기도로 해야 한다. 교회 지도자들은 자신들의 행동과 말을 통해 그리스도인 삶의 우선순위가 무엇인지 보여 준다. 지도자들이 전도에 대해 말하고, 몸소 실천하고, 공적으로 전도에 우선순위를 부여한다면, 시간이 흐르면서 성도들은 비전을 붙잡고, 사랑으로, 진실하게, 성령을 의지하면서 증거하기 시작한다. 성도들은 좋은 대화를 나누고, 여러 질문에 합리적으로 대답하고, 그리스도에 대해 말하고, 친구 및 이웃들과 성경을 펼치고 있을 것이다. 그때에야 교회는 사람들이 믿음에 이르는 것을 보기 시작한다. 바로 그 시점에, 교회의 증거는 저절로 계속되고, 확신에 찬 기도로 넘치고, 진정 짜릿한 감동을 선사한다!

주

서론

1 Os Guinness, *Fool's Talk* (IVP USA, 2015), p. 16. 『풀'스 톡』(복있는사람).
2 이 책은 대부분 세속적인 서구에서 우리가 맞닥뜨린 도전을 다루고 있지만, 남반구와 관련이 없다고 할 수 없다. 딕과 나는 남반구에서 사역하며 의미 있는 시간을 보냈는데, 그곳의 형제자매들은 우리에게 많은 것을 가르쳐 주었다. 이 책은 전도가 왕성한 나라에서도, 다음 세 가지 이유에서 적절할 것이다. 첫째, 남반구의 기독교 지도자들은 자신들이 제자도와 복음을 더 깊이 이해해야 한다고 말하기 때문이다. 둘째, 문화적 차이가 크다고 해도, 여전히 공통된 인간의 본성이 우리를 하나로 연결하기 때문이다. 셋째, 언젠가 '우리의' 어려움이 '당신의' 어려움이 될 때, 서구에서 맞닥뜨린 도전들이 통찰과 이해를 선사할 것이기 때문이다. 이 어려움은 남반부의 거대 도시에서 이미 등장하고 있는 듯 보인다.

1부 자원

1장 ✶ 캠퍼스 안의 봉쇄

1 Rico Tice, *Honest Evangelism* (The Good Book Company, 2015), p. 20.
2 *Faith's Checkbook*, crosswalk.com/devotionals/faithcheckbook, 2월 21일 묵상, 2019년 12월 23일에 접속.

2장 ✶ 우리의 작음을 기뻐하기

1 Wilhelm Reich, *The Mass Psychology of Fascism* (Farrar, Straus & Giroux, 1970),

p. 234. 『파시즘의 대중 심리』(그린비).

2 Yoval Noah Harari, *Sapiens* (Harper, 2014), p. 443. 『사피엔스』(김영사).

3 John Gaynor Banks, *The Master and the Disciple* (Macalester Park Pub. Co, 1954). 리앤 페인, 『치유의 임재』(*The Healing Presence*, 서로사랑), p. 21에서 인용.

3장 * 약함 속의 영광

1 Marva J. Dawn, *Powers, Weakness, and the Tabernacling of God* (Eerdmans, 2001), p. 62. 『세상 권세와 하나님의 교회』(복있는사람).

4장 * 성령과 동행하기

1 virtueonline.org/what-exactly-gospel-part-ii-fleming-rutledge, 2019년 12월 23일에 접속.

2 Os Guinness, *Impossible People* (IVP USA, 2016), p. 23. 『오스 기니스의 저항』(토기장이).

3 Leanne Payne, *The Healing Presence* (Baker, 1995), p. 26.

4 Oswald Chambers, *My Utmost for His Highest* (Barbour Publishing, 2000), 6월 14일 내용. 『주님은 나의 최고봉』(토기장이).

5 C. S. Lewis, *Mere Christianity* (HarperCollins, 2015), pp. 168, 169. 『순전한 기독교』(홍성사).

2부 메시지

5장 * 우리에게는 더 좋은 이야기가 있다

1 Muriel Rukeyser, *Out of Silence* (Northwestern University Press, 1994), p. 135.

2 Lesslie Newbigin, *The Gospel in a Pluralistic Society* (Eerdmans, 1989), p. 97. 『다원주의 사회에서의 복음』(IVP).

3 N. T. Wright, *Surprised by Hope* (Harper Collins, 2008), p. 11. 『마침내 드러난 하나님 나라』(IVP).

4 『기쁨으로 말씀을 전파하라』(*Joyfully Spreading the Word*)에서 내가 쓴 장을 보라. pp. 21-34.

5 Blaise Pascal, *Pensées* (Dover Edition, 2003), p. 300. 『팡세』(민음사).

6장 ✳ 창조: 인생의 본래 의미

1 Christopher Hitchens, *Letters to a Young Contrarian* (Basic Books, 2009), p. 64. 『젊은 회의주의자에게 보내는 편지』(미래의창).

2 Richard Dawkins, *The God Delusion* (Bantam Books, 2006), p. 31. 『만들어진 신』(김영사).

3 Peter Berger, *A Rumor of Angels* (Doubleday Anchor, 1970), p. 53.

4 *Fool's Talk*, p. 147.

5 Flannery O'Connor, *Mystery and Manners* (Farrar, Straus & Giroux, 1969), p. 123.

7장 ✳ 타락: 세상은 무엇이 잘못되었나

1 G. K. Chesterton, *Chesterton at the Daily News* (Routledge, 2011), volume 3.

2 Aleksandr Solzhenitsyn, *The Gulag Archipelago* (Harper & Row, 1976), 제1부, p. 168. 『수용소 군도』(열린책들).

3 Ernest Becker, *The Denial of Death* (Free Press, 1997), p. 164. 『죽음의 부정』(한빛비즈).

4 *Mere Christianity*, p. 50.

8장 ✳ 십자가: 하나님의 치료책

1 Fleming Rutledge, *The Crucifixion* (Eerdmans, 2015), p. 127. 『예수와 십자가 처형』(새물결플러스).

2 Martin Luther, *Lectures on Romans* (Concordia Publishing House, 1972), 『로마서 강의』(두란노아카데미).

3 *The Crucifixion*, p. 127.

4 John Stott, *The Cross of Christ* (IVP USA, 1986), p. 160. 『그리스도의 십자가』(IVP).

5 https://blogs.franciscan.edu/faculty/he-was-rejected, 2019년 11월 4일에 접속.

6   Stephen Westerholm, *Apocalyptic Paul*, ed. Beverly Roberts Gaventa (Baylor University Press, 2013), p. 200.

9장 ✴ 부활: 모든 것이 변했다

1   영어 성경 인용문은 Good News Translation을 약간 변형한 것이다-옮긴이.

10장 ✴ 재림: 올 것이 더 있다

1   Miroslav Volf, *Exclusion and Embrace* (Abingdon Press, 1996), p. 297. 『배제와 포용』(IVP).
2   https://www.redeemer.com/redeemerreport/article/the_importance_of_hell, 2019년 12월 23일에 접속.
3   Frederick Catherwood, *At the Cutting Edge* (Hodder & Stoughton, 1995), p. 214.
4   같은 책, p. 215.
5   Lewis, C. S., *The Screwtape Letters* (MacMillan Paperbacks Edition, 1961), p. 58. 『스크루테이프의 편지』(홍성사).
6   Lewis, C. S., *The Last Battle* (First Colliers Books Edition, 1970), p. 184. 『최후의 대결』(열린책들).

3부 방법

11장 ✴ 왜, 무엇을, 누가

1   J. I. Packer, *Evangelism and the Sovereignty of God* (IVP USA, 1991), p. 40. 『복음 전도와 하나님의 주권』(생명의말씀사).
2   Carrie Boren Headington, *Acts to Action* (Foreword Movement, 2018), p. 110.
3   Rico Tice, *Honest Evangelism*, pp. 64, 65.

12장 ✱ 그리스도의 사랑을 보여 주기

1   Steve Carter, *This Invitational Life* (David C. Cook, 2015), p. 32.

13장 ✱ 하나님의 진리를 선포하기

1   Stephen Neill, *Call to Mission* (Fortress Press, 1970), p. 10.
2   *Fool's Talk*, p. 123.

14장 ✱ 성령의 능력에 의지하기

1   "그리스도와 그분의 동역자들"(Christ and His Co-Workers), spurgeongems.org/sermon/chs2467.pdf, 2019년 12월 23일에 접속.

참고 도서

Allberry, Sam, *Is God Anti-gay?* The Good Book Company, 2013. 『하나님은 동성애를 반대하실까?』(아바서원).

Becker, Ernest, *The Denial of Death*. Free Press, 1973. 『죽음의 부정』(한빛비즈).

Berger, Peter L., *A Rumor of Angels*. Doubleday Anchor, 1970.

Chesterton, G. K., *Chesterton at the Daily News*. Routledge, 2011.

Carter, Steve, *This Invitational Life*. David C. Cook, 2015.

Catherwood, Fredrick, *At the Cutting Edge*. Hodder & Stoughton, 1995.

Dawkins, Richard, *The God Delusion*. Bantam Books, 2006. 『만들어진 신』(김영사).

Dawn, Marva J., *Powers, Weakness, and the Tabernacling of God*. Eerdmans, 2001. 『세상 권세와 하나님의 교회』(복있는사람).

Guiness, Os, *Fool's Talk*. IVP USA, 2015. 『풀's 톡』(복있는사람).

_____. *Impossible People*. IVP USA, 2016. 『오스 기니스의 저항』(토기장이).

Harari, Yuval Noah, *Sapiens*. Harper, 2014. 『사피엔스』(김영사).

Headington, Carrie Boren, *Acts to Action: The New Testament Guide to Evangelism and Mission*, ed. Susan Brown Snook and Adam Trambley. Foreword Movement, 2018.

Hitchens, Christopher, *God Is Not Great; How Religion Poisons Everything*. Twelve Books, 2007. 『신은 위대하지 않다』(알마).

_____. *Letters to a Young Contrarian*. Basic Books, 2009. 『젊은 회의주의자에게 보내는 편지』(미래의창).

Lovelace, Richard F., *Dynamics of Spiritual Life*. IVP USA, 1979.

Lennox, John, *Can Science Explain Everything?* The Good Book Company, 2019. 『과학은 모든 것을 설명할 수 있을까?』(아바서원).

Lewis, C. S., *Mere Christianity*. HarperCollins, 2015. 『순전한 기독교』(홍성사).

_____. *The Last Battle*. First Colliers Books Edition, 1970. 『최후의 대결』(열린책들).

_____. *The Screwtape Letters*. MacMillan Paperbacks Edition, 1961. 『스크루테이프의 편지』(홍성사).

Murray, Abdu, *Saving Truth*. Zondervan, 2018.

Neil, Stephen, *Call to Mission*. Fortress Press, 1970.

Newbigin, Lesslie, *The Gospel in a Pluralistic Society*. Eerdmans, 1989. 『다원주의 사회에서의 복음』(IVP).

Nielson, Kathleen, and Gloria Furman, ed., *Joyfully Spreading the Word*. Crossway, 2018.

O'Connor, Flannery, *Mystery and Manners*. Farrar, Straus & Giroux, 1969.

Packer, J. I., *Evangelism and the Sovereignty of God*. IVP USA, 1991.

Pascal, Blaise, *Pensees*. Dover Edition, 2003. 『팡세』(민음사).

Payne, Leanne, *The Healing Presence*. Baker, 1995. 『치유의 임재』(서로사랑).

Pippert, Rebecca Manley, *Hope Has its Reasons*. IVP USA, 2001. 『토마토와 빨간사과』(사랑플러스).

_____. *Out of the Saltshaker*. IVP USA, 1999. 『빛으로 소금으로』(IVP).

_____. *Uncovering the Life of Jesus*. The Good Book Company, 2015.

Reich, Wilhelm, *The Mass Psychology of Fascism*. Farrar, Straus & Giroux, 1970. 『파시즘의 대중 심리』(그린비).

Richardson, Rick, *You Found Me*. IVP USA, 2019.

Rukeyser, Muriel, *Out of Silence: Selected Poems*. Northwestern University Press, 1994.

Rutledge, Fleming, *The Crucifixion*. Eerdmans, 2015. 『예수와 십자가 처형』(새물결플러스).

Solzhenitsyn, Aleksandr, *The Gulag Archipelago*. Harper & Row, 1976. 『수용소 군도』(열린책들).

Stott, John R. W., *The Cross of Christ*. IVP USA, 1986. 『그리스도의 십자가』(IVP).

Tice, Rico, *Honest Evangelism*. The Good Book Company, 2015.

Volf, Miroslav, *Exclusion and Embrace*. Abingdon Press, 1996. 『배제와 포용』(IVP).

Westerholm, Stephen, *Righteousness, Cosmic and Microcosmic in Apocalyptic Paul: Cosmos and Anthropos in Romans 5-8*, ed. Beverley Roberts Gaventa, Baylor University Press, 2013.

Wright, N. T., *Surprised by Hope*. Harper Collins, 2008. 『마침내 드러난 하나님 나라』(IVP).

_____. *The Resurrection of the Son of God*. Augsburg Fortress, 2003. 『하나님의 아들의 부활』(CH북스).

감사의 말

한 권의 책에는 아주 많은 것들이 담겨 있다. 태평양 북서부의 리드 대학과 빌라메트 대학교와 휘트먼 대학의 IVF InterVarsity Christian Fellowship와 함께했던 초기 학생 사역 시절부터, 미국 전역에서 일했던 20년의 교회 사역을 거쳐, 세계 전역에서의 국제적인 사역, 가장 최근 유럽에서 7년간의 사역까지, 이 책에는 나의 사역 전체의 결실이 반영되어 있다. 이 책은 여러 해의 묵상, 사색과 독서, 끝없는 대화, 많은 주제를 다루는 수많은 강의와 강연을 대표하지만, 결국 한 가지를 중심에 두고 있다. 우리는 예수님의 좋은 소식을 어떻게 제시할 수 있을까? 이러한 시대에 그리스도인들이 증인이 되도록 어떻게 동기를 부여하고, 가르치고, 훈련할 수 있을까?

나는 우리와 동역한 국내외 특별한 지도자들과의 관계에 아주 많은 빚을 지고 있다. 가장 최근에 복음을 전하겠다는 전설적인 열정과 은사를 지닌 영국 옥스퍼드 기독교 변증 센터 The Oxford Centre for Christian Apologetics의 친구들과 동료들, 더불어 작고한 위대한 전도자 마이클 그린 등이다. 큰 행사에서 강의할 뿐만 아니라, 특히 봉사 선교 활동을 준비하면서 교회와 학생들에게 총체적 전도 holistic evangelism를 가르치고 무장시키는 기회는 큰 기쁨을 안겨 주었다.

나는 영국 IVF를 통해 영국 전역의 대학생들에게 사역할 기회를 얻은 데에 대해 감사한다. 그들에게 개인 전도를 가르치고 관심자 성경 공부를 소개하고, 뒤이어 그들이 배운 바를 실천하면서 거둔 엄청난 열매를 볼 때, 벅찬 감동을 느꼈다. 또한 나는 복음 안에서 린지 브라운Lindsay Brown과 맺은 경이로운 동역자 관계에도 많은 빚을 지고 있다. 유럽의 모든 나라에서 대학생 전도자들을 훈련하고 양성하는 그의 사역, '포이어'Feuer는 고무적이다. 꼭 필요한 사역이 아닐 수 없다!

우리는 친구들의 지도와 응원과 기도에 정말 감사한다. 특별한 감사의 빚을 진 사람들이 있다. 엘리자베스 캐서우드, 짐과 루스 나이퀘스트, 오스와 제니 기니스, 데이비드와 팸 복, 폴과 버지니아 프리센, 휴와 클레어 파머, 스티븐과 루스 쇼, 스티븐과 아만다 클라크, 데이비드와 스테파니 베일리, 그레그와 캐리 헤딩턴, 테나 아이레스, 셰리 디비조, 톰과 러블레이스 하워드, 또한 사랑하는 루이빌 친구 밥과 쥬디 러셀, 존과 제인 클린턴, 존과 엘리자베스 호글랜드 주니어, 도리스 브릿지랜드, 오스틴과 수지 프라이어, 그 외에도 더 많은 친구들이 있다!

The Good Book Company의 팀 손보로와 칼 라퍼튼, 그들의 탁월한 동료들에게 깊은 감사를 돌린다. 칼은 인내심 많고 사려 깊고 뛰어난 편집자일 뿐만 아니라, 진정한 친구이기도 하다. 아주 현명한 대리인 로버트 올게무스에게도 감사한다.

무엇보다 남편 딕에게 감사하며, 이 책을 그에게 헌정한다. 딕은 이 책 각 페이지를 끈기 있게 읽고 또 읽으면서 비판적 제안과 수정을 해 주었지만, 내가 가장 소중히 여기는 것은 그의 한결같은 지지와 충정과 사랑이다. 참으로 주님을 알고 사랑하는 동료, 사역에 온전히 헌신된 동료를 두는 것은 비길 데 없는 하나님의 선물이다. 나를 위해 기도해 준 사랑하는 형제자매와 조카들에게 감사하고, 우리 아들딸 엘리자베스, 데이비드, 패티, 톰에게, 또한 소중한 손주들에게 특별히 감사한다. 그들은 내가 기운이 빠져 있을 때 용기를 북돋아 주었고, 그들의 기도는 그들이 짐작하는 것보다 내게 훨씬 더 소중하다.

옮긴이 **이철민**은 연세대학교 영어영문학과를 졸업하고, 장로회신학대학원에서 신학을 공부했다(M.Div., Th.M.). IVF 학사사역부 간사를 역임했다. 옮긴 책으로는 『부족한 것이 없는 사람에게 왜 복음이 필요한가?』 『30분 성경 드라마』 『하나님을 신뢰한다는 것』 『여전히 우리는 진리를 말할 수 있는가』 『신없는 사람들』 『일곱 문장으로 읽는 신약』(이상 IVP), 『인간이 된다는 것』 『인생, 전도서를 읽다』(이상 복있는사람), 『UBC 예레미야, 예레미야애가』 『에브리데이 스터디 바이블』(공역, 이상 성서유니온선교회) 등이 있다.

좋아서 하는 전도

초판 발행_ 2022년 12월 1일
초판 2쇄_ 2023년 11월 10일

지은이_ 레베카 피펏
옮긴이_ 이철민
펴낸이_ 정모세

펴낸곳_ 한국기독학생회출판부
등록번호_ 제2001-000198호(1978.6.1)
주소_ 04031 서울시 마포구 동교로 156-10
대표 전화_ (02)337-2257 팩스_ (02)337-2258
영업 전화_ (02)338-2282 팩스_ 080-915-1515
홈페이지_ http://www.ivp.co.kr 이메일_ ivp@ivp.co.kr
ISBN 978-89-328-1972-3

ⓒ 한국기독학생회출판부 2022

책값은 뒤표지에 있습니다.
무단 전재와 복제를 금합니다.